디아스포라와
이동성

디아스포라 휴머니티즈 총서 010

디아스포라와 이동성

정은혜 김수정 배진숙 이승진 김수철 유경한 조병철 김주영 우연희 서기재

앨피

차례

디아스포라 현상의 가능성

서기재

디아스포라와 초국가주의transnationalism는 이주공동체에 속한 정치적,
예술적, 지적 엘리트들의 '정체성' 및 '문화'와 밀접한 관련을 맺고
있다. 확실히 디아스포라는 초국적 다문화적 현상의 복합성을 읽어
내는 데 유용한 개념이라고 할 수 있다. 이러한 개념의 적절한 활용
은 상이한 정치·사회적 맥락이나 불균등한 조건 속에서도 이질적인
발화자들이 새롭게 소통할 수 있는 가능성의 장을 형성하는 데 기여
한다.

그간 이주자는 '관찰당하는 자' '설명되는 자'로 여겨지기 쉬웠다.
그 때문에 자신의 의도와 달리 표현되고, 스스로를 설명할 주도권을
상실해 왔던 것이 사실이다. 그러나 이제는 스테레오타입의 민족적
성격을 이주자 스스로 해체하고 있으며, 국가 간 경계를 넘어 세계
화 시대를 맞이한 오늘날, 이주자들을 통한 네트워크의 형성은 사회
의 중요한 요인으로 자리 잡았다.

그 결과 이들의 다양한 자기표현이 소속된 사회나 집단에 끼치는

영향력에 대해 수많은 논의가 생성되었다. 다양한 문화의 매개가 되는 이주자들의 경험은 문화, 예술, 과학기술, 경제 등의 분야에서 독창적이며 유용한 산물을 만들어 냈다. 또한 이들이 지닌 '하이콘셉트high-concept', '하이터치high-touch'와 같은 성격은 전 세계에 흩어진 민족적 자원을 하나로 묶는 네트워크를 구성하여 정치적, 경제적, 문화적 영향력을 극대화시킬 수 있다.

본서의 연구들은 이동과 관련한 민족성의 존속 및 부활, 새로운 이주 현상과 국민국가 통제력 간의 관련성, 이주의 정치학이나 인권 문제 등과의 연계성을 탐구하기 위해 디아스포라 개념을 차용하고 있다. 특히 한인 디아스포라Korean Diaspora를 포함한 세계 각국의 디아스포라 및 한국으로 유입된 다문화인 등, 지적 집단의 유목적인 사고와 활동이 소속된 사회와 국가에 미치는 상호작용과 영향에 대해 집중적으로 논의하고 있다. 좀 더 상세하게는, 한국에 유입된 외국인노동자 및 동포 2세들, 탈북민, 일제강점기가 낳은 재조일본인, 재일조선인의 정체성 및 문화 현상을 통해 디아스포라적 삶에서 발생하는 다양한 문제 극복을 위한 이론 연구와 실천적 방안을 제시하고, 디아스포라가 가질 수 있는 가능성에 대해 논의하는 것을 목표로 삼는다. 여기에서 이주자의 민족, 성별, 모국의 경제적 상태, 연령 등에 따라 주관적으로 단순화하는 카테고리화에 문제를 제기하는 것과 동시에, 거주지 사회에 끼치는 다양한 영향력에 주목한다.

한편 본서의 연구는 디아스포라의 사유에 이동성mobility이라는 개념을 포함시킨다. 기술적 발전과 이에 따른 이동수단 이용을 통해 인간의 시간과 공간은 다양한 방식으로 계속해서 형성되고, 그에 따라 자기인식 또는 자기정체성 역시 다양한 방식으로 계속 재구축된다. 디아스포라 개념은 과거 형태 그대로가 아닌 지구화 시대에 부응한 형태로 갱신됨으로써 그 유효성이 입증되어 가고 있는 것이다. 이에 본서는 디아스포라 사유의 모호함을 테크놀로지의 변천 및 공간의 변화와 관련해서 고찰할 수 있는 근거를 마련한다.

◆ ◆ ◆

이 책은 총 3부로 구성되어 있다. 1부에서는 빠른 속도로 한국으로 유입되고 있는 세계 각국의 이주민이 한국에서 마주한 사회·문화적 문제에 착목한다. 이주자의 한국 정착은 한국 사회의 다문화 환경을 확대해 나가는 데 기여하고 있다. 이들은 친족, 친구, 공통의 출신지를 기반으로 네트워크를 형성하여 한국 사회에 적응하고 이주의 목적을 달성하고자 한다. 이 과정에서 같은 혹은 비슷한 출신국의 외국인 사이 네트워크는 강화되는 반면, 한국 사회와의 네트워크 형성은 원활하지 못하여 단절과 고립의 문제가 거주 공간이나 온라인상에서 발생하고 있다. 세 연구자의 논의는 지금까지 국내 유입 디아스포라 연구가 혼인이주자 중심으로 논의되어 왔던 측면에서 벗어나 조선족 마을, 외국인노동자의 거주지 분포, 중남미에서 한국으로 온 유학생을 대상으로 삼고 있다. 본 연구에서는 이러한 존재들이 한국 사회를 구성하는 일부분이라는 자각 아래 출신국 중심의 네트워크 형성 및 고립화가 진행되고 있다는 문제의식과 함께, 한국 사회 내에서 공존하기 위한 정책의 수립과 추진을 제언하고 있다.

2부에서는 미디어를 통해 재현되는 디아스포라 및 디아스포라적 현상에 대해 탐구하고 있다. 3인의 연구자는 재일조선인 문학의 영화화, 탈북민이 출연하는 리얼리티 프로그램, 그리고 코로나19 상황과 모바일 디바이스가 만들어 내는 미디어 환경 변화가 품고 있는 문제점을 진단한다. 이들 연구 대상은 이주자 및 이주 현상이 재현된 혹은 가상의 공간에서 소속된 사회와 만난다는 특징이 있다. 본 연구에서는 미디어를 통해 형성된 가상의 공간이 미디어를 소비하는 대중의 요구와 맞물려 변형되기도 하고 새로운 가능성을 생성하기도 하는 순기능과 역기능을 동시에 품고 있다는 점을 지적하고 있다.

3부에서는 이동하는 행위자를 통해 벌어지는 문학적·역사적 현상에 대해 탐구한다. 3인의 연구자는 그간의 문학이나 역사가 정주·정착이라는 개념을 전제로 인식되어 왔던 점을 탈피하여, 이동을 통해 자기정체성을 확립하고 사회에 적응하는 주체를 중심으로 연구를 진행한다. 각각의 이동하는 행위자가 모국을 떠나 다른 세계를 접하면서 형성된 문학적, 학문적 태도와 결과물은 기존 영역에서 다루지 못했던 새로운 세계에 이르게 한다. 각 연구는 행위자의 이동과 교류에 주목함으로써 남성들의 근대적 세계관에서 벗어난 문학적 양상을 드러내기도 하고, 작가의 해외여행 체험이 다른 시간과 공간의 삶을 재현하는 도구가 된다는 것을 분석하며, 한국과 일본 사이를 이동하며 펼친 학자의 의학적 세계관을 '문화의 이동'이라는 관점으로 고찰하고 있다. 본서의 핵심적 내용을 정리하면 다음과 같다.

정은혜의 〈가리봉동 '옌볜 조선족타운'의 공간적 분리에 관한 연구〉
는 한국의 외국인 밀집지역을 답사하고 인터뷰를 진행하여 이러한 지
역을 현장적 시각에서 재검토함으로써 공간적 분리가 현실화되는 과
정을 고찰하였다. 특히 가리봉동에 주목하여, 이곳의 공간적 분리가
사회적 고립과 배제, 빈곤으로 이어지고 있음을 고찰하여 이에 대
한 정책적 제안을 모색하는 것을 목표로 삼고 있다. 외국인 밀집지
역ethnic district, ethnic cluster은 외국인에게는 외부에 대한 방어와 상호 간
지원 기능을 수행하는 것과 동시에, 수용국 사회와의 단절을 고착화
하며 슬럼화가 강화될 수 있다는 양면성을 지닌 공간이다. 정은혜는
사회자본이론social capital theory, 세계도시론global city theory, 글로벌도시지
역이론global city-region theory을 바탕으로 이러한 한국의 외국인 밀집지
역이 가진 양면성과 실제적 현상을 탐구하고 있다. 서울 가리봉동의
옌볜 조선족타운은 1990년대 조선족 유입 현상에 따라 노동수요가
있는 지역에서 가까운 저렴한 주거지 찾기 형태로 형성되었다. 이곳
은 일자리 정보가 발달해 있고, 단기 체류에 적합한 저렴한 주거지
이며, 대부분의 상점이 조선족 중심의 폐쇄적인 운영 방식을 취하고
있다. 이 때문에 이들의 삶이 자신들만의 고유한 문화를 형성해 내
지 못하고 기존의 경관 속에서 소득을 얻기 위해 '버티는' 형태로 유
지된다. 그 결과 주변 한국인들과 마찰을 빚기도 하고 '범죄 발생률
증가', '주택 가격 하락,' '지역 이미지 악화' 등의 현상을 초래하여 고
립화되어 간다. 정은혜는 이러한 가리봉동이 품은 빈곤, 고립, 문화

적 결핍 등의 특성이 국가 정책적 측면에서 검토될 것을 기대하며, 서울이라는 도시 안에서 가리봉동의 의미를 발견하는 것, 가리봉동을 원주민의 입장에서 바라보는 것, 조선족 이주민을 사회자본으로서 통합할 것을 제언한다.

김수정의 〈국내 외국인 이주자의 분포 특성과 이주자 집거지의 로컬리티에 관한 예비적 연구〉는 한국으로 유입된 외국인 이주자 집거지의 공간적 분포를 '분리'의 관점에서 검토한다. 이를 통해 이주자 집단의 유입에 따른 새로운 공동체의 형성 과정 및 이주자들의 일상생활을 탐구할 수 있는 기초 자료를 제공한다. 김수정은 2006년 이후 빠른 속도로 진행되고 있는 한국 내 외국인 유입 현상 속에서, 한국 내 외국인 집거지가 거주 사회와 분리된 형태로 밀집되어 있다는 점에 주목하였다. 특히 이 연구는 지금까지의 한국 유입 외국인 연구가 결혼이주자에 집중되었던 한계에서 벗어나 외국인근로자, 귀환이주, 외국국적동포 등에 초점을 둔다는 점에서 의의가 있다. 또한 이들의 삶의 형태를 통계자료로 분석하고, 거주지 특성을 지도로 표현한다는 특성을 가진다. 김수정은 외국인 이주자의 거주지를 공간 단위로 추출하는 작업을 시행하기 위해 2010년과 2018년의 외국인 이주자 현황 통계에 기초하여 시계열적 차원의 이주자 분포 패턴 변화를 살펴보고 있다. 또한 상이성 지수Index of dissimilarity를 통해 외국인 이주자 집거지 변화의 문제를 구체화한다. 이와 같이 양 시기 외국인 이주자의 국적별·체류자격별 특성의 변화를 살펴봄과 동시에 집거지 분리 정도의 변화를 파악함으로써, 외국인근로자와 외국국적동포의 집거지에서 공간적 분리가 확연하게 드러나는 것을 확인하고 경기도 김포시·화성시 및 광주광역시 광산구를 집중적으로 분석하였다.

김수정의 연구는 외국인 이주자들이 집거지를 중심으로 다양한 사회적 관계를 형성 발전시킴으로써 초국가적 디아스포라 네트워크를 구축하는 것에 의미를 두고 있다. 이를 위해 각 지역의 로컬리티가 형성되는 데 있어 외국인 이주자 집단이 끼치는 주요한 영향을 파악하고 한국에서 이주자 정책을 수립하는 데 참고할 수 있는 이주자의 국적별·체류자격별·유형별 특성을 제시한다. 또한 다문화사회로 진입한 한국 내에서 발생할 수 있는 인종·문화 간 차별을 극복하고, 공존과 상생의 사회를 만들어 가기 위한 방향성을 제시하고 있다.

배진숙의 〈재한 중남미동포 유학생의 사회적 네트워크에 관한 연구〉는 2000년대 이후 한국 정부의 정책과 맞물린 대학 고등교육의 국제화로 해외 유학생이 폭발적으로 국내로 유입되는 가운데 중남미동포 차세대들의 유입에 주목하여, 이들의 한국 생활과 사회적 관계 형성의 양상을 연구한다. 배진숙은 중남미 유학생과의 면담을 통해 이들의 유학 전, 한국 입국 후 대학 입학 전, 한국 대학 입학 후로 시기를 구분하여 각 시기의 사회적 네트워크 행위자가 유학생들의 경험에 미치는 영향을 분석하였다. 이러한 연구를 위해 배진숙은 중남미 차세대 동포들이 다언어·다문화 배경을 가졌다는 점에 착목하여, 이들의 경험담을 토대로 내국인과 외국인 유학생들과의 관계 형성에 관해서 살펴보았다. 또한 점점 증가하는 대학 캠퍼스 내의 민족, 문화, 언어적 다양성이 일으키는 구성원들 간의 교류나 소외 문제에 주목하고 있다.

중남미동포 유학생들은 비교적 폭넓은 언어와 문화 배경을 바탕으로 친밀하게 교제할 수 있는 범위가 넓다는 특징이 있다. 그리고 유학 전 가족과 친지나 한인 이민사회의 도움이 이들의 유학 결정 과정에서 중대한 역할을 하며, 한국 입국 후에도 유학생들은 이 인맥을 기반으로 사회적 네트워크를 확대해 간다. 이들의 접촉 범위는 학교뿐만 아니라 종교나 여가 활동을 통해 확장되어 가는 경향이 있고, 온라인을 통해 사회적 연결 욕구 충족과 심리적 안정감을 획득하는 양상을 보인다. 유학생들이 가장 곤란하게 여기는 것은 내국인들과의 소통 문제이다. 이에 대한 해결책으로서 배진숙은 국내 고등 교육 국제화의 개선점을 언급하며, 진정한 의미의 상호문화적 다양성intercultural diversity을 함양하기 위한 국가 정책 추진으로 문화 간 이해도를 높이는 교육이 절실하다는 점을 강조한다. 그리고 글로벌 역량을 갖춘 동포 유학생들의 한국 유학 생활 만족도를 높이고, 내국인에 대한 긍정적 태도를 갖게 하는 적극적이고 실질적인 사회적 지지를 통해, 국가 간 교량 역할을 하는 유학생을 국제적인 인재로 양성해 갈 것을 제언하였다.

◆ ◆ ◆

이승진의 〈2000년대 일본 대중문화에 재현된 '재일남성상' 고찰〉은 재일조선인 문학자 가네시로 가즈키金城一紀와 양석일梁石日의 작품 중 영화화된 《GO》와 《피와 뼈》에 주목하고 있다. 양 작품은 재일조선인 문학의 대중화에 크게 기여한 작품으로, 이는 재일텍스트의 새로운 소비 형태를 불러일으킨 중요한 계기가 되었다. 이승진은 재일문학계의 변곡점이 된 두 작품이 대중에게 다가가는 혹은 대중과 만나는 접점에 대해 살펴보고 있다. 일본 사회의 재일텍스트 소비 양태를 파악하는 것은 이러한 작품의 대중적 지지의 의미를 밝힐 수 있는 통로가 되며, 나아가 재일문학의 존재 의미도 밝힐 수 있기 때문이다. 양 작품은 '아버지의 이야기'와 '자식들의 이야기'라는 기존 재일문학의 주제와 문제의식을 다루고 있다. 하지만 이승진은 이러한 작품들이 대중의 환영을 받은 것은 일본 사회가 재일문학을 받아들이는 모습의 변화와 직결되어 있다는 측면에서 접근한다.

먼저 영화화된 《GO》를 통해 '가부장적 아버지의 재현'이라는 재일서사가 연애 이야기로서가 아닌 재일의 이야기로서 대중에게 다가갔다는 점에 주목하였다. 일본 현대문화에서 자취를 감춘 보수적인 아버지 상像에 대한 상기가 대중을 끌어들이는 장치로 작용했다고 고찰하고 있다. 한편 영화화된 《피와 뼈》에 대하여는, 작품의 역사성과 난해한 측면을 소거하고 '폭력과 에로스'로 대표되는 아버지의 '신체성' 문제를 부각하여 현대 일본 사회가 안고 있는 사회적 문제들을 상기시킴으로써 일본 대중의 관심을 끌어들였다고 고찰하였다. 이를 통해 이 연구는 영화화된 두 작품의 대중문화적 재현이 당시 재일문학 소비의 문제를 들여다보는 중요한 계기가 되었음을 보여 준다.

김수철·유경한의 〈탈북민 리얼리티 프로그램에 나타난 시민권의 정동정치〉는 한국의 종합편성채널의 탈북민 출현 토크쇼 및 리얼버라이티쇼를 통해, 한국 사회 내 반공이데올로기 재현 양상과 탈북민에 대한 이미지의 생산·유통 방식에 주목하고 있다. 이를 위해 '감정의 유통', '정동경제affective economy'의 작동 방식에 대한 논의를 참조하여, 탈북민 리얼리티 프로그램이 한국 사회의 타자·소수자에 대한 감정의 유통과 흐름에 개입하는 양상과 발생되는 효과, 나아가 이것이 한국 탈북민 재현에 어떠한 영향을 미치는지 살펴보고 있다.

김수철·유경한은 〈이제 만나러 갑니다〉, 〈모란봉 클럽〉이라는 프로그램을 통해 한국 리얼리티 프로그램이 갖는 특수성과 탈북민 문화정치의 역학을 탐구하고 있다. 이러한 리얼리티 프로그램은 탈북민을 자본주의사회에 완전히 정착하지 못한 미숙한 시민으로 표상하고, 패널이나 진행자가 이들을 교육하는 주체가 되는 구조로 짜여 있다. 즉, 미디어는 탈북민을 북한 체제에서 빠져나와 한국 사회가 요구하는 기대와 역할을 받아들이고 적응하는 존재로 재배치한다. 그 결과 미디어가 탈북민의 재현을 둘러싼 오락적 리얼리티와 다큐적 리얼리티 사이의 경합 과정에서 혼란스럽게 형성되는 보수적인 시민권 문화정치에 편입해 가는 과정을 가시화한다고 분석한다. 김수철·유경한은 탈북민 리얼리티 프로그램의 탈북민 재현에서 드러나는 독특한 미디어 의례가, 출연자들과 시청자들에게 정동의 문화정치, 시민권을 둘러싼 감정의 흐름과 유통에 개입하는 문화정치로서 강력하게 작용할 수 있다고 주장한다. 이것이 미디어가 이주, 소수자 문화정치 작동에 영향을 미치는 중요한 부분이라고 분석한다.

조병철의 〈포스트코로나 시대 스마트 모빌리티 서비스를 위한 정책〉은 모빌리티의 개념적 의미를 탐색하고 인문학자들의 담론을 통해 코로나 시대를 바라보며 모빌리티 사회를 재성찰함으로써, 기술과 인문의 융합을 위한 산·학·연의 역할 분담에 대해 탐구하고 있다. 이 연구는 과거 물리적 이동 개념에서 오늘날 금융, 정보통신, 가상공간으로의 탈영역화가 이루어지는 현상에 주목하고 있다. 조병철은 존 어리와 마셜 매클루언의 이론에 근거하여 사회 시스템을 기반으로 한 개인정보의 이동 문제가 오늘날의 사회를 보는 중요한 키워드임을 제시하며 지금 벌어지고 있는 '코로나19' 현상을 이해하고자 한다. 현재 전 세계는 '코로나19 이동성의 제약'으로 인해 네트워크의 연결과 확장이라는 가상공간의 혁명이 일어나는 문명사적 대전환을 맞이하고 있다. 인간의 삶에 깊숙하게 들어온 가상공간은 개인에게 새로운 자아를 형성하게 하고, 새로운 미디어에 자신을 편입시키는 과정을 통해 사회 인식과 관계 방식에 있어 새로운 방향성을 제시한다. 이러한 '새로운 장소성'은 위기이기도 하지만 기회이기도 하다. 주의할 점은 이러한 확장성과 새로운 관계 맺기의 통로인 '새로운 장소성'이 거대한 디지털 권력의 통제 하에 놓여 있음을 간과해서는 안 된다는 것이다. 조병철은 지극히 사적이라고 여겨졌던 인간의 신체가 '코드화'되어 관리되고 있다는 문제점을 제기한다. 이는 개인에게 정보를 강제하며, 과다한 정보를 노출시키고, 정부 정책과 결합된 형태로 거대 기업 중심으로 이윤을 창출해 가는 쏠림 현상을 유발할 수 있다. 여기에 정보의 양극화 현상 또한 확연하게 드러나고 있으며, 이는 삶의 질의 양극화를 불러일으킨다. 이러한 현실을 자각하고 개인의 의미 없는 쏠림 현상 및 정보의 양극화를 극복하기 위해서 조병철이 제시하는 것은 기술 인문 융합연구이다. 그는 이 기술과 인문 융합의 중심에 인간중심의 연구 개발, 즉 사회적 약자 배려, 정보격차 해소, 동반 성장 사업이라는 키워드를 제시하고 있다.

◆ ◆ ◆

김주영의 〈제국을 이동하는 여성〉은 일본 작가 미야모토 유리코宮本百合子의 외국 체험을 근간으로 한 문학의 이동·교류에 주목하여, 그녀의 문학이 남성 중심 서사와 어떤 차별성을 가지고 근대 일본 문학의 특수성을 드러내는지 살펴보고 있다. 이 과정에서 일본 근대문학의 양대 산맥이라 할 수 있는 나쓰메 소세키夏目漱石와 모리 오가이森鷗外의 여행 관련 문학과 유리코 문학을 비교하고 있다. 두 남성 작가의 유럽 여행이 제국주의적 세계관에 근거하고 있다면 유리코의 그것은 이와 결을 달리한다. 남성 작가들의 서양 여행이 제국으로 성장해 가는 '일본'에 대한 강한 의지를 반영했던 것과 달리, 유리코의 그것은 '국가'나 '제국'에 대한 의식이 아닌 '개인의 자유'에 대한 열망을 바탕으로 한다. 이 연구에서는 유리코와 그 문학이 주로 페미니스트나 사회주의 작가라는 양분된 시점에서 논의되던 측면에서 벗어나, 유리코 '개인과 문학의 관계'에 주목하여 그녀의 삼부작 《노부코伸子》,《두 개의 정원二つの庭》,《도표道標》를 주요 분석 대상으로 삼는다. 텍스트 속 노부코가 발견해 내는 세계는, 미국으로의 이주가 '작은 제국 일본'의 이동에 불과한 공감 불가능한 장소라는 것이다. 한편 자발적으로 결정한 소비에트라는 공간으로의 이동은 그녀가 네트워크를 형성할 수 있는 공간이자 호의적 감정을 느끼는 장소였다. 김주영은 유리코의 문학에서 동 시기 남성 작가들과는 다른 '오리엔탈리즘의 탈피'와 '제국으로서의 일본 비판'의 측면이 작용하고 있다는 점에 주목했다. 유리코 텍스트의 주체는 일본 남성 지식인이 경험한 유럽에 대한 경쟁심 또는 '제국'에 대한 무의식적 수용과는 거리가 멀다. 유리코 문학 속 주인공이 스스로를 제국의 주체로 상대화하지 않는 측면은 근대 일본과 일본 문학 속에 내재된 천편일률적인 일본/서양의 틀을 깨는 요소로 작동했다는 점에서 의의가 있다. 이는 일본 근대를 바라보는 스테레오타입의 요건들에 균열을 줄 수 있는 문학적 가능성을 시사한다.

우연희의 〈여행 텍스트와 모빌리티〉는 일본 작가 오오카 쇼헤이大岡昇平의 1970년대 여행기를 중심으로, 이동과 이로 인해 발생하는 현상에 주목하여 작가가 전달하려는 메시지를 탐구하는 연구이다. 이 연구는 그동안 오오카 연구가 전쟁문학과 역사소설을 중심으로 진행되어 온 한계에서 벗어나, 오오카의 다양한 유럽 여행지에 포함된 '코르시카' 여행에 주목하여 그의 텍스트가 발신하는 의미를 고찰한다.

오오카는 일본에서 해외여행이 자유화되기 이전인 1953년, 미국 유학의 기회를 얻어 미국을 비롯한 유럽 각국을 여행할 수 있는 기회를 얻는데, 이는 문학자로서 그의 인생과 떼려야 뗄 수 없는 중요한 경험이었다. 오오카는 자신의 다양한 외국 체험을 기행문으로 남겼으며, 이 외의 문학 세계에서도 그의 여행 문제를 배제할 수 없다.

특히 〈코르시카 기행〉(1972)은 오오카가 평상시 깊은 관심을 보였던 '지형'과 '역사' 문제를 세밀하게 다루고 있다는 특징을 보인다. 또한 오오카는 코르시카 여행을 통해 패전 전 필리핀 파병 때를 상기하며, 두 나라의 사회적·역사적 상황을 중첩·대조시키고 있다. 우연희는 이 연구를 통해 오오카의 글에 나타나는 코르시카의 경관과 사람들에 대한 불결, 나태, 기만, 도덕성 부재 등의 표상이 그가 필리핀에서 경험했던 격하debasement를 재현하고 있다는 문학적 특성을 고찰했다.

서기재의 〈한일 의학 교류사로 본 '문화의 이동'〉은 일제강점기 조선에서 의사로 지내다 일본으로 귀환한 미키 사카에三木榮의 의학醫學적 세계관을 살펴보고, 그의 《조선 의학사 및 질병사》에 나타난 근대 이전 한국과 일본의 의학교류사 기술의 의미를 고찰하고 있다. 일제강점기 내과의사로서 경성제국대학에 부임한 미키는 과학에 근거한 지식을 바탕으로 진료했던 양방의洋方醫였다. 그러나 그는 질병이 과학적 치료의 대상임과 동시에 인간 및 인간의 삶 주변에서 일어나는 제반의 사항들과 밀접하게 관련되어 있다는 것을 직시하여 고대 한국 의학의 역사에 대한 연구를 실시했다. '문화와 사람의 흐름'에 착목한 그의 조사와 연구는 일제강점기부터 시작하여 일본으로 귀환한 후에도 지속적으로 이루어졌다. 이러한 연구를 통해 미키는 종래 일본의 주류 의학계가 주장해 온 일본 의학의 '대륙 전파설'에 의문을 제기하고, 역사적 자료의 세세한 고증을 통해 '반도 전파설'을 주장하여 일본 의학계에 도전장을 내밀었다. 특히 한 민족의 역사와 문화를 면밀하게 고찰하지 않으면 그 시기 의학의 모습도 알 수 없다는 전제 하에 '의학 문화'를 영위하는 '인간의 이동'에 대해 면밀하게 살펴보고 있다. 자료 조사에 대한 철저함과 열정, 집필에 대한 부단한 인내가 담긴 그의 저서들은 일본보다 한국 의학사에서 더 중요하게 다루어지고 있다. 일제강점기인 근대 시기 한국 의학을 기술한 부분에서는 식민자인 일본인으로서의 한계가 보이기는 하지만, 아직 미개척 분야였던 한국 의학의 역사를 밝히고 반도의학이 일본에 미친 영향을 철저히 고증했다. 그는 '조선 의학을 모르고서는 일본의 의학을 알 수 없다'는 태도로 조선 의학 자료를 수집하고 이를 토대로 조선 의학사를 기술했던 것이다. 서기재의 연구는 외국인(혹은 재조일본인)의 입장에서 고증한 한국 의학사의 특이성을 '문화의 이동'이라는 관점에서 분석하고 있다는 데에 의의가 있다.

◆ ◆ ◆

'디아스포라 현상'과 늘 공존하는 것은 '나와 다르다', '내 문제가 아니다'라는 인식이다. 이러한 인식은 이동하는 주체에 대한 카테고리화, 스테레오타입화를 일으킨다. 현대사회의 번잡하고 과다한 정보 속에서, 상대가 어떤 사람인가를 즉각 판단하기 위한 카테고리화 과정에서 고정화된 이미지인 스테레오타입화가 개입되기 쉽다. 이는 대개 국가, 민족, 계급, 직업, 성, 종교 등 어떤 특징을 가지는 집단을 분류하여 정보를 단순화하고 정리하여 인간 삶의 세부를 보지 못하게 한다. 또한 실제의 경험이나 근거 없이 타인에 대한 부정적인 감정이나 평가를 동반하고, 이것이 일정 정도 계속 유지되면 차별(행동)로 발전할 수 있다. 간과하지 말아야 할 사실은, 인간을 둘러싼 상황이나 문맥, 사회, 문화, 시간의 변화 그리고 더 복잡다단한 온라인 환경에 처해 있는 현재의 상황에서 차별/피차별의 관계는 언제든지 변화될 수 있다는 점이다.

본서의 연구들은 디아스포라 개념의 적절한 활용을 통해, 상이한 정치사회적 맥락이나 불균등한 조건 속에서도 이질적인 발화자들이 새롭게 소통할 수 있는 가능성의 장을 형성하는 데 일조하고 있다. 이 저서가 국가의 경계를 넘는 디아스포라뿐 아니라 생각의 경계를 넘는 디아스포라 현상에 대해 탐험할 수 있는 계기가 되기를 바란다.

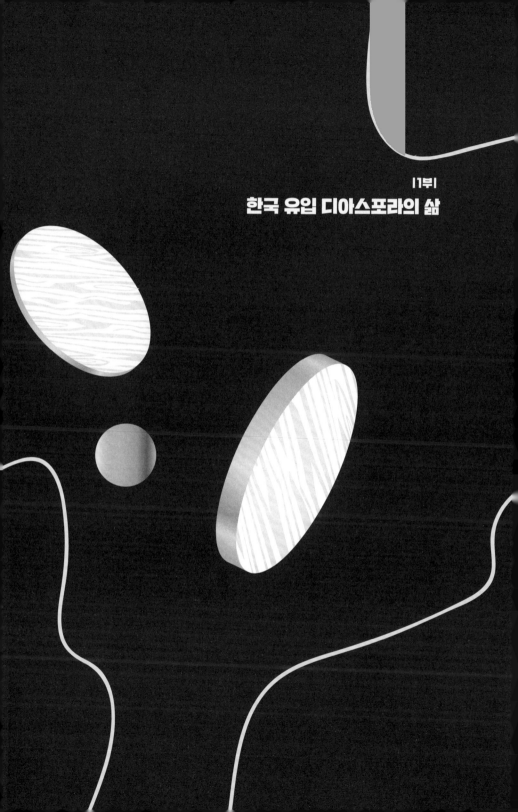

|1부|

한국 유입 디아스포라의 삶

가리봉동 '옌볜 조선족타운'의 공간적 분리에 관한 연구

정은혜

이 글은 《인문학연구》 제39호(2019. 6)에 실린 원고를 수정 및 보완하여 재수록한 것
이다.

한국에서의 외국인 유입 증가 및 외국인 밀집지역의 형성

한국 사회는 역사적으로 단일민족에 기초하여 형성된 국가로 강한 순혈주의 가치관의 기반 위에 민족과 문화적 동질성을 지향해 왔다. 그런 한국인들에게 외국인의 급증과 다문화사회로의 진입은 다소 새롭고 낯선 경험이다. 한국 사회에 외국인 유입이 증가하는 배경으로는 국내 인적자원만으로는 해결할 수 없는 사회문제가 지속적으로 발생하고 있다는 점을 들 수 있다. 즉, 한국의 인구정책은 저출산, 고령화, 노동인구 감소, 단순노동직 기피 등의 사회적 현상을 완화하려는 목적에서 국제 노동이주자와 혼인이주자의 유입을 일부 장려하는 방향으로 추진되어 왔고, 이는 한국 사회 내 인종 구성이 다양화되는 추세로 이어지고 있다. 현재 국내 체류 외국인은 2018년 12월 기준으로 약 236만 명이고, 이 중 중국이 약 108만 명으로 가장 많다.[1] 현재 한국의 외국인 거주지역은 출신 국적이나 직업군을 중심으로 나뉘어 밀집되는 양상을 보이고 있다. 이러한 지역을 전문 용어로 '외국인 밀집지역ethnic district · ethnic cluster'이라고 하는데, 이는 소수민족ethnic minority이 공간적으로 집적하면서 발달하게 되는 생활

---

[1] 2018년 12월 말 현재 국내 체류 외국인 수는 236만 7,607명에 이른다. 이는 우리나라 주민등록인구 5,182만 명의 약 4.6퍼센트로 대구광역시 인구 246만 명(광역자치단체 중 인구수 7위)과 비슷한 수치다. 국가별로는 중국이 107만 566명(45.2퍼센트)으로 가장 많으며, 이어 태국 19만 7,764명(8.4퍼센트), 베트남 19만 6,633명(8.3퍼센트), 미국 15만 1,018명(6.4퍼센트) 순이고 우즈베키스탄, 일본, 필리핀 등이 그 뒤를 잇고 있다(KOSIS 국가통계포털, 체류외국인 현황 참조).

공간 및 관련 인프라를 의미한다.[2] 외국인 밀집지역에서는 소수민족들이 '모여 있음'을 통해 외부에 대한 방어와 내부적 상호 지원 기능을 담당하고, 그들 고유의 문화를 지향함으로써 주류 사회에 편입되지 않고 오히려 분리되는 경향을 보인다.[3] 한편 이 지역은 이주민들이 수용국 사회에 정착하는 데 있어 양면성을 지닌다. 다시 말해, 이주민이 쉽게 정착하고 문화적 정체성을 유지하도록 도와주기도 하지만, 이와 동시에 수용국 사회와의 단절을 고착화하고 사회통합을 저해할 가능성도 상존하는 것이다. 또한 주류 사회와의 단절이 고착화되고 이질적 문화정체성이 지속되며 지역이 슬럼화되는 역기능도 존재한다.[4]

한국에서는 1990년대 이후 중국 및 동남아 출신 노동자의 유입이 증가하면서 이들을 중심으로 하는 외국인 밀집지역이 증가하였다. 공간적으로 보면 수도권 일대에 다수가 분포하는데, 이는 공단 배후 노동자 거주지역 및 대도시 노후주거지역이라는 점에서 주목할 만

---

2 박세훈 · 정윤희 · 정소양, 〈다문화시대의 도시관리전략: 외국인 밀집지역의 현황과 정책과제〉, 《국토정책 Brief》 309, 2011, 1~6쪽; Pamuk, A., "Geography of Immigrant Clusters in Global Cities: A Case Study of San Francisco," *International Journal of Urban and Regional Research* 28(2), 2004, pp. 287-307.

3 Knox, P. L. & Marston, S. A., *Places and Regions in Global Context: Human Geography*, New Jersey: Prentice-Hall, 1999.

4 정지은 · 하성규 · 전명진, 〈외국인 거주자의 주거입지 선택 요인 분석에 관한 연구: 수도권을 중심으로〉, 《국토계획》 46(6), 2011, 118쪽; 조현미, 〈외국인 밀집지역에서의 에스닉 커뮤니티의 형성 - 대구시 달서구를 사례로〉, 《한국지역지리학회지》 12(5), 2006, 553쪽; 이정현 · 정수열, 〈국내 외국인 집중거주지의 유지 및 발달 - 서울시 대림동을 사례로〉, 《한국지역지리학회지》 21(2), 2015, 305쪽.

하다. 구체적으로 보면, 서울 서남부 지역인 가리봉동에 조선족(중국동포) 밀집지역이, 수도권 산업도시인 안산·시흥·김포 등에는 동남아 출신 노동자 밀집지역이 발달해 있는데, 이 지역들은 모두 외국인노동자의 집중 거주지역으로서 주거 환경이 매우 열악하고 공간적으로 낙후되어 있다는 특징이 있다. 또한 이와 관련한 정책이나 사업들도 중앙부처 및 지방자치단체 간에 협의나 역할 분담 없이 사회적 합의가 결여된 채 무분별하고 파편적으로 시행되고 있다.[5]

무엇보다 서울 서남부의 구로구 가리봉동은 구로공단에 인접하여 제조업 노동수요가 존재했던 곳으로, 과거 구로공단 노동자들의 주거지로 사용되었던 쪽방촌이 남아 있어 저렴한 주거 선택이 이루어진 곳이다. 즉, 기존의 저소득층 밀집지역이라 할 수 있는 불량 노후 주거지역의 경관이 그대로 남아 지금의 조선족 밀집지역이 되고 있다. 이러한 사실은 가리봉동에 거주하는 외국인, 특히 조선족이 한국인과 같은 지역에 거주하더라도 긍정적인 소통으로 이어질 수 없게 만들고 있으며, 이들의 제한적 교류는 편견의 감소라는 긍정적 영향보다는 오히려 편견의 강화라는 부정적인 결과를 낳고 있다.[6]

---

5 김영로, 〈중국동포 집단적 거주지에 나타난 지역사회에 대한 중국동포의 인식변화에 관한 연구〉,《한국사회복지학》 63(3), 2011, 134쪽.

6 김두섭, 〈한국인 국제결혼의 설명틀과 혼인 및 이혼신고자료의 분석〉,《한국인구학》 29(1), 2006, 25~56쪽; 박윤환, 〈빈곤층과 외국인 주민 거주지분리에 대한 연구: 서울시 사례연구〉,《서울도시연구》 12(4), 2011, 103~122쪽; 박세훈·이영아·김은란·정소영,《다문화사회에 대응하는 도시정책 연구(I): 외국인 밀집지역의 현황과 정책과제》, 국토연구원, 2009; Pittigrew, T. F., "Reactions toward the New Minorities of Western Europe," *Annual Review of Sociology* 24, 1998, pp. 77-103.

저자는 이에 주목하여 좀 더 현장적 시각에서 재검토하는 과정으로 서 답사를 진행하였다. 답사는 2017년 6월 10일부터 2019년 6월 5일에 걸쳐 수시로 진행되었으며, 이 기간 동안 경관을 분석하고 인 터뷰하는 작업을 통해 공간적 분리가 현실화되는 과정을 살펴보았 다. 이 글의 목적은 가리봉동의 공간적 분리가 사회적 고립과 배제, 빈곤으로 이어지고 있음을 고찰함으로써 이에 대한 정책적 제안을 하는 데 있다.

사회자본이론에 근거한 국제이주

이 글은 사회자본이론social capital theory을 기저로 한다. 전통적인 이론 들이 사람들이 왜 움직이는지, 왜 특정 국가를 향하는지를 설명하는 데 초점을 맞추고 있다면, 사회자본이론은 국제이주를 설명하는 이 론으로서 이주민들의 공동체 형성과 수용국 정착지 형성에 더 큰 관 심을 둔다.[7] 사회자본이론에 의하면, 이주민이 특정 공간에 집적하

---

7 박세훈 · 정소양, 〈외국인 주거지의 공간분포 특성과 정책함의〉, 《국토연구》 64, 2010, 59~76쪽; Granovetter, M., *Getting a Job: A Study of Contacts and Careers, Second Edition*, Chicago: University of Chicago Press, 1995; Massey, D. D. et al, "Theories of International Migration: A Review and Appraisal" *Population and Development Review* 19(3), 1993, pp. 431-466; Portes, A., "Economic Sociology and the Sociology of Immigration: A Conceptual Overview," in Alejando Portes, 1993, *The Economic Sociology of Immigration: Essays on Network, Ethnicity and Enterpreneurship*, New York: Russell Sage Foundation. 1995.

게 되는 것은 그 공간이 이주민의 사회자본을 가지고 있기 때문이다. 사회자본은 '특정 목적을 가진 행위를 위하여 사용될 수 있는, 혹은 사회구조 속에 자리 매겨진 자원'으로 정의되는데, 이는 사회적 연결망의 크기와 이와 연관되어 있는 사람들이 소유하고 있는 경제적·문화적·상징적 자본의 양에 의해 결정된다고 본다. 사회자본에는 이주민 공동체 내의 상호 호혜성, 연대성, 동족에 대한 배려, 정보의 네트워크 등 이주민들이 낯선 환경에서 살아가는 데 꼭 필요한 자원들이 포함된다. 결과적으로 사회자본이론은 상대적으로 이주민을 위한 사회자본이 있는 지역으로 이주민이 이동하여 정착하게 된다는 것을 설명한다.[8]

한편, 이주민의 증가와 이들의 공간적 분화는 경제의 세계화 현상과 밀접한 관련이 있다. 특히 세계도시론global city theory과 글로벌도시지역이론global city-region theory은 세계화된 경제체제 속에서 이주민의 공간적 분화가 어떠한 의미를 가지고 있는지를 제시한다. 대표적으로, 제조업이 빠져나간 곳에 저차 서비스업, 즉 건설·건물 청소·택배 등에 종사하는 인력이 형성되는 것을 사례로 들 수 있다. 이들 이론은 이때 주로 저임금의 소수민족 이주민들이 이러한 저차 서비스업을 담당하면서 사회적 혹은 민족적으로 양극화가 진행된다고 본다.[9] 이러한 계층과 민족의 공간적 분리는 도시사회에 매우 도

---

8 Faist, T., *The Volume and Dynamics of International Migration and Transnational Social Spaces*, Oxford: Oxford University Press, 2000.

9 Zukin, S., *Loft Living: Culture and Capital in the Urban Change*, London: Radius, 1988.

전적인 요소가 되기도 하는데, 계층적 분리와 민족별 분리가 서로를 강화시키면서 사회문제로 이어질 수 있기 때문이라고 설명한다. 이와 관련하여, 이러한 빈곤지역에서 성장한 아이들은 적절한 교육을 받지 못하게 됨으로써 상향적 사회이동을 하지 못하고 소수민족 밀집지역의 경제활동에 종사하게 된다고 말한다. 결국 이들 이론은 경제적인 빈곤 상황이 공간적 분리를 강화시키고 공간적 분리가 사회적 낙인이 되면서 다시 계층적 분리를 강화시킨다고 본다.

이처럼 사회자본이론과 세계도시론 및 글로벌도시지역이론은 이주민 공간 형성의 미시적 측면과 거시적 측면을 제시해 준다. 미시적으로 보면 이주민들은 자신들이 활용할 수 있는 사회자본이 형성되어 있는 곳에 집중하는 경향을 보이지만, 거시적으로 보면 도시공간상에 계층별·민족별 분화 형태로 드러날 것으로 예상한다. 본 연구는 이러한 이론 틀에 기대어 주어진 현상을 경관상으로 설명하고 나아가 정책적 함의를 이끌어 내고자 한다.

서울 가리봉동 '옌볜 조선족타운' 형성 과정

조선족의 국내 유입이 본격화된 것은 1990년대로, 이 시기로 접어들면서 노동운동 확산과 3D 업종 기피 현상, 청소년 인구 감소와 진학률 상승, 농촌으로부터 인력 수급 한계 등의 상황이 생산직 노동자의 임금 상승과 함께 제조업을 비롯한 산업 전반의 인력난을 야기했다. 이러한 상황은 노동집약적 경공업 쇠퇴, 서비스업 대두 등 국내 노동시장 변화와 더불어 저개발국에서의 노동이주를 발생시켰다. 한편 중국에서 개혁개방 이후 일자리를 필요로 하는 옌벤延邊[10] 조선족의 이동성이 증대된 시기가 국내 노동수요 발생과 맞물리면서 조선족의 국내 유입이 촉진되었다.[11] 한국은 조선족의 노동이주 관련 선택지 중 임금 수준이 높고, 언어가 통하며, 친족 네트워크가 남은 지역으로서 선호되었다. 외모적 유사성도 선호 이유가 되었는데, 이는 국내 노동시장에서 다른 외국인노동자들에 대한 비교우위로 작용할 수 있었기 때문이다. 이러한 사회자본상의 이유로 조선족의 입지는 그들에게 적합한 노동수요가 나타나는 지역과 근거리이거나 접근성이 용이한 지역으로 한정되었다. 또한 이들은 노동을 하기 위해 이주된 자들로서 고강도 노동을 통해 단기간에 최대한의 수입을 확보하는 것을 목표로 하였기에 주거 선택에 있어서도 주거의 질보다는 주거비의 저렴함이 우선순위로 작용하였다.

가리봉동은 이러한 요건을 모두 충족하는 지역이었다. 특히 한강의 기적을 이루었던 1960~70년대 가리봉동은 구로공단 산업인력들이 밀집 거주한 지역이었다. 소설가 신경숙이 열여섯 살에 상경해

---

10 옌벤延邊은 '옌벤조선족자치주延邊朝鮮族自治州'를 일컫는데, 중화인민공화국 지린성吉林省의 자치주이다. 지린성은 랴오닝성遼寧省·헤이룽장성黑龍江省과 함께 동북3성東北三省 혹은 만주滿洲로 불리는데, 이들 동북3성은 중국의 대표적인 낙후 지역이지만 한국과 역사·문화적으로 밀접해 조선족 밀집지역이기도 하다. 특히 지린성의 옌벤은 약 80만 명의 재중동포가 거주하는 중국 최대의 조선족 거주지다. 자치주 전체 인구 가운데 조선족 인구 비율은 약 40퍼센트 정도이다.

11 이석준·김경민, 〈서울시 조선족 밀집지 간 특성 분석과 정책적 함의〉, 《서울도시연구》 15(4), 2014, 4~5쪽.

구로공단의 한 공장에서 일했던 경험을 바탕으로 쓴 소설《외딴 방》
(1999)에서는 1970년대 말 가리봉동 '쪽방'[12]을 이렇게 묘사하였다.

서른일곱 개의 방 중의 하나, 우리들의 외딴 방. 그토록 많은 방
을 가진 집들이 앞뒤로 서 있었건만, 창문만 열면 전철역에서 셀 수
도 없는 많은 사람들이 쏟아져 나오는 게 보였다. 구멍가게나 시장
으로 가는 입구, 육교 위 또한 늘 사람들이 번잡했었건만, 왜 내게
는 그때나 지금이나 그 방을 생각하면 한없이 외졌다는 생각, 외로
운 곳에, 우리들, 거기서 외따로이 살았다는 생각이 먼저 드는 것인지.

_ 신경숙, 《외딴 방》 중에서

작가가 살던 '외딴 방', 즉 가리봉동에서 흔히 볼 수 있는 붉은 벽
돌집 계단을 타고 구불구불 들어가면 미로처럼 놓여 있던 쪽방들은
여공女工들이 살던 애환의 방이자 노동자들의 꿈의 공간이었다. 당
시에는 가리봉동이 구로공단의 배후지역으로서 발 디딜 틈도 없이
번화한 거리였지만, 1988년 서울올림픽을 앞두고 구로공단 내 공장
들이 지방으로 이전하면서 공순이·공돌이로 불리던 노동자들이 이
쪽방을 떠나게 되었다. 대신 1990년대 중반 이후부터 이 쪽방은 조

12 쪽방은 건축적으로 일실병렬형 주거라고도 불리는데, 주택의 가장 단순한 구성인
    '방과 부엌'이라는 거주 공간 단위가 병렬적으로 결합되어 있는 형태를 말한다. 외
    관상으로는 단독주택, 연립주택이지만 호당 10~50세대가 거주할 수 있도록 설계
    를 변경한 것이다. 내부 구조는 마치 비둘기 집같이 구분되어 있어 벌집이라고도
    불린다.

선족들로 채워졌다. 한편으로는 가리봉동의 위치성, 즉 가산디지털단지역과 남구로역 지하철 1·7호선을 통해 경기 서남부와 강남으로의 접근성이 용이하다는 점이 일자리 수급이 용이한 지역으로서 중요한 선점 요건이 되었다(〈그림 1〉 참조).[13]

〈그림 1〉 가리봉동 위치도

　가리봉동은 전체 인구 2만여 명 중 외국인 거주자가 30퍼센트 이상을 차지하며, 특히 외국인 중 옌볜에서 온 조선족의 비율이 90퍼센트가 넘어 '옌볜거리'를 중심으로 '옌볜 조선족타운', '중국동포타운'이라 불리고 있다.[14] 현재 이곳은 조선족들의 코리안 드림을 이루기 위한 삶의 터전으로서 새로운 생활·문화적 특성을 반영한 경관이 나타나고 있다. 이곳의 특징은 단기체류가 많고 일자리 정보가 발달해 있으며 주거도 저렴한 단기생활 위주로 구성되어 있다는 점이다. 또한 대부분의 상점들은 거의 조선족을 대상으로 하여 그들이 직접 운영하는 방식의 폐쇄적인 커뮤니티를 이루고 있어 주류 사회와의 단절 양상이 뚜렷하다.[15]

13　정은혜 · 손유찬,《지리학자의 국토읽기》, 푸른길, 2018, 284쪽.

14　〈가리봉동 · 대림동, 늘어나는 조선족: 관할뽐는?〉,《세정신문》 2016년 5월 30일자.

15　방성훈 · 김수현,〈한국계 중국인 밀집주거지의 분화에 관한 연구 – 서울시 가리봉

가리봉동에 형성된 '옌볜 조선족타운'의 경관

가리봉동 초입 남구로역 근처에는 여행사, 핸드폰 상점, 술집, 노래방, 부동산, 음식점 등이 중국어 간판과 함께 왕복 4차로 구로동길을 따라 늘어서 있다(〈그림 2〉). 이 길을 따라 200미터 가량 내려가면 오른쪽으로는 남부순환로가, 왼쪽으로는 우마길로 연결되는 삼거리가 나오는데, 이 우마길이 이른바 '옌볜거리'다. 길 입구에서 가장 먼저 눈에 들어오는 건 중국어가 혼용 표기된 무단횡단금지 표지판이다(〈그림 3〉). 이처럼 간판을 간자체로 표기하거나 출신 지역 명을 넣어 상점 이름을 짓는 것은 상점의 주인이 조선족이거나 혹은 중국 관련 상품을 취급하고 있음을 알리려는 의도로 해석된다. 조선족은 이러한 간판을 통해 일차적으로 이곳이 중국어 문화권임을 알리고 있으며, 가리봉동 경관을 서울이 아닌 중국의 어느 공간처럼 탈영토화하는 동시에 재영토화된 장소로의 전환을 의미하는 기호로 사용하고 있다.[16] 이는 모국에서의 차별과 배제를 경험한 조선족들의 '디아스포라적 특수성'과 한국인이자 중국인이라는 '이중적 정체성'이 공존하고 있는 것으로 볼 수 있다.[17]

동과 자양동을 중심으로〉,《한국사회정책》 19(2), 2012, 61쪽.

16 이장섭 · 정소영, 〈재한조선족의 이주와 집거지 형성: 서울시 가리봉동을 중심으로〉, 《전남대학교 세계한상문화연구단 국내학술회의》, 2011, 3~20쪽.

17 조선족들은 개별적으로는 매우 적극적으로 삶을 개척하려는 의지를 가지고 있는 사람들(많은 경우 가족들을 위해 자신을 희생하면서 어려운 생활을 감당하고 있는 사람들)이지만 공동체로서의 조선족은 한국 사회에선 매우 주변적이고 통합성도 결여되어 있다. 그리고 결집된 목소리를 낼 만큼 경제적으로도 여유롭지 못하여 경관을

〈그림 2〉 가리봉동 옌볜거리의 중국어 간판들(2017 년 6월 10일 저자 촬영)

〈그림 3〉 가리봉동의 무단횡단금지 표지판(2017 년 6월 10일 저자 촬영)

1990년대 중반부터 조선족이 가리봉동으로 유입되기 시작했지 만 본격적으로 옌볜거리가 조성된 것은 2002년 정부가 자진신고하 는 미등록(불법체류) 외국인노동자들에게 6개월에서 1년의 출국 준 비 기간을 부여했을 때부터이다. 이 같은 조치는 사실상 미등록 외 국인노동자에게 합법적으로 일할 수 있도록 기간을 준 것으로 이해 돼 음지에 숨었던 조선족들이 거리로 나서는 배경이 되었다. 즉, 일 단 자진신고만 하면 1년간은 단속될 걱정이 없게 되자, 조선족을 상 대로 하는 음식점과 노래방 등이 대로변에 생겨나기 시작했고 거리 에도 활기가 넘쳤다. 한창 때에는 주말 하루에만 풀린 돈이 10억 가 까이 될 정도였다.[18] 그래서인지, 단층 또는 높아야 3층짜리 건물로 이루어진 옌볜거리에 건물 두 개 건너 하나 꼴로 노래방이 자리 잡

바꿀 의지도 빈약한 편이다. 이러한 특성은 공간에도 반영되어 가리봉동 옌볜거리는 재개발 계획에도 불구하고 획기적인 변모를 거듭하지 못하고 여전히 낙후되어 있다.

18 〈서울 속의 다문화거리: ① 가리봉동 연변거리〉,《연합뉴스》2010년 11월 14일자.

〈그림 4〉 가리봉동 옌볜거리의 노래방들(2017년 6 월 10일 저자 촬영)   〈그림 5〉 가리봉동 옌볜거리의 직업소개소(2017 년 6월 10일 저자 촬영)

고 있다(〈그림 4〉). 가무를 즐기는 중국동포들은 모국이자 외국인 이 곳에서 별다른 오락거리가 없어 노래방을 즐겨 찾는다. 대낮인데도 노래방에서 사람들의 노랫소리가 흘러나온다. 도로 공사, 농장일, 모 텔 청소, 도우미 등 구인정보를 내건 직업소개소와 제법 큰 규모의 고시원도 흔하게 눈에 띄는 풍경이다(〈그림 5〉).

옌볜거리 중간쯤에는 이곳의 대표적인 재래시장인 가리봉 종합 시장이 있다(〈그림 6〉). 과거에는 여공들이 주로 이용했으나 현재는 조선족들이 이용하는 시장으로 변화하였다. 다양한 중국식품 상점 과 정육점, 반찬가게, 건강원 등으로 이루어진 경관이 이를 반영한 다. 그리고 그런 의미에서 조선족을 다룬 영화 〈황해〉(2010), 〈신세계〉 (2013), 〈청년경찰〉(2017) 등의 배경지로도 등장하여 유명세를 타고 있 다. 따라서 가리봉 종합시장은 옌볜 조선족들의 일상적 공간이지만 영화를 통해 이곳을 알게 돼 찾아온 외부인(방문객)들은 양꼬치, 호 떡, 꽈배기 과자 등 시장 근처의 길거리 음식들을 이용하며 이국적

〈그림 6〉 가리봉 종합시장(2017년 6월 10일 저자 촬영)

〈그림 7〉 가리봉동 길거리 음식점들(2017년 6월 10일 저자 촬영)

〈그림 8〉 아직도 남아 있는 쪽방촌의 모습(2018년 6월 6일 저자 촬영)

〈그림 9〉 가리봉동 쪽방촌 언덕길(2018년 6월 6일 저자 촬영)

공간을 체험한다(〈그림 7〉).

시장을 나서면 언덕길이 나오고, 이 언덕길을 오르면 쪽방촌이 나타난다(〈그림 8〉). 2~3층의 다가구주택이 밀집된 이곳은 옌볜거리의 실질적 배후지다. 보증금 100만 원에 월세 20만 원 내외의 저렴한 방값에 조선족들이 이곳에 모여들기 시작하면서 이들의 문화로 새롭게 채색된 것이다. 한편 언덕길 너머로 보이는 고층건물은 가산디지털단지로 옌볜의 쪽방촌과 대조를 이루며 상대적 박탈감을 드러낸다(〈그림 9〉).

'옌볜 조선족타운'의 경관을 통해 살펴본 공간적 분리

앞서 잠깐 언급한 외국인 밀집지역 중에서 수도권 산업도시인 안산·시흥·김포 등이 지역주민과 외국인의 관계라면, 가리봉동은 유독 한국인과 조선족, 혹은 한민족과 교포의 관계라는 종족적 특징이 강하다.[19] 예로, 가리봉동에서 '중국동포타운'의 등장과 지역신문인 《중국동포신문》은 다문화의 정체성보다 민족관계에 초점을 맞추어, 행정서류 대행 서비스 및 취업비자 전환 등을 통해 중국동포의 업무를 돕고 있다(〈그림 10〉). 이러한 조선족 커뮤니티의 구성(가족·친척·친구·동향인 등 혈연과 지연에 기초한 연결망)은 가리봉동을 옌볜과 서울을 이어 주는 통로로 만들었다. 결국 경제적인 지위와 역사적인 배경으로 인해 한국인에게 냉대를 받아 오던 조선족들의 터전이 된 가리봉동은 저렴한 집값과 교통의 편리 등의 이유로 조선족의 유입이 보다 쉽게 이루어질 수 있는 공간으로 바뀌었다. 뿐만 아니라 대부분의 조선족이 이곳 가리봉동을 통해 직업을 구하고 있다.[20] 그러한 측면에서 가리봉동은 '옌볜에서 서울로의 인구·문화의 통로'로서, 옌볜 문화의 재현이 이루어지는 일상적 공간이 되었다. 다만, 요코하마 차이나타운이나 인천 차이나타운처럼 일반적으로 화교들이 세계 각국에 자신들의 문화를 이식하기 위해 이주한 곳

---

19 예동근, 〈한국의 지역 다문화공간에 대한 비판적 접근〉, 《동북아 문화연구》 27, 2011, 6쪽.

20 박세훈·이영아, 〈조선족의 공간집적과 지역정체성의 정치: 구로구 가리봉동 사례 연구〉, 《다문화사회연구》 3(2), 2010, 71~101쪽.

〈그림 10〉 가리봉동의 중국동포타운 신문사(2017   〈그림 11〉 낡고 쇠락한 옌벤 조선족타운(2018년 6
년 6월 10일 저자 촬영)   월 6일 저자 촬영)

의 경관을 중국 본토처럼 형성하는 대신, 가난한 가리봉동의 조선족
들은 원래 있던 경관을 그대로 이용하고 있어 그들의 일상적 경관은
더욱 낡고 쇠락해 있다(〈그림 11〉). 아마도 이러한 측면이 옌벤 조선
족타운을 관광의 차원으로 접근하기 어려운 이유이기도 할 것이다.

한편, 원래 이곳에 사는 한국인과의 마찰도 적지 않다. 원주민의
입장에서 이주한 중국인은 시끄럽고 질서를 지키지 않으며 주변 환
경 역시 잘 관리하지 않는 이웃일 뿐이다.[21] 여기에 중국인을 무시하
는 한국인 특유의 민족적 선입견이 겹치면서 양측 간 갈등의 골이
깊어졌다. 다음의 인터뷰 내용은 이러한 사실을 반영한다.

"난 여기 얼른 떠나고 싶어. 여기에 산다고 하면 사람들이 다짜고짜

---

21 박신영 · 김준형 · 최막중, 〈외국인 노동자 밀집거주에 의한 근린효과: 서울 가리봉
동 · 대림동을 대상으로〉, 《국토계획》 47 (5), 2012, 217~230쪽.

조선족이냐고 물어봐. 여기 사는 사람들 모두가 조선족인 줄 안다니까. 난 여기서 오래 살아서 아는데, 이젠 여기가 중국처럼 됐어. 원래 살던 사람들도 이젠 불편해지기 시작했어. 조선족이랑 엮이기도 싫고, 돈만 있으면 얼른 이사 갈 거야."_ 가리봉동 주민, 한국인, 50대 여성, 김○씨 인터뷰, 2018년 6월 6일

"동네가 얼마나 지저분해졌는지 몰라. 목소리도 어찌나 큰지. 시끄러워서 살 수가 없어. 상점도 죄다 중국 사람들 위주고. 그렇다고 대놓고 싫어하는 티를 낼 순 없잖아. 조선족들 좀 그만 왔으면 좋겠어. 절이 싫으면 중이 떠나라 했는데, 나도 조만간 아들네 집으로 가려고 그래. 이 동네를 떠나야지."_가리봉동 주민, 한국인, 60대 여성, 최○씨 인터뷰, 2018년 6월 6일

"난 처음부터 서울 가리봉동에서 살았습니다. 아버지가 먼저 와 전세방을 마련하셔서 중국에 있는 저와 식구들을 초청했지요. 보통 처음 시작은 다들 가리봉동에서 하는 것 같아요. 돈이 좀 모아지면 자양동으로 이사할 생각이지만 아직은 가리봉동에서 사는 게 불편하지는 않아요. 일단 동포들이 많으니까."_가리봉동 주민, 조선족, 20대 남성, 장○씨 인터뷰, 2018년 6월 6일

"원래 한국 사람들은 우리 같은 사람들(조선족)을 별로 안 좋아하잖아. 그래도 어쩌나? 같이 사는 거지. 난 지금 대림동 살지만 가리봉동에 친구 만나러 왔어. 그러고 보니 나도 굳이 조선족인 걸 말하고 다니진 않아."_대림동 주민, 조선족, 70대 남성, 주○씨 인터뷰, 2019년 6월 5일

이와 같은 내용은 한국에서의 위계적 사회구조와 조선족의 낮은 사회·경제적 지위에 따른 이주국에서의 차별과 고립으로 요약된다. 그럼에도 불구하고 가리봉동에서 조선족 인구와 정주화 경향은 꾸준히 증가해 왔다.[22] 그리고 이들을 수용하기 위한 노력도 이루어졌다. 이를 반영하듯 2004년부터 한국인 상인과 조선족, 조선족 유학생들이 화합과 공존의 거리로 선포하는 행사를 벌인 바 있고, 자정 활동을 통해 공생의 길을 모색하기도 했다.[23] 그러나 대표적인 조선족 밀집지역으로서 가리봉동은 범죄 발생률의 증가, 주택 가격 하락, 지역 이미지 악화 등과 연계되면서 점차 황폐화되고 있다. 게다가 한국 사회에서 성공적으로 정착한 조선족들이 주거 환경이 좀 더 나은 곳(대림동, 신림동, 자양동 등)으로 속속 떠나고, 또 이곳이 재정비촉진지구로 지정돼 재개발된다는 소식에 조선족의 이탈이 더해지면서, 옌볜 조선족타운은 '공간적 분리'를 넘어 '사회적 고립'이 동시에 진행되고 있다. 남부순환로 건너편으로 가산디지털 3단지가, 그리고 그 동쪽에는 구로디지털 1단지가 들어서 옛 구로공단 지역은 이미 IT(정보기술)산업의 메카로 변신한 반면(〈그림 12〉), 가리봉동 옌볜 조선족타운은 현재 슬럼 지역처럼 덩그러니 남아 있다.

가리봉동은 사회적 배제, 빈곤과 연결된 지역으로 점차 황폐화되

---

22 김현선, 〈한국체류 조선족의 밀집거주 지역과 정주의식 – 서울시 구로·영등포구를 중심으로〉, 《사회와 역사》 87, 2010, 231~264쪽.

23 이러한 공존의 모색은 사실상 가리봉동에서 조선족 없이 경제가 돌아갈 수 없다는 현실적 판단도 작용한 것으로 보인다. 그런 의미에서 가리봉동의 한국인과 조선족의 관계는 '어쩔 수 없는 공생 관계'로 파악된다는 주장도 있다.

〈그림 12〉 IT산업의 메카, 구로디지털단지(2019 〈그림 13〉 옌벤 조선족타운에 밀집된 게임장들
년 6월 5일 저자 촬영) (2017년 6월 10일 저자 촬영)

어 가고 있다. 이곳의 물리적 낙후성은 오히려 조선족을 밀집시키는
역할을 하면서 한국 사회와의 상대적 고립을 강화시키고 있다. 결국
이곳에 사는 이들은 상점이나 월세집 주인을 제외하고는 한국인이
든 조선족이든 최하층민인 셈이다. 지금의 가리봉동은 좋아서 오기
보다는 싼 맛에 와서 돈을 벌면 뜨는 정거장이 되었다. 그럼에도 불
구하고, 혹은 그렇기 때문에 가리봉동은 가난한 조선족의 애환이 서
린 곳이다. '고국이라고 찾아왔건만 결국 마음의 상처를 안은 채 살
고 있다'는 다큐 속 할아버지의 인터뷰[24]는 이러한 현실, 즉 한국의
불행한 역사로 중국에 살게 된 그들이지만, 낡고 쇠락한 공간 속에
분리된 현실이 동포라는 이름을 무색하게 만들고 있음을 대변한다.
또한 차별과 배제 속에 옌벤 조선족타운 끄트머리에 밀집돼 있는 수
많은 불법게임장들은 이곳을 더 불안하고 황폐화된 곳으로 고착화
시키는 경관적 요소가 되고 있다(〈그림 13〉).

---

24 〈다큐 3일: 환잉라이歡迎來 가리봉: 중국동포거리 3일〉, 《KBS2》 2010년 8월 29일자.

가리봉동 '옌벤 조선족타운'에 대한
정책적 제안

본고의 경관 연구를 통해 가리봉동이 일종의 '외국인 밀집지역'으로서 차별과 배제가 적용되는 공간임을 확인할 수 있었다. 즉, 가리봉동은 거주국(한국)의 주류 사회에 편입되지 못한 조선족들의 상호 네트워크를 통해 형성·발전된 공간으로, 조선족들의 음식점·상가 등 연관 인프라가 형성되고 사교활동과 정보 교환의 중심지로 기능하는 지역이다. 또한 가리봉동 옌벤 조선족은 '모여 있음'을 통해 외부에 대한 방어와 내부적 상호 지원을 수행하고, 그들 고유의 문화를 지향함으로써 주류 사회에 편입되지 않고 오히려 분리되는 경향을 보이고 있다. 특히 가리봉동은 다른 조선족 밀집지역에 비해 상대적으로 소득이 낮고 일시적으로 머문다는 특징이 있어 도시 하위 계층적 성격이 강하며, 그들의 평범한 일상은 중국어 간판과 더불어 낡은 재래시장과 쪽방으로 대변된다. 그리고 직업소개소·여행사·행정사 등은 조선족에 한정되어 있고, 또한 높은 분포를 보이는 노래방·술집·게임장 역시 한국인의 접근이 심리적으로 제한되고 있다. 여기에 가리봉동이 지역균형발전지역으로 선정되어 철거 위기에 놓인 과정에서 재개발 이슈가 개선에 대한 자발적 의지를 감소시켜 지역에 대한 불안정성마저 증대된 상황이다. 그런 의미에서 가리봉동의 다多문화는 우리에게 타他문화로 여겨지는 공간이자 저低문화로 작동되고 있다. 이렇게 조선족과 한국인의 공간적 분리가 고착화되어 가는 가운데, 주변에 가산패션타운[25]과 구로디지털단지가 인접한 지리적 이점에도 불구하고 이색적인 문화거리로 성장하지 못하고 슬럼화되고 있다.

사실상 가리봉동은 다문화 자원으로서의 가치를 지니고 있지 못하다는 이유로 그동안 정책적 관심 밖에 있었다. 즉, 조선족 밀집지라는 특수성으로 인해 한국 문화와 크게 차별화되지 않으며, 단일민족으로 구성되어 있어 문화적으로도 다양하지 않다는 것이다. 이러한 사정은 이 지역을 단순히 제거해야 할 불량 주거지로 여기는 인식만 강화시켰고, 정책적으로도 소외되어 왔다. 가리봉동의 공간적 분리와 사회적 고립과 배제가 더욱 심화되지 않도록 다음과 같은 정책적 제안을 하고자 한다.

첫째, 조선족 밀집지의 성장에 영향을 미치는 요인을 파악하고 대처하기 위해 좀 더 심층적인 분석과 다양한 정책적 논의를 진행할 필요가 있다. 즉, 조선족 밀집지가 가진 도시 내 낙후 · 쇠퇴 지역 재생의 역할과 문화적 · 사회적 측면의 가능성에 대하여 좀 더 발전적이고 면밀한 검토가 이루어져야 한다. 현재 가리봉동 지구의 재개발 논의가 이루어지고 있으나, 가리봉동이 서울이라는 도시에서 가지는 가치에 대해 더 깊은 논의가 요구된다. 조선족에 대한 긍정적 또는 부정적 인식이 공존하는 현실에서 조선족이 한국 사회에 무엇을 줄 것인가를 고민하기보다는, 가리봉동 같은 지역이 도시 안에서 왜

---

25 가산패션타운에는 마리오아울렛, 현대아울렛, W-Mall아울렛, 롯데팩토리아울렛 등이 새로 입지해 있다.

중요한가에 대한 고민이 더 필요해 보인다.

둘째, 다른 한편으로 조선족이 아닌 원주민 입장에서의 연구도 병행되어야 할 것이다. 앞선 인터뷰 내용에서 살펴보았듯 가리봉동은 원주민들의 주거만족도가 떨어지고 조선족 이주민에 대한 차별과 편견이 유독 강한 지역으로 나타난다. 이렇게 된 배경을 고민해 봄으로써 보다 적극적으로 근린 환경에 대한 유지 및 관리를 정책적으로 도모할 필요가 있다. 외국인 밀집거주지역의 생활환경 개선은 외국인의 안정적 정착을 돕는 것은 물론, 자국 및 근린사회의 이미지 제고에도 기여할 수 있기 때문이다. 따라서 정부는 조선족 집중 거주지역에 대한 중장기 복합발전방안을 마련하고, 거주지 유형별 특성에 맞는 특화 발전을 추진할 필요가 있다. 즉, 상대적으로 열악한 주거 환경에 대한 정책적 배려가 요구되며, 최종적으로는 한국인과 중국인 간 사회적 교류를 증폭시킬 수 있는 방안을 고민해야 한다. 구체적으로는 이들의 노후한 주거지 및 거리 등을 효율적으로 정비하기 위해 쓰레기 · 소음 등과 같은 부정적 외부효과를 최소화하는 실질적인 정책도 고려해야 할 것이다.

마지막으로, 조선족 이주민들을 노동자로서, 또 소비자로서, 더 나아가 사회자본으로서 지역 산업, 주택시장 및 상업 활동에 적극적으로 통합시키려는 노력도 병행되어야 할 것이다. 가리봉동처럼 주거단지 내 다양한 소득계층 및 다양한 주민이 함께 어울려 살아가는 것을 꺼리고 유사한 경제적 수준의 사람들만 집중화하는 동질적 주거를 선호하는 현상은 소득계층별, 인종별, 문화 특성별 주거지 분리를 심화시키고 사회적 배제를 더욱 증대시키는 결과를 가져올 수 있다. 이를 완화시키기 위한 정책들이 필요한데, 구체적으로 지역 개발 시 공공임대주택 및 저소득층 주택 등 사회 취약계층을 위한 주택을 일정 분량 건립하는 것을 들 수 있다. 더 나아가 교육적 차원도 고려하여 외국인학교의 수를 늘리고 동시 교육 기회 및 교육시설을 확충하는 정책을 활발히 추진해 나가야 할 것이다.

가리봉동의 경관을 현장에서 바라본 본고의 논의는 코리안 디아스포라라는 특수성을 가진 조선족에 대한 지역주민의 관점과 경관을 반영하였다는 점에서 차별성이 있다. 또한 이를 바탕으로 현실을 직시하고 현 상황을 개선할 수 있는 정책적 제안을 제시하였다는 점에서 의의가 있다. 하지만 현장답사를 실시하는 과정에서 대규모 설문조사가 이루어지지 못했고(일부의 인터뷰로 대신한 점), 그러다 보니 정책적 제안이 원론적일 수밖에 없다는 한계점을 지닌다. 즉, 본고가 제시한 정책들이 사회의 전반적인 지향을 재구성하기보다는 우리 사회의 기존 체제를 유지하는 선에서 주력한 것은 아쉬움으로 남는다. 따라서 본고가 행한 가리봉동의 사례 연구로 그치지 않고, 추후 다양한 국적의 외국인 집단이나 다양한 지역을 대상으로 한 연구가 이루어져 좀 더 다양하고 적극적인 구체적 정책 방안이 제시될 수 있기를 기대한다. 본고를 통해 향후 가리봉동 조선족 밀집지의 긍정적인 역할이 발현되고, 무엇보다 한국인이 조선족과 그들의 거주지역을 대하는 데 있어 차별과 배제의 기제가 작용하지 않기를 바란다.

참고문헌

박세훈 · 이영아 · 김은란 · 정소영, 《다문화사회에 대응하는 도시정책 연구(I): 외국인 밀집지역의 현황과 정책과제》, 국토연구원, 2009.

신경숙, 《외딴 방》, 문학동네, 1999.

정은혜 · 손유찬, 《지리학자의 국토읽기》, 푸른길, 2018.

김두섭, 〈한국인 국제결혼의 설명틀과 혼인 및 이혼신고자료의 분석〉, 《한국인구학》 29(1), 2006, 25~26쪽.

김영로, 〈중국동포 집단적 거주지에 나타난 지역사회에 대한 중국동포의 인식변화에 관한 연구〉, 《한국사회복지학》 63(3), 2011, 133~156쪽.

김현선, 〈한국체류 조선족의 밀집거주 지역과 정주의식 – 서울시 구로 · 영등포구를 중심으로〉, 《사회와 역사》 87, 2010, 231~264쪽.

박세훈 · 이영아, 〈조선족의 공간집적과 지역정체성의 정치: 구로구 가리봉동 사례연구〉, 《다문화사회연구》 3(2), 2010, 71~101쪽.

박세훈 · 정소양, 〈외국인 주거지의 공간분포 특성과 정책함의〉, 《국토연구》 64, 2010, 59~76쪽.

박세훈 · 정윤희 · 정소양, 〈다문화시대의 도시관리전략: 외국인 밀집지역의 현황과 정책과제〉, 《국토정책 Brief》 309, 2011, 1~6쪽.

박신영 · 김준형 · 최막중, 〈외국인 노동자 밀집거주에 의한 근린효과: 서울 가리봉동 · 대림동을 대상으로〉, 《국토계획》 47(5), 2012, 217~230쪽.

박윤환, 〈빈곤층과 외국인 주민 거주지분리에 대한 연구: 서울시 사례연구〉, 《서울도시연구》 12(4), 2011, 103~122쪽.

방성훈 · 김수현, 〈한국계 중국인 밀집주거지의 분화에 관한 연구 – 서울시 가리봉동과 자양동을 중심으로〉, 《한국사회정책》 19(2), 2012, 39~68쪽.

예동근, 〈한국의 지역 다문화공간에 대한 비판적 접근〉, 《동북아 문화연구》 27, 2011, 5~14쪽.

이석준 · 김경민, 〈서울시 조선족 밀집지 간 특성 분석과 정책적 함의〉, 《서울도시
연구》 15(4), 2014, 1~16쪽.

이장섭 · 정소영, 〈재한조선족의 이주와 집거지 형성: 서울시 가리봉동을 중심으
로〉, 《전남대학교 세계한상문화연구단 국내학술회의》, 2011, 3~20쪽.

이정현 · 정수열, 〈국내 외국인 집중거주지의 유지 및 발달 - 서울시 대림동을 사
례로〉, 《한국지역지리학회지》 21(2), 2015, 304~318쪽.

정지은 · 하성규 · 전명진, 〈외국인 거주자의 주거입지 선택 요인 분석에 관한 연
구: 수도권을 중심으로〉, 《국토계획》 46(6), 2011, 117~129쪽.

조현미, 〈외국인 밀집지역에서의 에스닉 커뮤니티의 형성 - 대구시 달서구를 사
례로〉, 《한국지역지리학회지》 12(5), 2006, 540~556쪽.

〈서울 속의 다문화거리: ① 가리봉동 연변거리〉, 《연합뉴스》 2010년 11월 14일자.

〈가리봉동 · 대림동, 늘어나는 조선족: 관할署는?〉, 《세정신문》 2016년 5월 30일자.

〈다큐 3일: 환잉라이歡迎來 가리봉: 중국동포거리 3일〉, 《KBS2》 2010년 8월 29
일자.

Baumeister, R. F., & Bushman, B. J., *Social psychology and human nature*,
Belmont, CA: Thomson Higher Education, 2008.

Faist, T., *The Volume and Dynamics of International Migration and Transnational
Social Spaces*, Oxford: Oxford University Press, 2000.

Granovetter, M., *Getting a Job: A Study of Contacts and Careers*, Second Edition,
Chicago: University of Chicago Press, 1995.

Knox, P. L., & Marston, S. A., *Places and Regions in Global Context: Human
Geography*, New Jersey: Prentice-Hall, 1999.

Portes, A., "Economic Sociology and the Sociology of Immigration: A Conceptual
Overview," in Alejando Portes, 1993, *The Economic Sociology of Immigration:
Essays on Network, Ethnicity and Enterpreneurship*, New York: Russell Sage
Foundation. 1995.

Zukin, S., *Loft Living: Culture and Capital in the Urban Change*, London: Radius, 1988.

Massey, D. D. et al, "Theories of International Migration: A Review and Appraisal," *Population and Development Review* 19(3), 1993, pp. 431~466.

Pamuk, A., "Geography of Immigrant Clusters in Global Cities: A Case Study of San Francisco," *International Journal of Urban and Regional Research* 28(2), 2004, pp. 287~307.

Pittigrew, T. F., "Reactions toward the New Minorities of Western Europe," *Annual Review of Sociology* 24, 1998, pp. 77~103.

KOSIS 국가통계포털, https://kosis.kr/index/index.do.

국내 외국인 이주자의 분포 특성과
이주자 집거지의 로컬리티에 관한 예비적 연구

김수정

이 글은 《International Journal of Diaspora & Cultural Criticism》 11권 1호(2021.1)에
실린 원고를 수정 및 보완하여 재수록한 것이다.

들어가며

행정안전부에서 발표한 2018년 '지방자치단체 외국인 주민 현황'[1]
에 따르면, 2018년 11월 1일 기준 국내 체류 외국인 수가 165만 명
을 넘어서며 우리나라 전체 주민등록인구의 3.2퍼센트를 차지하는
것으로 나타났다.[2] 통상적으로 전체 인구 대비 외국인 이주자의 비
율이 5퍼센트를 넘으면 다문화사회로 분류된다는 점에서 보면, 우
리나라는 정부 차원에서 이주자 문제를 본격적으로 인식한 2006년
이후 매우 빠른 속도로 다문화사회로 진입하고 있다.

　이러한 외국인 증가 추세와 맞물려, 분리된 형태로 밀집하여 거주
하는 외국인 집거지가 뚜렷하게 등장하는 현상이 나타나기도 한다.
그러나 외국인 이주자의 급격한 유입은 사회 변화에 대응할 만한 충
분한 준비가 이뤄지지 못하는 상황을 만들었고, 그 결과 다양한 사
회문제를 양산하고 있다. 또한 한국 사회에서 당연시되었던 한민족
이라는 관념은 우리와 다른 존재들을 배제하고 전 세계적으로 추구
하는 다원적 가치와 충돌하는 모습을 보였다. 특히 인종, 문화, 민족
간 차별과 불평등 문제가 공존을 통한 사회통합과 발전을 저해함에
따라 주요한 해결 과제로 대두되었다.

　이러한 맥락 속에서 국내 이주자들에 대한 연구가 다양한 학문 분

1　행정안전부의 지방자치단체 외국인 주민 현황은 매년 11월 1일 기준으로 전년도 통
　계를 발표한다. 본 연구가 진행되는 동안 2019년 데이터가 발표되지 않아 가장 최신
　자료인 2018년 통계 데이터를 활용하였다.

2　행정안전부, http://www.mois.go.kr.

야에서 진행되었는데, 주로 한국 사회가 당면한 다문화사회 환경에 대한 우려와 기대, 진단과 처방을 강구하는 동화적 · 사회통합적 관점에서 이루어져 왔다.[3] 이러한 동화적 관점 하에 대부분의 이주자 정책 연구나 중앙정부와 지방정부 차원의 이주자 지원 정책들은 결혼이주자에 초점을 맞추어 왔으며, 외국인근로자 · 귀환이주자 · 외국국적 동포 · 엘리트 이주자 등 다양한 이주자 집단에 대한 관심이나 연구는 상대적으로 적은 것이 사실이다.

이에 본 장에서는 지금까지의 국내 다문화 현상에 관한 연구들이 국가 스케일의 관점에서 인구 변천상의 위기와 재구성 과정을 진단하고 그 방향을 판단하는 데 주력해 왔음을 비판적으로 인식하고, 그 대안으로서 로컬의 삶의 현장에 주목하고자 한다.[4] 이를 위해서는 먼저 외국인 이주자들의 구체적인 삶의 모습들을 드러내 줄 수 있는 집중 거주지를 추출해 내는 작업이 선행될 필요가 있는데, 이를 위한 효과적인 방법이 통계자료를 활용한 지도화 작업이다.

외국인 이주자 집거지의 공간적 분리는 사회경제적으로 여러 함의를 지니고 있다. 사회적으로 보면 이주자 집거지는 사회자본을 형성해 주류 사회로의 정착을 돕는 긍정적 기능을 수행한다. 경제적으

---

3 이영민 · 김수정, 〈인천시 외국인 이주자의 분포 특성과 다문화 로컬리티에 관한 예비적 연구-출신 국가와 체류 유형을 중심으로〉, 《로컬리티 인문학》 17, 2016, 198쪽; 김이선 · 민무숙 · 홍기원 · 주유선, 《다민족 · 다문화사회로의 이행을 위한 정책패러다임 구축(Ⅴ): 다문화사회 정책의 성과와 미래 과제》, 한국여성정책연구원, 2011, 5~10쪽.

4 박규택, 〈혼성적 · 실천적 스케일로서 로컬리티〉, 《로컬리티의 인문학》 12, 2014, 242쪽.

로는 이주자 집거지가 이주자들에게 노동 기회를 제공하는 통로로
서의 역할을 수행하고 있다.[5]

  이에 이 장에서는 국내 외국인 이주자 집거지의 공간적 분포를 분
리의 관점에서 검토해 봄으로써, 이주자 집단의 유입에 따른 새로
운 공동체의 형성 과정 및 이주자들의 일상생활에 주목해 볼 수 있
는 기초 자료를 제공하는 데 목적을 두고 있다. 구체적으로 시군구
단위와 읍면동 단위의 지역-로컬 스케일에서 이주자 집단의 지리적
집적 특성을 지도화 작업을 통해 분석해 보고, 이와 연관된 다양한
세부적 연구 과제와 정책 방향을 도출하는 데 목적을 두고 있다. 이
를 위해, 우선 2010년과 2018년 외국인 이주자 현황 통계에 근거하
여 시계열적 차원에서 이주자 분포 패턴의 변화를 살펴보고자 한다.
아울러 상이성 지수Index of dissimilarity를 통해 2018년 기준 전국 시군
구별 외국인 이주자 집거지의 공간적 분포 변화를 파악하고, 상이성
지수가 높게 나타나는 지역들 중 2010년과 비교하여 뚜렷한 변화를
보이거나 국적이나 체류자격 측면에서 독특한 이주자 구성 패턴이
나타나는 경기도 김포시·화성시, 광주광역시 광산구를 중심으로
읍면동별 이주자 분포 특성을 구체적으로 살펴보고자 한다.

---

5 하성규·마강래·안아림, 〈서울시 외국인 주거지의 공간적 분리패턴에 관한 연구〉,
   《서울도시연구》12(3), 2011, 92쪽.

외국인 이주자의 주거지 분리

외국인 이주자 주거지 분리 관련 연구

그간 진행되어 온 외국인 이주자 집단이나 주거지 분리에 대한 선행 연구들을 살펴보면, 먼저 주거지 분리 혹은 주거지 격리란 특정 소수민족이나 인종의 거주 패턴이 공간적으로 집중 및 분리되어 나타나는 현상으로 설명할 수 있다. 이주자 집단의 거주지 분리나 격리에 관한 연구가 의미 있는 이유는, 이러한 분리 현상이 정착지의 경제 · 사회 · 문화적 격리와 긴밀한 관계를 맺기 때문이다.

소수집단의 주거지 분리 현상은 이주자들의 이주가 일찍부터 시작된 미국, 유럽에서 많이 연구되어 왔다. 미국을 사례로 한 선행 연구에서는 소수집단이 가지고 있는 차별화된 선호와 주류집단으로부터의 차별이 주거지 분리를 촉진하는 요인으로 가장 흔하게 언급되고 있지만,[6] 유럽 도시를 사례로 한 연구에서는 소수집단이 받는 차별보다는 인종 간 문화적 차이와 지역의 주택시장 상황과 맞물린 이주자들의 열악한 경제 상황을 가장 큰 원인으로 들고 있다.[7]

---

6 정수열, 〈인종 민족별 거주지 분화이론에 관한 고찰과 평가: 미국 시카고 아시아인을 사례로〉,《대한지리학회지》43(4), 2008, 511~525쪽; Massey, Douglas. S. et al. "Theories of International Migration: A Review and Apparaisal." *Population and Development Review* 19(3), 1993, pp. 431-446; Portes, Alejandro and Min Zhou, "The new second generation: Segmented assimilation and its variants." *The annals of the American academy of political and social science* 530(1), 1993, pp. 74-96; Zorlu, Aslan, and Clara H. Mulder, "Location choices of migrant nest-leavers: spatial assimilation or continued segregation?." *Advances in Life Course Research* 15(2), 2010, pp. 109-120.

7 Andersson, Eva K. et al, "A comparative study of segregation patterns in Belgium,

한편, 다민족국가로서의 역사가 오래된 서구권에서는 소수민족의 주거지 분리 현상에 대한 많은 연구가 진행되어 왔지만, 국내 연구는 상대적으로 빈약한 것이 사실이다. 이는 우리나라가 외국인 이주자 급증 현상을 비교적 최근에 경험하고 있기 때문이기도 하다. 이러한 추세 속에서 국내 외국인 집거지에 대한 연구는 외국인 이주자 수가 약 20만 명을 넘은 2000년 이후부터 점차 활발해지고 있는 추세다.

그러나 이주자 공간에 대한 관심에도 불구하고 국내 이주자 집거지 관련 연구는 주로 지리학계에서 다문화 구역, 결혼이주자의 거주 분포, 외국인 엘리트 이주자들의 분포 등을 중심으로 제한적으로 이루어져 왔다.[8] 외국인 이주자들이 유입되면 한 곳에 정착하면서 민

Denmark, the Netherlands and Sweden: Neighbourhood concentration and representation of non-European migrants." *European Journal of Population* 34(2), 2018, pp. 251-275; Fielding, Antony J, "Migration and urbanization in Western Europe since 1950." *The Geographical Journal* 155(1), 1989, pp. 60-69; Rovolis, Antonis, and Alexandra Tragaki, "Ethnic characteristics and geographical distribution of immigrants in Greece." *European Urban and Regional Studies* 13(2), 2006, pp. 99-111.

8   강경조,《서울시 외국인 거주에 관한 공간분석》, 건국대학교 석사학위논문, 2002; 김혜진 · 이자원, 〈수도권 외국인 이주자의 거주지 분포〉,《예술인문사회융합멀티미디어논문지》 8(1), 2018, 527~538쪽; 류주현, 〈결혼이주여성의 거주 분포와 민족적 배경에 관한 소고: 베트남 · 필리핀을 중심으로〉,《한국지역지리학회지》 18(1), 2012, 71~85쪽; 박세훈 · 정소양, 〈외국인 주거지의 공간분포 특성과 정책함의〉,《국토연구》 64, 2010, 59~76쪽; 손승호, 〈서울시 외국인 이주자의 인구구성 변화와 주거공간의 재편〉,《한국도시지리학회》 19(1), 2016, 57~70쪽; 신인철, 〈외국인의 국적별 거주지 분리: 경기도 및 부천시 사례를 중심으로〉,《한국인구학회 2007년도 후기학술대회 논문집》, 2007, 37~62쪽; 이용균 · 이현욱, 〈이주자 공간의 지도화와 공간분포의 특성: 국적과 체류유형을 중심으로〉,《한국지도학회지》 12(2), 2012, 59~74쪽; 임석회 · 송주연, 〈우리나라의 외국인 전문직 이주자 현황과 지리적 분포 특성〉,《한

족공동체의 구성원으로 참여하고 경제적·사회문화적 이익을 추구하는데, 이주자가 정착한 곳을 중심으로 신규 이주자가 유입되고 이주자의 사회적 관계가 뿌리를 내리게 되면서 이주자의 초기 정박지는 일종의 사회자본으로 작동하게 된다.[9] 이주자는 이러한 이주자 집거지를 중심으로 다양한 사회적 관계를 발전시키면서 이주자의 네트워크를 특정한 장소에 착근embedded시킴과 동시에 초국가적 네트워크를 발전시키게 된다는 점에서 외국인 집거지 연구는 중요한 연구 대상이라 할 수 있다.

상이성 지수: 외국인 이주자 분리 정도의 측정 방법

이 장에서는 2010년 시군구 단위 외국인 이주자 통계와 함께 2018년 행정안전부 지방자치단체 외국인 주민현황통계를 기준 자료로 사용하였다. 법무부 출입국 자료가 아닌 행정안전부 지방자치단체 외국인 주민현황통계를 사용한 것은, 법무부 데이터의 경우 단기 체류 외국인까지 통계에 포함되기 때문에 장기간 한국에서 체류하면서 초국가적 네트워크를 만들어 가는 이주자 집거지를 파악하는 데 어려움이 있을 것이라는 점, 그리고 행정안전부 데이터가 체류자격별이나마 읍면동 수준의 데이터까지 제공하고 있기 때문이다.

　국지역지리학회지》 12(2), 2010, 59~74쪽; 하성규·마강래·안아림, 〈서울시 외국인 주거지의 공간적 분리패턴에 관한 연구〉, 91~105쪽.

9　이영민, 〈글로벌 시대의 트랜스이주와 장소의 재구성〉, 《문화 역사 지리》 25(1), 2013, 47~62쪽; 이용균·이현욱, 〈이주자 공간의 지도화와 공간분포의 특성: 국적과 체류유형을 중심으로〉, 59~74쪽.

행정안전부 지방자치단체 외국인 주민현황통계에서 외국인 주민
이란 한국에 90일 이상 체류한 자를 의미하는데, 본 연구에서는 이
중 한국 국적을 취득한 자는 제외하고 한국 국적을 취득하지 않은
자만 지도화 대상에 포함시켰다. 이 장에서는 행정안전부 외국인 주
민현황통계의 읍면동별 외국인 이주자 데이터를 바탕으로 시군구
단위의 상이성 지수를 계산하여 상이성 지수가 높게 나타나는 지역
을 도출하였고, 상이성 지수가 높게 나타난 지역들의 읍면동 단위에
서 체류자격별[10] 외국인 이주자 수/비율을 계산해 읍면동 스케일의
로컬리티를 형성하는 데 어떤 이주자 집단이 주요한 영향을 끼치고
있는지를 파악하고자 했다.

시군구별 이주자 집거지를 도출하기 위해 사용한 상이성 지수는
Duncan and Duncan(1955)이 제안한 것으로, 분리를 나타내는 여러
가지 지수 중 특정 집단 주거 패턴의 분리를 측정하는 도구 중 하나
다. 가장 흔히, 그리고 전통적으로 사용되어 온 지표다. 이러한 상이
성 지수는 미국의 경우에는 특정 소수인종 집단이 백인 집단에 비해

10　행정안전부 지방자치단체 외국인 주민현황통계에서 체류자격은 외국인근로자, 결
　　혼이민자, 유학생, 외국국적동포, 기타로 나뉜다. 여기서 외국인근로자는 체류자격
　　이 단기취업(C-4), 교수 등 취업 분야(E-1~E-7, E-9~E-10), 방문취업(H-2)인
　　자를 뜻하며 결혼이민자는 체류자격을 불문하고 대한민국 국민과 혼인한 적이 있
　　거나 혼인관계에 있는 자를 뜻한다. 유학생의 경우는 체류자격이 유학(D-2), 일반
　　연수(D-4) 중 '대학부설 어학원 연수(D-4-1), 외국어연수생(D-4-7)인 자를 뜻하
　　며 외국국적동포는 체류자격이 재외동포(F-4) 중 국내 거소 신고자를 뜻한다. 마
　　지막으로 기타 체류자격은 기업 투자, 취재 등 체류자격이 외국인근로자 · 결혼이
　　민자 · 유학생 · 외국국적동포에 해당하지 않는 자 및 단기체류 기간을 초과한 불법
　　체류자들이 포함된다.

얼마나 분리되어 있는지를 측정하는 데 주로 사용된다.

임현철·박윤환(2014)은 외국인 주민의 비율은 낮으나 외국인 이주자들이 집중적으로 밀집해 공간적 분리가 높은 지역이 존재하며, 이 지역들의 경우 단순히 외국인 이주자의 비율이 높은 지역들보다 여러 가지 복잡한 사회경제적 현상이 발생할 가능성이 높다고 보았다. 즉, 시군구 스케일의 외국인 이주자 집거지를 도출하는 데 있어 외국인 주민 비율보다 공간적인 맥락을 활용할 수 있는 거주지 분리 지표들을 측정하고 활용하는 것이 외국인 증가에 따른 정책적 처방에 있어 반드시 필요하다는 것이다.[11]

단, 상이성 지수는 공간적 분리를 파악하는 데 가장 보편적이고 흔히 사용되는 지표지만, 주거지의 공간적 분리에 관한 다양한 관점을 모두 담지 못한다는 한계를 내포하고 있다는 점을 유의할 필요가 있다. 공간적 분리는 특정 집단이 균등하게 분포되어 있는가와 관련한 균등성, 다른 집단과의 접촉 용이성에 관한 노출성, 상대적 공간 점유 비중을 나타내는 집중성, 유사한 집단이 어느 정도 모여 있는지에 대한 군집성 등을 포함한다. 상이성 지수는 분리를 나타내는 여러 속성들 중 균등성의 관점을 가장 충실히 반영하고 있다.[12]

---

11 임현철·박윤환, 〈외국인 주민의 거주지 분리에 대한 공간적 패턴: 탐색적 공간자료 분석의 활용을 중심으로〉, 《한국행정학회 학술발표논문집》, 2014, 1910쪽.

12 박윤환, 〈수도권 지역 외국인들의 거주지 분리에 대한 연구〉, 《行政論叢》 48(4), 2010, 439~441쪽; 최은영, 〈거주지 분리 연구의 비공간적 전통을 넘어: 공간지수를 중심으로〉, 《지리교육논집》 47, 2003, 24~25쪽; 하성규·마강래·안아림, 〈서울시

$$D = \frac{1}{2} \left(\sum_{j=1}^{j} \left| \frac{xj}{X} - \frac{yj}{Y} \right| \right)$$

본 연구에서 상이성 지수를 계산한 식은 위와 같으며, 이는 '해당 구의 총 외국인 수에 각 동의 외국인 수를 나눈 값(=x_j/X)'에서 '해당 구의 총 내국인 수에 각 동의 내국인 수를 나눈 값(=y_j/Y)'의 차를 모두 합한 뒤 반으로 나누는 방식으로 계산하였다.[13] 계산된 상이성 지수는 0에서 1 사이의 값을 갖는데, 공간적 분리의 정도가 높으면 1에 가깝고 분리 정도가 낮으면 0에 가까운 수치가 나타난다.

국내 외국인 이주자 집거지의 변화

외국인 이주자의 국적별 체류자격별 특성 변화

2010년 외국인 이주자 수는 총 92만 887명으로 전체 인구의 약 1.85퍼센트를 차지했다.[14] 광역자치단체별로는 수도권 지역인 경기도(30만 2,447명)와 서울(27만 9,220명)에만 65퍼센트의 이주자가 거주하여, 이주자들의 수도권 집중도가 높은 것으로 나타났다. 시군

외국인 주거지의 공간적 분리패턴에 관한 연구〉, 97쪽.

13 최은영, 〈거주지 분리 연구의 비공간적 전통을 넘어: 공간지수를 중심으로〉, 24쪽; 하성규·마강래·안아림, 〈서울시 외국인 주거지의 공간적 분리패턴에 관한 연구〉, 97쪽.

14 행정안전부, http://www.mois.go.kr.

〈그림 1〉 2010년 전국 시군구별 외국인 이주자 수(좌) 및 외국인 비율(우) 분포

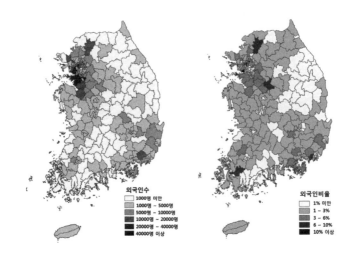

구 스케일에서는 서울특별시 영등포구·구로구·금천구, 경기도 안
산시 단원구와 화성시에 많은 외국인이 거주하였다. 체류자격별로
는 외국인근로자, 결혼이주자의 비중이 높았고 국적별로는 한국계
중국인, 중국인, 베트남, 미국 등 순으로 나타났다. 특히 2010년 통
계에서 우리나라 이주자 분포 패턴에 영향을 미친 집단은 한국계 중
국인으로, 이들은 절대적인 수(38만 9,398명)나 비율도 높았을 뿐만
아니라, 서울특별시 서남권 지역으로의 집적을 통해 지역의 변화를
적극적으로 주도하고 있다는 특징을 보였다.[15] 2010년 외국인 이주
자 중 가장 높은 비율을 차지하는 한국계 중국인의 경우, 서울 서남

15 이용균·이현욱, 〈이주자 공간의 지도화와 공간분포의 특성: 국적과 체류유형을 중
심으로〉, 59~74쪽.

권을 중심으로 교통이 편리하고 지가가 저렴한 구시가지 지역에 집중되는 패턴이 나타났다. 한국계 중국인 다음으로 비중이 높은 베트남, 필리핀, 인도네시아, 태국, 우즈베키스탄 등 주요 아시아 국가 이주자는 대체적으로 경기도 제조업 집중 지역에 거주하는 비중이 높았다. 반면 미국을 비롯하여 일본, 캐나다, 영국, 프랑스 등 OECD 국가 출신의 이주자는 서울 집중도가 매우 높았으며, 특히 프랑스와 독일 국적 이주자의 서울 집중도가 높았다.

한편, 2018년 외국인 이주자 수는 165만 1,561명으로 92만여 명이던 2010년과 비교했을 때 약 79.3퍼센트 늘어났다. 먼저 외국인 이주자의 국적별 특성 변화를 살펴보면, 2010년과 비교해 보았을 때 여전히 한국계 중국인과 중국 국적 이주자의 비중이 높은 가운데 다양한 국적의 이주자 집단이 유입되고 있음을 확인할 수 있다. 한국계 중국인은 2010년 39.85퍼센트에서 2018년 32.1퍼센트로 그 비율이 줄어든 반면, 베트남(10.24퍼센트)이나 태국(9.15퍼센트)을 중심으로 한 동남아시아 국가 및 남아시아 출신 이주자, 그리고 우즈베키스탄(3.51퍼센트) 출신 이주자의 비중은 높아졌다(〈표 1〉). 동남아시아와 남아시아 국가 출신 이주자가 많아진 것은 농축산업과 제조업을 중심으로 저임금 외국인 이주노동자에 대한 수요가 높아진 때문이라고 볼 수 있는데, 제조업과 농축산업 분야 외국인근로자에게 발급되는 E-9 비자가 동남아시아, 남부아시아 국가를 중심으로 한 15개 국가 출신 외국인에게 한정되어 있기 때문이다.[16] 한편

---

16 비전문취업비자인 E-9 비자는 고용허가제 선정 국가 15개 국가와 MOU를 체결해

〈표 1〉 외국인 이주자의 국적별 특성 변화(2010년·2018년)

2010년				2018년			
순위	국적	수(명)	전체 외국인 대비 비율(%)	순위	국적	수(명)	전체 외국인 대비 비율(%)
1	중국(한국계)	366,154	39.85	1	중국(한국계)	531,263	32.17
2	중국	139,261	15.15	2	중국	215,367	13.04
3	베트남	98,225	10.69	3	베트남	169,177	10.24
4	필리핀	39,525	4.30	4	태국	151,104	9.15
5	미국	28,643	3.12	5	미국	66,003	4.00
6	태국	27,572	3.00	6	우즈베키스탄	57,998	3.51
7	인도네시아	27,447	2.99	7	필리핀	47,532	2.88
8	몽골	21,775	2.37	8	캄보디아	45,144	2.73
9	타이완	21,490	2.34	9	인도네시아	38,890	2.35
10	우즈베키스탄	20,766	2.26	10	네팔	37,346	2.26

* 데이터: 행정안전부 지방자치단체 외국인 주민 현황
** 음영 처리된 셀은 2010년 대비 순위가 상승한 것을 표시한 것임

2010년 대비 우즈베키스탄 국적 이주자 수가 2배 이상 증가하였는데, 이는 2013년 우리나라 정부가 재외동포비자(F-4) 발급 학력 요건을 4년제 대학 졸업 이상에서 2년제 대학 졸업 이상으로 낮추고 취업 가능 분야에 육아도우미도 포함시키는 등 F-4 비자 자격 요건을 완화하면서 우즈베키스탄에 거주하는 고려인 이주자들의 입국이 증가하고 있기 때문이다.

다음으로 외국인 이주자의 체류자격별 특성 변화를 살펴보면, 외국인근로자가 전체 체류자격의 대다수(60.65퍼센트)를 차지하던

운영하고 있다. 협정 체결 국가는 태국, 필리핀, 스리랑카, 베트남, 인도네시아, 몽골, 파키스탄, 우즈베키스탄, 캄보디아, 중국, 방글라데시, 네팔, 미얀마, 키르기스스탄, 동티모르이다.

〈표 2〉 외국인 이주자의 체류자격별 특성 변화(2010년·2018년)

2010년			2018년		
체류자격	수(명)	전체 외국인 대비 비율(%)	체류자격	수(명)	전체 외국인 대비 비율(%)
외국인근로자	558,538	60.65	외국인근로자	528,063	31.97
결혼이민자	125,087	13.58	결혼이민자	166,882	10.10
유학생	80,646	8.78	유학생	142,757	8.64
외국국적동포	50,251	5.46	외국국적동포	296,023	17.92
기타	108,365	11.77	기타	517,836	31.35

* 데이터: 행정안전부 지방자치단체 외국인 주민 현황

2010년과 달리, 2018년에는 외국인근로자의 수와 전체 외국인 대비 비율 모두 감소하였고, 대신 외국국적동포와 기타 체류자격의 비율이 매우 높아진 것을 확인할 수 있다(〈표 2〉).

외국인근로자의 수와 비율이 줄어들고 외국국적동포의 비율이 높아진 것은 실제 외국인근로자의 수가 줄어들었다기보다는 2013년 이후 구소련 지역과 중국 지역 재외동포들을 대상으로 하는 H-2, F-4 비자의 취득 기준과 자격이 완화되고 장기체류에 좀 더 유리한 조건을 제공하면서 많은 외국국적동포들이 외국인근로자 비자보다는 외국국적동포 대상 비자를 취득해 취업 활동을 했기 때문이라고 할 수 있다. 또한 2010년에는 약 11만 명에 불과했던 기타 체류자격 외국인의 수와 비중이 2018년에는 약 52만 명으로, 외국인근로자와 비등한 수준까지 높아진 것은 우리나라의 외국인 이주자 구성이 단순기능인력 중심에서 기업 투자, 취재 등 그 체류 유형이 다양화되었음을 의미한다고 볼 수 있다.

외국인 이주자의 공간적 분포 변화

2018년 시군구별 외국인 상이성 지수 상위 지역을 살펴보면, 가장 상이성 지수가 높게 나타난 곳은 경기도 김포시(0.617)였으며 이어 경기도 시흥시, 부산광역시 동구, 광주광역시 광산구 순이다. 10위권 이내 지역 모두 상이성 지수 0.5 이상의 분리 수준을 보이고 있다(〈표 3〉). 흑인 집단의 분리 정도가 높은 것으로 알려진 미국의 필라델피아나 로스앤젤레스의 상이성 지수가 각각 0.670, 0.652인 것을 고려하면,[17] 우리나라의 상이성 지수 상위권 지역들도 상당한 수준의 분리를 보여 주고 있는 것이다.

상이성 지수를 바탕으로 2018년 외국인 이주자들의 공간적 분포 특성을 지도화하여 보면 이주자들이 서울에 많이 분포하고 있는 것

〈표 3〉 2018년 시군구별 전체 외국인 상이성 시수 상위 지역

순위	시도	시군구	상이성 지수
1	경기도	김포시	0.617
2	경기도	시흥시	0.595
3	부산광역시	동구	0.575
4	광주광역시	광산구	0.563
5	경기도	군포시	0.553
6	부산광역시	강서구	0.541
7	서울특별시	구로구	0.538
8	대구광역시	달성군	0.525
9	대구광역시	달서구	0.524
10	경기도	화성시	0.521

---

17 카플란 외,《도시지리학》, 김학훈 외 옮김, 시그마프레스, 2016.

은 2010년과 유사하나, 점차 그 범위가 경기도 남서부, 경기도 북동부 지역으로 확대되고 있으며, 경기도와 인접한 충청도 지역 도시들의 이주자 수, 분리 정도가 높게 나타나고 있다는 점을 확인할 수 있다. 2010년과 비교해 보았을 때, 2018년에는 광역시급 도시 중 부산, 대구, 광주광역시 일부 시군구 지역의 이주지 분리 정도가 상당히 높아진 것을 확인할 수 있다(〈그림 2〉).

먼저 상이성 지수를 바탕으로 한국 국적을 취득하지 않은 외국인 이주자 중 가장 높은 비율을 차지하고 있는 외국인근로자와 외국국적동포의 공간적 분포 현황을 살펴보면, 외국인근로자의 상이성 지수가 높은 지역은 모두 상이성 지수가 0.6을 상회해 공간적 분리 정

〈그림 2〉 전국 시군구별 외국인 이주자 상이성 지수 분포(좌, 2018년) 및 이주자의 공간적 분리 정도 변화가 큰 지역(우)

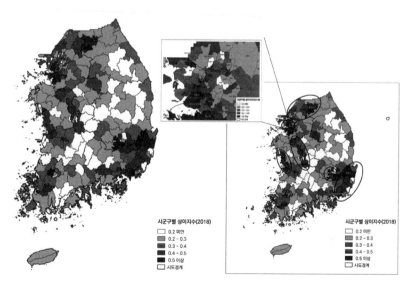

〈표 4〉 2018년 외국인근로자 수·비율 및 상이성 지수 상위 지역

순위	시군구	수(명)	비율(%)	시군구	수(명)	상이성 지수
1	경기 화성시	27,556	1.67	광주광역시 광산구	5,702	0.710
2	경기 안산시 단원구	22,377	1.35	대구광역시 달서구	3,349	0.700
3	경기 시흥시	17,494	1.06	경기 김포시	14,397	0.691
4	서울특별시 영등포구	16,474	1.00	경남 진주시	2,310	0.672
5	서울특별시 구로구	14,859	0.90	경기 군포시	2,744	0.650
6	경기도 수원시	14,823	0.90	경남 창원 마산합포구	1,049	0.649
7	경기도 김포시	14,397	0.87	경남 창원 진해구	1,706	0.647
8	경상남도 김해시	11,692	0.71	인천광역시 남동구	7,053	0.641
9	경기도 평택시	10,591	0.64	대구광역시 북구	1,201	0.631
10	서울특별시 금천구	9,355	0.57	전북 군산시	2,673	0.629

도가 매우 심한 것으로 나타나고 있다. 특히 2010년과 비교해 보았을 때 광주광역시 광산구를 비롯한 광역시급 도시의 공간적 분리 정도가 매우 심해진 것을 확인할 수 있다(〈표 4〉).

두 번째로 외국국적동포의 공간적 분포 특성을 살펴보면, 외국국적동포의 비율과 수를 중심으로 보았을 때 외국국적동포의 대다수를 한국계 중국인이 차지하고 있기 때문에 한국계 중국인의 공간적 분포 특색과 유사하게 나타나며 대부분 수도권에 집중해서 살고 있는 것으로 나타난다. 한편 상이성 지수를 중심으로 보면 경기도 시흥시의 상이성 지수가 0.751로 가장 높고, 그 다음은 안산시 단원구, 경주시, 광주광역시 광산구 순으로 나타났다. 다만 외국인근로자의 경우 1위에서 10위까지의 상이성 지수 간 편차가 적어 대부분의 지역에서 밀집 경향이 고르게 나타나는 데 비해, 외국국적동포의 경우 1위인 시흥시(0.751)와 10위인 경기 화성시(0.491) 간의 상이성 지

〈표 5〉 2018년 외국국적동포 수·비율 및 상이성 지수 상위 지역

순위	시군구	수(명)	비율(%)	시군구	수(명)	상이성 지수
1	서울특별시 영등포구	16,654	1.01	경기 시흥시	13,294	0.751
2	경기 안산 단원구	15,909	0.96	경기 안산 단원구	15,909	0.679
3	서울특별시 구로구	14,960	0.91	경북 경주시	2,358	0.675
4	경기 수원시	14,474	0.88	광주광역시 광산구	2,070	0.657
5	경기 시흥시	13,294	0.80	울산광역시 울주군	1,932	0.651
6	경기 부천시	10,526	0.64	경기 군포시	2,933	0.590
7	서울특별시 금천구	9,397	0.57	서울특별시 구로구	14,960	0.562
8	서울특별시 관악구	8,093	0.49	인천광역시 연수구	3,449	0.558
9	경기 수원 팔달구	6,350	0.38	경기 성남 수정구	4,163	0.499
10	경기 평택시	6,345	0.38	경기 화성시	6,250	0.491

수 편차가 큰 것으로 나타났다(〈표 5〉).

한편, 결혼이주자의 경우 상이성 지수 분포가 가장 높은 지역이 0.5를 넘지 않았는데, 이는 외국인근로자나 외국국적동포와 달리 각 지역에 상대적으로 고르게 거주하고 있음을 의미한다. 이들이 특정 지역에 집중해 사회자본이나 이주자 네트워크를 형성하기보다 결혼한 가정을 중심으로 일상생활을 영위하는 경우가 많기 때문이며, 결혼이주자의 경우 주거지를 스스로 자유롭게 선택하기 어려워 분리 정도가 두드러지지 않는다고 할 수 있다.

마지막으로 유학생은 대학가를 중심으로 분리 정도가 높게 나타나며, 수도권 외 지방에 거주하는 유학생일수록 대학가의 기숙사나 주변 원룸가에 집중 및 분리 현상이 높게 나타났다.

이상의 내용을 종합해 보면 체류자격별로 보았을 때 공간적 분리가 심하게 나타나는 유형은 외국인근로자·외국국적동포라는 점

을 알 수 있으며, 결혼이주자는 공간적 분리가 나타나기보다는 상당히 넓은 지역에 고르게 분포되어 있다. 특히 앞서 전체 외국인 이주자들의 상이성 지수가 높게 나타난 지역들의 경우 체류자격 및 국적별 구성에서 다소 차이가 나타나고 있었다. 먼저 상이성 지수가 높은 지역 중 외국인근로자들이 집중적으로 분포하는 지역은 경기도의 시흥시·김포시·화성시와 광주광역시 광산구로, 외국인근로자의 경우 주로 산업단지나 영세 공장이 분포하는 제조업 중심 지역에 집중되는 특성을 보였다. 이들의 국적은 주로 베트남, 태국 등 동남아시아 및 남부아시아 국가 출신 이주자들이 집중되는 특성이 나타났다. 외국국적동포 집거지는 한국계 중국인과 고려인 집거지역으로 나뉘는데, 경기도 시흥시나 서울시 구로구, 대구광역시 달성군의 경우에는 한국계 중국인의 집중도가 높은 반면, 광주광역시 광산구, 경상북도 경주시 일대는 고려인으로 알려져 있는 중앙아시아 국가 출신 동포들의 집중도가 높게 나타났다.

특히 2010년과 비교해 보았을 때 공간적 분리 정도가 심하지 않았으나 2018년에 상이성 지수 10위권 안에 든 지역 중 경기도 김포시와 화성시, 광주광역시 광산구는 지역 내 읍면동별, 체류자격별 분리 정도가 매우 뚜렷하게 나타났다. 이 지역들은 외국인 주민의 수나 비율은 낮은 편이지만 외국인 이주자들이 집중적으로 밀집해 공간적 분리가 높은 지역으로, 임현철·박윤환(2014)이 지적한 것처럼 단순히 외국인 이주자의 비율이 높은 지역들보다 여러 가지 복잡한 사회경제적 현상이 발생할 가능성이 높기 때문에 읍면동별로 구체적인 이주자 분포 특성을 파악하고 활용할 필요가 있다.

주요 이주자 집거지별 특성

상이성 지수가 높게 나타난 지역들 중 2010년과 비교해 뚜렷한 변화를 보이거나, 국적이나 체류자격 측면에서 독특한 이주자 구성 패턴이 나타나는 경기도 김포시와 화성시, 광주광역시 광산구를 중심으로 읍면동별 이주자 분포 특성을 구체적으로 살펴보자.

경기도 김포시

김포시의 경우 도시 개발이 이루어지고 있는 동쪽에는 외국인근로자가 거의 분포하고 있지 않은 반면, 읍과 면이 집중되어 있는 김포 서쪽 지역에는 외국인근로자 집중도가 매우 높게 나타난다(〈그림 3〉). 김포시 서부의 경우 인천이나 부천에 공단이 개발되면서 주변

〈그림 3〉 경기도 김포시 읍면동별 외국인근로자 분포

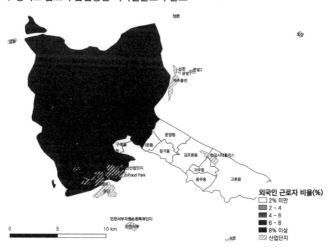

의 규모가 작은 공장들이 김포시의 저렴한 부지로 몰리면서 영세한 규모의 사업장이 집중했기 때문이다(이현욱 2016). 국적별로 보면 김포시는 한국계 중국인의 비중은 줄어들고 베트남, 태국, 스리랑카, 캄보디아, 인도네시아 출신 이주자가 급증하면서 동남아시아, 남부아시아 국적 이주자의 비중이 높아지고 있다. 이는 김포시 서부 읍부와 면부 일대에 영세 공장의 집중도가 높아져 이들 공장에서 저임금 이주노동자에 대한 수요가 높아졌기 때문이라고 볼 수 있다.

경기도 화성시

화성시도 김포시와 유사한 패턴을 보인다. 동탄신도시에는 외국인이 거의 없는 반면, 읍면부 지역에는 외국인 비중이 높게 나타난다.(〈그림 4〉). 화성시의 전체 외국인 이주자 수 약 4만 6천 명 중 54.3퍼센트가 외국인근로자로, 이들은 대부분 E-9 비자를 중심으로 한 단순기능직무에 종사하는 사람들이다. 다만 화성시의 경우, 국적별로 보면 다른 지역과 다소 다른 패턴이 나타나는데, 앞서 살펴본 김포의 경우 베트남을 비롯한 동남아시아 및 남부아시아 국가 출신 이주자들이 어느 정도 고르게 분포하고 있지만 화성시는 태국 국적 이주자의 비중이 압도적으로 높다. 이렇게 한 지역에 한 국가 출신 이주자들이 집중하면서, 집거지를 중심으로 새로운 경관을 만들어가는 모습을 보이기도 한다.[18] 화성시 향남읍과 팔탄면 등을 중심으

---

18 이영민 · 이용균 · 이현욱, 〈중국 조선족의 트랜스이주와 로컬리티의 변화 연구: 서울 자양동 중국음식문화거리를 사례로〉, 《한국도시지리학회지》 15(2), 103~116쪽.

〈그림 4〉 경기도 화성시 읍면동별 외국인근로자 분포

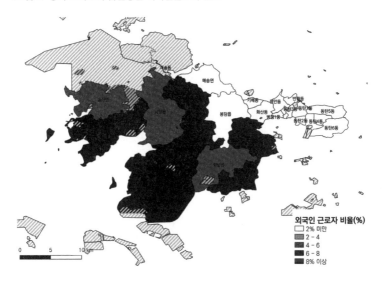

로 태국인 이주자들을 위한 종교 및 여가 시설들이 자리 잡고 있다. 태국은 우리나라와 달리 소승불교 국가이기 때문에 태국인들을 위한 종교 시설이 필요한데, 화성시에 '왓풋타랑써서울'이라는 절이 들어서 있어 태국인 이주자들을 위한 종교 공간이자 쉼터, 외국인 이주자 대상 교육 장소로 기능하고 있다.[19]

광주광역시 광산구

광주광역시 광산구는 2010년 이주자 통계에서는 외국인 수나 비

---

19 〈화성서부경찰서, 태국사원서 여성범죄 근절 위한 범죄예방교실〉, 《경기일보》 2018년 9월 3일자.

〈그림 5〉 광주광역시 광산구 읍면동별 외국인근로자(좌) 및 외국국적동포(우) 분포

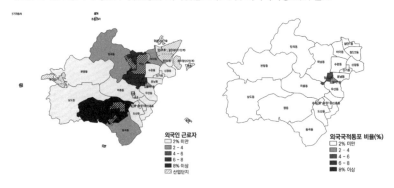

율, 상이성 지수 모두 낮은 지역이었으나, 2018년에는 상이성 지수가 상위권에 들 정도로 큰 변화를 보였다. 이러한 변화를 주도한 집단으로 크게 외국인근로자와 외국국적동포를 들 수 있다. 두 집단의 집거지는 월정1동을 중심으로 일정 부분 중첩되기는 하나, 〈그림 5〉에서 확인할 수 있듯이 외국인근로자는 평동산업단지를 중심으로 집중해 있으며, 외국국적동포는 월곡 1동과 2동을 중심으로 집중해 있는 패턴을 보인다. 외국인근로자의 경우 베트남·중국·태국·캄보디아 국적 이주자의 비중이 높은데, 이들 대부분은 E-9 비자를 받고 평동산업단지 내 영세 규모 사업체에서 일하고 있는 것으로 나타났다.

한편, 월곡 1동과 월곡 2동은 외국국적동포의 집중도가 매우 높은데, 이들은 우즈베키스탄과 카자흐스탄 일대에서 유입된 고려인 집단이다. 이곳은 임금체불 문제를 겪고 있던 고려인을 이천영 목사가 도운 것을 계기로 고려인 30가구가 정착하면서 만들어진 집거지로,

〈그림 6〉 광주광역시 고려인마을 경관(2018년 2월 21일 촬영)

현재 이 지역에 거주하는 고려인은 약 3천 명으로 늘어났다. 이렇게 월곡1동과 2동에 고려인의 수가 늘어나면서 이 일대 목욕탕이나 식당에는 한국어를 잘 읽지 못하는 고려인들을 위해 키릴문자로 안내문이 쓰여 있으며, 고려인 교회와 고려인통합지원센터를 중심으로 빵집, 교회, 고려인 라디오채널, 러시아어 학교 등이 들어서는 등 경관 상의 변화가 두드러지게 나타나고 있다(〈그림 6〉).

나가며

이 장에서는 상이성 지수를 통해 2018년 기준 전국 시군구별 외국인 이주자 집거지역을 파악하고, 상이성 지수가 높게 나타난 지역들의 읍면동 단위에서 체류자격별 외국인 이주자 비율을 계산해 읍면동 스케일에서 외국인 집거지가 만들어지는 데 있어 어떤 이주자 집단들이 영향을 끼치고 있는지 파악하고자 하였다. 본 연구의 결과는 다음과 같다.

첫째, 2010년과 비교해 보았을 때 외국인 이주자들의 분포 범위가 서울에서 전국으로 확대되고 있음을 확인할 수 있었다. 이주자들은 여전히 서울을 비롯한 수도권 지역에 집중되어 있기는 하지만, 그 범위가 점차 경기도 북동부, 남서부/ 경기도 주변의 충청권 도시들로 확대되고 있으며, 광역시급 도시들의 상이성 지수가 크게 높아진 것은 앞으로 주목할 만한 지점이다.

둘째, 지도를 통해 보았을 때, 한국 전체의 국가적 스케일은 물론이고 지역 및 동별 미시적 생활공간에서도 다문화 환경이 확대되고 있다. 본 연구에서 읍면동별 분포 특성을 통해 살펴본 것처럼, 외국인 이주자의 비중이나 분리 정도가 모두 높은 지역들일지라도 각 지역의 경제, 인구, 사회적 특성에 따라 이주자의 국적별, 체류자격별 특성이 다르게 나타나고 있다.

그러나 이러한 미시적인 차이에도 불구하고 우리나라 이주자 관련 정책의 접근 방식은 국가 중심의 거시적 스케일에서, 또 동화주의적 관점에서 이루어지고 있다. 이주자의 공간은 하나의 특성을 보이는 것이 아니라 다양한 특징을 보이며, 이러한 이주자의 공간은 시간과 조건에 따라 달라진다. 다시 말해 이주자 집거지는 국적뿐만 아니라 체류 유형별로 차이가 나타나기 때문에 이주자 정책을 수립함에 있어 이러한 차이를 고려하여 세밀하게 접근해야 효율성과 적실성을 재고할 수 있을 것이다.

이 연구는 이주자들에 대한 공간적 접근이 필요함을 강조하기 위한 기초 연구로 수행되었으며, 궁극적으로 강조하고자 하는 것은 이주자가 단순히 새로운 공간에 적응하고 한국인으로 동화되는 존재가 아니라 자신들의 관계를 여러 공간으로 확대하는 동시에, 미시적 공간에 뿌리를 내리면서 장소의 특성을 변화시키는 주체라는 점이다.

본 연구는 상이성 지수를 계산해 시군구별 이주자 공간을 지도화하고, 상이성 지수가 높게 나온 지역들을 중심으로 이주자의 국적과 체류자격별 공간 분포 특성을 이해하는 데 초점을 두었기 때문에, 이주자가 왜 특정 장소를 중심으로 모여들고, 또 미시적 공간을 변화시키는가에 대한 세부적인 설명은 이루어지지 못했다는 한계를 지니고 있다. 또한 데이터상의 한계로 국적별, 체류자격별 상이성 지수의 미시적인 변화를 포착해 내지 못했다. 이에 대한 세부적인 설명은 향후 후속 연구를 통해 밝혀져야 할 것이다.

참고문헌

강경조, 《서울시 외국인 거주에 관한 공간분석》, 건국대학교 석사학위논문, 2002.

김이선 · 민무숙 · 홍기원 · 주유선, 《다민족 · 다문화사회로의 이행을 위한 정책 패러다임 구축(Ⅴ): 다문화사회 정책의 성과와 미래 과제》, 한국여성정책연구원, 2011.

카플란 외, 《도시지리학》, 김학훈 외 옮김, 시그마프레스, 2016.

김혜진 · 이자원, 〈수도권 외국인 이주자의 거주지 분포〉, 《예술인문사회융합멀티미디어논문지》 8(1), 2018.

류주현, 〈결혼이주여성의 거주 분포와 민족적 배경에 관한 소고: 베트남 · 필리핀을 중심으로〉, 《한국지역지리학회지》 18(1), 2012.

박규택, 〈혼성적 · 실천적 스케일로서 로컬리티〉, 《로컬리티의 인문학》 12, 2014.

박세훈 · 정소양, 〈외국인 주거지의 공간분포 특성과 정책함의〉, 《국토연구》 64, 2010.

박윤환, 〈수도권 지역 외국인들의 거주지 분리에 대한 연구〉, 《行政論叢》 48(4), 2010.

손승호, 〈서울시 외국인 이주자의 인구구성 변화와 주거공간의 재편〉, 《한국도시지리학회》 19(1), 2016.

신인철, 〈외국인의 국적별 거주지 분리: 경기도 및 부천시 사례를 중심으로〉, 《한국인구학회 2007년도 후기학술대회 논문집》, 2007.

이영민, 〈글로벌 시대의 트랜스이주와 장소의 재구성〉, 《문화 역사 지리》 25(1), 2013.

이영민 · 김수정, 〈인천시 외국인 이주자의 분포 특성과 다문화 로컬리티에 관한 예비적 연구 - 출신 국가와 체류 유형을 중심으로〉, 《로컬리티 인문학》 17, 2016.

이영민 · 이용균 · 이현욱, 〈중국 조선족의 트랜스이주와 로컬리티의 변화 연

구: 서울 자양동 중국음식문화거리를 사례로〉,《한국도시지리학회지》 15(2), 2012.

이용균 · 이현욱, 〈이주자 공간의 지도화와 공간분포의 특성: 국적과 체류유형을 중심으로〉,《한국지도학회지》 12(2), 2012.

이현욱, 〈김포시 이주자 공동체 특성에 관한 연구〉,《다문화와 디아스포라연구》 9, 2016.

임석회 · 송주연, 〈우리나라의 외국인 전문직 이주자 현황과 지리적 분포 특성〉,《한국지역지리학회지》 12(2), 2010.

임현철 · 박윤환, 〈외국인 주민의 거주지 분리에 대한 공간적 패턴: 탐색적 공간 자료 분석의 활용을 중심으로〉,《한국행정학회 학술발표논문집》, 2014.

정수열, 〈인종 민족별 거주지 분화이론에 관한 고찰과 평가: 미국 시카고 아시아인을 사례로〉,《대한지리학회지》 43(4), 2008.

최은영, 〈거주지 분리 연구의 비공간적 전통을 넘어: 공간지수를 중심으로〉,《한지리교육논집》 47, 2003.

하성규 · 마강래 · 안아림, 〈서울시 외국인 주거지의 공간적 분리패턴에 관한 연구〉,《서울도시연구》 12(3), 2011.

행정안전부, http://www.mois.go.kr.

〈화성서부경찰서, 태국사원서 여성범죄 근절 위한 범죄예방교실〉,《경기일보》 2018년 9월 3일자. http://www.kyeonggi.com/news/articleView.html?mod=news&act=articleView&idxno=1515695.

Andersson, Eva K., et al., "A comparative study of segregation patterns in Belgium, Denmark, the Netherlands and Sweden: Neighbourhood concentration and representation of non-European migrants," *European Journal of Population* 34(2), 2018.

Duncan, Otis Dudley, and Beverly Duncan, "A methodological analysis of segregation indexes," *American sociological review* 20(2), 1955.

Fielding, Antony J., "Migration and urbanization in Western Europe since 1950,"

The Geographical Journal 155(1), 1989.

Massey, Douglas. S. et al., "Theories of International Migration: A Review and Apparaisal," *Population and Development Review* 19(3), 1993.

Portes, Alejandro, and Min Zhou, "The new second generation: Segmented assimilation and its variants," *The annals of the American academy of political and social science* 530(1), 1993.

Rovolis, Antonis, and Alexandra Tragaki, "Ethnic characteristics and geographical distribution of immigrants in Greece," *European Urban and Regional Studies* 13(2), 2006.

Zorlu, Aslan, and Clara H. Mulder, "Location choices of migrant nest-leavers: spatial assimilation or continued segregation?," *Advances in Life Course Research* 15(2), 2010.

재한 중남미동포 유학생의
사회적 네트워크에 관한 연구

배진숙

이 글은 《디아스포라연구》 12권 1호(2018)에 게재된 원고를 수정 및 보완하여 재수록한 것이며, 2018년 대한민국 교육부와 한국연구재단의 지원을 받아 연구되었다 (NRF-2018S1A6A3A03043497).

중남미동포와 유학생 모빌리티

이주는 일회성으로 단행되어 거주국에서의 정착으로 완결되기도 하지만, 또한 연속적인 과정이 될 수도 있다. 세계화의 진행, 출신국과 거주국의 초국적 물적·인적 교류, 이주 네트워크의 활성화로 인해 이주민들은 전 지구적 차원에서 노동·투자·교육의 기회를 고려하여 제3국으로 재이주를 하거나 모국으로 역이주를 감행한다. 본 연구에서는 특히 이주자들이 본국으로 다시 귀환하는 이주 형태인 역이주return migration에 주목한다. 역이주는 이주자들의 모국 회귀 본능에 의해서, 또는 거주국보다 모국에서 더 나은 경제·사회적 기회를 찾아서 발생한다.[1] 이민 1세들이 출생한 모국으로 되돌아가거나 차세대들이 수 세대가 지난 후 선조들의 고향으로 돌아가는 '민족 귀환 이주ethnic return migration'의 형태를 띠기도 한다.[2] 한국 사회에서도 1990년대 이후부터는 한국인이 해외로 나가는 이주emigration는 감소하고, 재외동포가 이주노동자·결혼이민자·유학생·전문인력 등

---

1 Oxfeld, Ellen and Lynellyn D. Long, "Introduction: An Ethnography of Return," in Long, Lynellyn D. and Ellen Oxfeld(eds.), *Coming Home? Refugees, Migrants, and Those Who Stayed Behind*, Philadelphia: University of Pennsylvania, 2004; Ley, David and Audrey Kobayashi, "Back to Hong Kong: Return Migration or Transnational Sojourn?" *Global Networks* 5(2), 2005, pp. 111-127.

2 Tsuda, Takeyuki, "Introduction: Diasporic Return and Migration Studies," in Tsuda, Takeyuki(ed.), *Diasporic Homecomings: Ethnic Return Migration in Comparative Perspective*, Stanford University Press, 2009, p. 1.

다양한 모습으로 국내로 입국하는 사례가 증가하기 시작했다.[3] 이와 같이 1990년대 초반부터 냉전 체제 붕괴와 세계화의 가속화로 인해 재외동포들의 한국 유입 및 정착이 급속히 증가함에 따라[4] 귀환동포 관련 연구가 비교적 활발히 진행되어 왔다. 하지만 동포들의 출신 국가별로 편차가 있어 중국동포, 고려인에 비해 브라질이나 아르헨티나를 비롯한 중남미 국가 출신 동포의 역이주에 관한 연구는 매우 미비한 편이다.[5] 또한, 이주 연구 분야 전반적으로 경제적 동기에 기인한 이주민의 국가 간 이동에 비해 교육적 요인은 상대적으로 간과되어 온 측면이 있다.[6] 선행 연구에서는 중남미동포 역이주의 경제적인 측면이 주로 부각되었으며[7] 중남미동포 차세대들의 교육적 목적에 기인한 한국으로의 유입에 대한 심도 있는 연구는 거의 전무하다. 또한, 귀환동포 중 유학생 관련 연구는 수적으로 많은 재한 중국동포 유학생 관련 연구가 대다수를 차지하며 이들의 모국관과 국내

---

3 윤인진 외, 〈재외동포에 대한 국민인식: 한민족의식, 다문화 수용성, 접촉 경험의 효과〉, 《統一問題研究》 27(1), 2015, 32쪽.

4 이창호, 〈이주민 일상 속의 사회적 연결망 연구: 필리핀, 베트남 및 중국조선족 이주민의 사례를 중심으로〉, 《디아스포라연구》 7(2), 2013, 125쪽; 서정경, 〈중국동포의 귀환과 한국사회의 과제〉, 《디아스포라연구》 8(1), 2014, 72쪽.

5 김영철(2016)은 한국으로 역이민한 한인 동포들에 대한 연구가 많지 않은 이유로 무엇보다 중남미에서 한국으로 역이민한 동포들의 인구통계학적 규모가 크지 않고, 중남미 한인들의 역이민 역사가 오래되지 않았기 때문이라고 지적하고 있다(김영철, 〈아르헨티나 재외동포 1.5세의 역이민과 정착 연구〉, 《한국민족문화》 60, 2016, 5쪽).

6 최병두 · 박은경, 〈외국인 이주자의 기본활동 공간에서의 일상생활과 사회적 관계〉, 《현대사회와 다문화》 2(1), 2012, 91쪽.

7 Joo, Jong-Taick, "Korean Return Migrants from Brazil: Ethnic and Economic Aspects," *Korea Journal* 47(2), 2007, pp. 160-183.

적응 문제를 다룬 연구가 대부분이다.[8]

과거 우리나라는 주로 자국민이 해외로 나가는 '유학생 송출국'이었으나, 최근 정부와 대학의 고등교육 국제화 추진 정책과 노력에 힘입어 해외로부터 유학생의 국내 유입이 증가하고 있는 추세이다. 유학생 수는 2000년 3,963명에서 2010년에는 8만 3,842명, 2020년에는 15만 3,695명으로 가히 폭발적으로 증가하였다.[9] 고등교육의 국제화 흐름 속에서 국내 대학은 일반 외국인 유학생과[10] 더불어 동포 유학생의 수가 증가하면서 대학 구성원이 국적뿐 아니라 문화적으로 다변화하고 있다.[11] 이처럼 국내 유학생 수는 빠르게 증가하고 있으나, 이들의 학교생활 적응과 사회적 관계 형성에 대한 조사 연구는 매우 부족한 편이다. 이러한 배경 하에 본 연구는 국내 대학에 재학 중인 중남미 국가 출신 동포들의 유학 경험과 이들의 사회적 관계 및 네트워크의 양상과 역할에 관해 고찰하고자 한다. 이를 통해 중남미동포 유학생의 초국적 교육이주와 네트워크에 대한 심층적 분석을 도모하고자 한다. 중남미 차세대 동포들이 다언어, 다

---

8 조혜영, 〈해외동포 모국수학생에 대한 연구: 중국동포 학생들의 모국관 및 민족관을 중심으로〉,《在外韓人研究》12(1), 2002, 65~114쪽; 서효봉 · 서창갑, 〈중국인 유학생들의 SNS 활용에 관한 연구〉,《산업경제연구》24(2), 2011, 1149~1167쪽; 신선희 · 유문무, 〈재한在韓 중국유학생의 대학생활 적응경험에 대한 질적 연구〉,《홀리스틱 교육연구》18(2), 2014, 45~69쪽.

9 한국교육개발원,《간추린 교육통계 2020》, 한국교육개발원, 2020.

10 본 연구에서 '외국인'은 일반 외국인을 뜻하며 한국계people of Korean descent를 제외한 비한인non-Korean을 지칭한다.

11 박소진, 〈한국 대학과 중국인 유학생의 동상이몽: 서울과 지방 소재 사립대학 비교〉,《韓國文化人類學》46(1), 2013, 199쪽.

문화 배경을 가졌다는 점에 주목하여 이들의 경험을 내국인과 외국인 유학생들과의 관계 형성 측면에서 살펴볼 것이다. 이를 통해 점점 증가하는 캠퍼스 내의 민족, 문화, 언어적 다양성이 구성원들 사이에 어떤 식으로 상호교류나 소외를 야기하는지 들여다보려 한다. 특히, 공간적으로는 학내 강의나 동아리를 통한 학생들 간의 교류 여부와 속성, 그리고 도시공간의 특정 장소나 온라인 공간을 통한 연결망에 대해 고찰함으로써, 중남미동포 학생들의 사회적 네트워크가 이들의 한국으로의 역이주와 적응 과정에 미치는 영향을 파악하고자 한다. 중남미동포 유학생에 관한 연구가 전반적으로 미흡한 상황에서, 본 연구 결과는 동포 유학생들의 모국 수학 유치 및 적응 지원 방안을 마련하기 위한 기초 자료로 활용할 수 있을 것이다.

중남미동포의 이주와 높은 유동성

세계 180개국에 약 750만 명에 육박하는 동포들이 거주하고 있고, 중남미에는 2018년 12월 현재 약 10만 3천 명의 한인이 살고 있다. 국가별로는 브라질(4만 8,281명), 아르헨티나(2만 3,063명), 멕시코(1만 1,897명), 과테말라(5,501명), 파라과이(5,039명) 등의 순으로 많이 살고 있다.[12] 본격적인 대규모의 중남미 이민은 1960년대 한국 정부가

---

12 지면상의 이유로 중남미 국가 중 외교부 통계(2018년 12월 기준)에서 한인이 5천 명 이상 거주하는 국가만을 열거하였다(출처: https://www.mofa.go.kr/www/wpge/

집단농업 이민을 장려하면서 시작되었지만 현재 중남미 한인들은 의류 관련업에 집중적으로 종사하고 있다.[13] 중남미 동포사회의 특이점은 일부 동포의 이주 유동성이 상당히 높고, 재이주·역이주·순환이주 등과 같이 이주의 형태나 방향성이 다양하다는 것이다.[14]

이명재(2011)는 재이민을 "남미 지역 국가인 파라과이·브라질 또는 아르헨티나 등지로 이민 가서 적응하기 어렵거나 돈을 벌면 시장 환경 등이 더 나은 남미 이웃 나라나 북미의 미국·캐나다는 물론 호주로 다시 옮겨 가는 이민 형태를 이룸을 일컫는다"라고 정의한다.[15] 또한, 배진숙(2014)은 중남미동포의 미국으로의 재이주 현상에 대하여 중남미 지역의 불안정한 정치·경제적 상황뿐 아니라 때로는 교육적 이유가 중요하게 작용하며, 중남미에서 직업적 기회의

m_21507/contents.do).

13 서성철, 〈라틴아메리카와 한국인 이민: 아르헨티나 한인사회와 현지적응〉, 《라틴아메리카연구》 18(3), 2005, 156쪽; 허성태·임영언, 〈중남미 한인〉, 허성태·임영언, 《글로벌 디아스포라와 세계의 한민족》, 북코리아, 2014, 325쪽.

14 서성철, 〈라틴아메리카와 한국인 이민: 아르헨티나 한인사회와 현지적응〉, 155~186쪽; Joo, Jong-Taick, "Korean Return Migrants from Brazil: Ethnic and Economic Aspects," pp. 160-183; 박채순, 〈아르헨티나 한인 동포의 再移住에 관한 연구〉, 《이베로아메리카》 11(2), 2009, 233~268쪽; 이명재, 〈국외 한인소설에 나타난 디아스포라 양상〉, 《현대소설연구》 48, 2011, 9~44쪽; 최금좌, 〈재브라질 한인사회와 문화정체성〉, 《디아스포라연구》 6(1), 2012, 123~153쪽; Bae, Jin Suk, "New York Koreans from Latin America: Education, Family, and Class Mobility," *Journal of British & American Studies* 30, 2014, pp. 395-416; Park, Kyeyoung, "A Rhizomatic Diaspora: Transnational Passage and the Sense of Place among Koreans in Latin America," *Urban Anthropology & Studies of Cultural Systems & World Economic Development* 43(4), 2014, pp. 481-517; 김영철, 〈아르헨티나 재외동포 1.5세의 역이민과 정착 연구〉, 83~111쪽.

15 이명재, 〈국외 한인소설에 나타난 디아스포라 양상〉, 26쪽.

한계와 관련이 있다고 밝혔다. 부모들이 본인은 중남미에서 의류업에 종사하였으나 자녀들은 전문직을 갖기를 희망하는데 중남미에서는 그 기회가 적고 임금 수준이 낮아서 설령 의사, 변호사가 되더라도 월급이 많지 않아 결국 한인 차세대들이 부모 사업을 돕게 되는 경우가 많다. 이 때문에 중남미동포들은 자녀가 성장하면 미국으로 유학을 보내거나 혹은 가족 단위로 재이민을 가는 현상을 보인다는 것이다.[16] 한편, 한국으로의 역이주와 관련하여 브라질 출신 동포에 초점을 맞춘 주종택(2007)에 따르면, 1세대들은 본인이 이민 떠났던 때와 달리 모국이 브라질보다 더 발전하여 은퇴 후 생활의 안정을 도모하고 노후를 보내기 위해 한국행을 택하기도 하고, 일부 차세대들도 한국에 와서 전문직종에 종사한다. 1세대들은 대부분 한국어, 한국 문화를 유지함으로써 재적응이 순조롭다고 한다. 선행 연구들은 중남미 출신 동포의 교육과 이주 관련 주요 연구 대상 지역이 북미권이며, 한국으로의 역이주 동기로 은퇴나 경제적인 요인에 주로 초점을 맞추었다. 이에 비해 본 연구는 중남미 차세대 동포들의 한국으로의 역이주와 관련해 교육적 측면과 사회적 네트워크 특성 분석에 중점을 두어 심층적으로 고찰하고자 한다.

---

16 Bae, Jin Suk, "New York Koreans from Latin America: Education, Family, and Class Mobility," pp. 395–416.

이주자의 사회적 네트워크와 사회적 지지

사회적 네트워크 또는 연결망은 다양하게 정의될 수 있는데, 마디 node로 불리는 개인이나 조직으로 구성되며 이들은 교우 관계, 경제적 교환 관계, 영향력 관계, 공통 관심 등에 의해 연결된다. 사회적 네트워크는 이주자가 현지 사회에서 집단이나 조직에 참여하여 일정한 사회적 관계social relationship를 형성하는 것을 의미하며, 이주자는 이러한 사회적 네트워크를 활용해 정서적, 도구적, 정보 유통의 사회적 지지를 획득할 수 있고 자신이나 자신이 속한 집단의 목적을 달성하고자 한다.[17]

이주자 사회 네트워크migrant social network는 친족, 친구, 공통의 출신지 등의 유대를 바탕으로 이주민과 기존 정착 이주민, 그리고 출신국과 수용국의 국민을 연결하는 인적 유대의 집합을 의미한다.[18] 이주자의 사회적 네트워크는 이민이나 이주를 결정하는 데 있어서 주요한 정보를 제공하거나 감정적인 지원을 하는 등 거주국 내에서 공동체를 형성하고 영주하게 만드는 중요한 요인이 된다.[19] 또한, 이주자 네트워크는 이주의 비용과 위험을 낮추고 이주의 수익을 높이기

---

17 선봉규, 〈일본 오사카 재일한인의 현지 사회적응 양상에 관한 연구: 사회적 네트워크를 중심으로〉, 《인문사회 21》 7(4), 2016, 939쪽; 이상우, 〈중국 칭다오 조선족 이주자의 민족네트워크 실태 분석〉, 《디아스포라연구》 11(2), 2017, 167쪽.

18 Massey, Douglas S. et al., "Theories of Migration: A Review and Appraisal," *Population and Development Review* 19(3), 1993, p. 443.

19 Portes, Alejandro, ed., *The Economic Sociology of Immigration: Essays on Networks, Ethnicity, and Entrepreneurship*, New York: Russell Sage Foundation, 1995.

때문에 국제적 이동을 촉진한다. 다시 말해, 이주자 사회 네트워크는 사회자본의 형태를 띠는 일종의 공공재로 잠재적 이주자에게는 이주의 기대위험을 낮추고 이주 후에는 구직, 주거지 선택, 수용국 사회로의 통합 등 이주에 따른 거래비용을 낮추는 데 도움을 준다.[20]

이주자 네트워크에 관한 국내 연구는 주로 이주 여성의 사회적 연결 또는 참여가 이주 생활 만족도에 미치는 영향에 초점을 맞추었다.[21] 국내 결혼이민자의 네트워크를 분석한 전형권·이소영(2013)은 결혼이민자의 이주가 크게 사회적 연결망과 정책적 지원으로 인하여 진행되고, 이러한 사회적 연결망이 이주를 촉진하는 기제이면서 동시에 이주의 증가로 인해 더욱 강화되며 새로운 정치적·경제적·사회적 동력을 갖게 된다는 점에서 중요하다고 본다. 이러한 연결망에는 선행 이주한 가족이나 친척으로 구성된 가족·친족 네트워크, 거주국에서 민족 단위로 교류를 나누는 사회·문화적 네트워크, 국제결혼 중개업체 등 상업적 중개 조직, 그리고 서주국의 종교·사회단체 등 지원 조직이 있다.[22]

이주민 네트워크 연구는 이주자들 간의 다양한 관계에 대한 연구

---

20 Massey, Douglas S. et al., "Theories of Migration: A Review and Appraisal," pp. 431-466; Fagiolo, Giorgio and Gianluca Santoni, "Revisiting the Role of Migrant Social Networks as Determinants of International Migration Flows," *Applied Economics Letters* 23(3), 2016; 윤광일 외, 《이민자 네트워크 해외사례 및 국내적용방안 연구》, 2016 법무부 연구용역 보고서, 2016.

21 윤광일 외, 《이민자 네트워크 해외사례 및 국내적용방안 연구》, 16쪽.

22 전형권·이소영, 〈국제결혼이주자들의 사회적 연결망과 초국가성: 광주·전남지역 여성 결혼이민자 사례를 중심으로〉, 《한국동북아논총》 68, 2013, 205~232쪽.

와, 이주자들의 주거와 경제활동이 집중된 집단거주지에 대한 연구를 포괄한다.[23] 국내 중국동포 네트워크와 집거지의 형성·발전을 상호관계적 측면에서 고찰한 연구를 보면, 안재섭(2009)은 재한 중국동포의 집단적 거주지 발전에 있어서 이주 연결망이 중요한 역할을 했다고 지적하였고,[24] 이종구·임선일(2011)은 국내에 체류하고 있는 중국동포들에게 집단거주지가 직업 영역 확장에 필요한 정보 취득과 사회적 네트워크 형성의 중요한 근거지가 된다고 하였다. 다른 외국인노동자 집단과 마찬가지로 중국동포도 생활 자원을 확보하기 위해 정보와 자원을 제공하는 사회적 네트워크가 형성된 일정한 공간에 거주하려는 성향이 강한데, 일반적으로 한국 사회에 이입된 중국동포는 먼저 입국한 중국동포의 집단거주지역에 형성된 인적 네트워크를 통해 거주지와 직업을 소개받는다.[25]

국내 결혼이주 여성의 사회적 연결망이나 중국동포 집단거주지에 관한 연구 외에, 유학생의 사회적 네트워크 관련 연구는 해외 사례와 국내 사례로 구분된다. 우선, 해외의 유학생 사회적 연결망 관련 연구로 고메즈Gomes(2015)는 호주 대학에 재학 중인 아시아 유학생들이 문화적 유사성이나 유학생으로서의 공통된 경험에 기반해서, 현

23 박원석, 〈한인 이주민의 정착과정에서의 한인네트워크 역할 및 활용 방안〉, 《한국지역지리학회지》 21(2), 2015, 287쪽.

24 안재섭, 〈서울시 거주 중국 조선족의 사회·공간적 연결망: 기술적 분석을 중심으로〉, 《한국사진지리학회지》 19(4), 2009, 215~223쪽.

25 이종구·임선일, 〈재중동포의 국내 정착과 취업네트워크〉, 《산업노동연구》 17(2), 2011, 309~330쪽.

지인보다는 같은 국가나 지역 출신에 국한된 '평행사회parallel society'를 이루고 있음을 밝혔다. 국가 간 이주로 인해 소속감이나 정체성에 변화가 야기될 수 있으며 유학지에서 기존 네트워크를 선택적으로 지속하거나 새로운 관계를 형성하게 되는데, 같은 유학생 집단을 통해 정서적 지지를 얻기도 하지만 유학생 신분으로 필요한 정보와 자원을 취득할 수 있다는 실리적 이유에서 교류가 촉진된다고 한다. 영어 실력 부족이 현지인과의 의미 있는 관계 형성을 저해하고 있다고 느끼는 유학생들도 있었다.[26]

마Ma(2014)는 대만에서 수학 중인 외국인 유학생을 화교 출신과 비화교 출신으로 구분하여 비교 분석하였다. 유학생들의 네트워크를 '유학 전 모국과 대만 사이의 초국적 네트워크'와 대만에서 유학하는 동안 같은 민족·국가 출신, 현지인, 타민족 일반 외국인 유학생들과 형성한 네트워크로 각각 구분하였다. 화교 출신 유학생들은 출신국과 대만 사이에 잘 발달된 초국적 네트워크를 통해서 대만 관련 사전 정보를 용이하게 획득했으며 이로 인해 교육이주가 촉진되었고 차후 대만에서 적응하는 데 긍정적인 도움을 받았다. 비화교 학생들이 영어 강의를 선호하는 데 반해서, 화교 유학생들은 대만 학생들과 같이 중국어 수업을 듣고 특히 동남아 출신 화교 학생들은 아르바이트와 학업을 병행하는 비율이 높아 자연스럽게 현지 대만인들과의 교

---

[26] Gomes, Catherine, "Negotiating Everyday Life in Australia: Unpacking the Parallel Society Inhabited by Asian International Students through their Social Networks and Entertainment Media Use," *Journal of Youth Studies* 18(4), 2015, pp. 515-536.

류가 활발했다. 이에 반해, 일반 외국인 학생들은 언어적·문화적 거리감 때문에 대만인들과 깊은 사회적 관계를 맺지 못한다고 한다.[27] 고메즈(2015)는 유학생들이 같은 국가나 지역 출신들과의 관계 맺음이 훨씬 빈번함을 밝혔고,[28] 마(2014)는 교육이주자가 실질적으로 국가 간 이동을 감행하기 이전 단계부터 사회적 네트워크의 영향이 중요함을 밝히고 있다.[29] 동포 집단이 다른 일반 유학생들에 비해 역사적·초국적 네트워크를 통해 활용 가능한 사회적 자본을 더 많이 얻는다는 사실을 보여 주고 있으나, 화교의 출신국별 차이는 검토하지 않았다.

다음으로, 기존의 국내 외국인 유학생 관련 연구는 재한 중국인 유학생을 중심으로 진행되었으며, 그 내용은 정책적으로 유학생의 양적 유치 확대 방안을 모색하거나 재한 외국인 유학생들의 문화·언어적 차이에서 비롯되는 한국 사회 적응 문제를 다룬 연구가 주를 이루고 있다.[30] 최병두·박은경(2012)은 외국인 이주자들의 일차적 목적이 이루어지는 장소, 즉 '기본 활동 공간basic activity space'이라고 불릴

---

27 Ma, Ai-hsuan Sandra, "Social Networks, Cultural Capital and Attachment to the Host City: Comparing Overseas Chinese Students and Foreign Students in Taipei," *Asia Pacific Viewpoint* 55(2), 2014, pp. 226-241.

28 Gomes, Catherine, "Negotiating Everyday Life in Australia: Unpacking the Parallel Society Inhabited by Asian International Students through their Social Networks and Entertainment Media Use," pp. 515-536.

29 Ma, Ai-hsuan Sandra, "Social Networks, Cultural Capital and Attachment to the Host City: Comparing Overseas Chinese Students and Foreign Students in Taipei," pp. 226-241.

30 이홍직, 〈재한 중국인 유학생의 우울에 영향을 미치는 요인에 관한 연구: 인구사회 학적 특성, 한국어 능력, 문화적응 스트레스, 사회적지지 요인을 중심으로〉,《한국웰니

수 있는 장소에서 형성되는 사회적 관계에 관해 분석했다. 외국인 유학생은 학교 공간 중 대학 내 행정기관 및 편의시설, 장학 및 지원 제도, 수업 및 학업, 한국어 교육 지원, 기숙사 수용, 교우 관계 등에서 '보통' 이상의 만족도를 보였지만, 의사소통의 어려움과 외국인 차별, 외국인에 대한 배려 부족 등을 문제로 꼽았다. 또한, 약 70퍼센트가 일상적으로나 어려움에 봉착한 상황에서 한국인보다 본국인 친구들과 더 밀접한 관계를 맺는 것으로 나타났다.[31] 신선희·유문무 (2014) 역시 중국 유학생들이 인간관계에서 겪는 어려움은 많은 경우 중국과 한국 간의 문화 차이에서 발생한다는 것을 발견하였다.[32] 정 경희·황지영(2012)은 재한 중국인 유학생들 사이에서 인터넷이 내포한 가치와 그 문화적 의미를 규명하고자 하였는데, 그 결과 인터넷이 '교육의 장', '일상적 오락 및 쇼핑의 공간', '기능적인 사회적 연결망', '폐쇄적인 커뮤니티 공간', '중국과의 일상적인 접속 수단'의 5가지 가치와 관련됨을 보여 주었다. 특히, 중국인 유학생들은 언어 및 문화적 장벽 탓에 한국 학생과 원활한 관계를 구축하지 못하고, 오히려 중국어를 기반으로 제작된 '큐큐'메신저로 유학 중이거나 중국

스학회지》7(3), 2012, 129~143쪽; 최병두·박은경, 〈외국인 이주자의 기본활동 공간에서의 일상생활과 사회적 관계〉, 84~132쪽; 신선희·유문무, 〈재한在韓 중국유학생의 대학생활 적응경험에 대한 질적 연구〉, 45~69쪽; 최윤희·이정은, 〈재한 중국유학생의 지각된 차별과 대학생활 적응 연구〉, 《대학생활연구》22(1), 2016, 91~115쪽.

31 최병두·박은경, 〈외국인 이주자의 기본활동 공간에서의 일상생활과 사회적 관계〉, 84~132쪽.

32 신선희·유문무, 〈재한在韓 중국유학생의 대학생활 적응경험에 대한 질적 연구〉, 45~69쪽.

에 있는 가족·지인 등 기존의 강한 유대 관계를 유지하는 데 집중하고 있었다.[33] 비슷한 맥락에서, 양Yang 등의 연구(2013)에서도 중국학생들이 중국 친구나 급우에 국한한 관계를 맺고 한국인 학생·교수와의 관계 형성은 매우 미흡하며, 온라인 매체를 활발하게 활용하여 동료 중국 출신 학생들과의 관계를 촉진하고 정서적·인지적 지지를 얻고 있는 것으로 나타났다.[34] 이처럼 국내 유학생의 상당수를 차지하는 재한 중국인 유학생을 대상으로 한 선행 연구에서 오프라인이나 온라인을 통한 사회적 지지가 낯선 한국 문화 적응에 긍정적인 영향을 미친다는 것을 확인하였지만,[35] 공통적으로 대부분 중국학생들만의 관계가 지속·강화되고 내국인과의 교류가 부족하다고지적하고 있다. 본 연구는 중국 출신에 비견하여 그동안 연구가 미진했던 중남미동포 유학생 경험을 고찰하려 하며, 국내 유학생 네트워크 관련 선행 연구가 대부분 한국 입국 이후의 적응 과정에 초점을 둔 것에 반해, 유학 이전 초국적 네트워크도 파악하고자 한다.

---

33 정경희·황지영, 〈재한 중국인 유학생의 인터넷 문화: 유학 그리고 중국인 되기〉,
    《社會科學研究》25(1), 2012, 217~250쪽.

34 Yang, Ting et al., "International Students' Socialization and Social Support: In Case
    of Chinese Students in South Korea," *Journal of Institute for Social Sciences* 24(2),
    2013, pp. 379-398.

35 이규은 외, 〈중국 유학생의 문화적응스트레스와 사회적 지지가 주관적 삶의 질에
    미치는 영향〉, 《한국간호교육학회지》17(3), 2011, 514~523쪽; 김민경, 〈중국인 유
    학생의 문화적 요인, 사회심리적 요인과 행복과의 관계〉, 《청소년시설환경》13(1),
    2015, 7~16쪽.

중남미동포 유학생 연구 참여자 정보

문헌자료 조사로는 교육부, 법무부, 한국교육개발원 등 정부 관련 기관에서 발행하는 교육 및 동포 이주 관련 통계자료, 신문 기사 및 여타의 영문과 국문으로 된 2차 자료를 활용하였다. 또한, 2017년 7월에서 10월까지 서울 소재 대학 학위 과정에 재학 중인 중남미 출신 동포 17명을 대상으로 심층면담을 실시하였다. 연구참여자 모집은 각 대학 인터넷 게시판 등을 통해 홍보하고, 재외동포재단을 방문하여 재단 초청 장학생을 소개받았다. 초기 면담한 학생들을 통해 연구참여자를 추가로 소개 받는 눈덩이식 표집방법snowball methods을 실시하였다. 면담의 주요 내용으로는 중남미동포 유학생들의 한국 유학 동기, 학교생활, 학우들과의 상호교류와 네트워크 등에 관해서 반구조화된 면담을 진행하였고 면담 시간은 1시간에서 3시간 정도 소요되었다. 모든 심층면담 자료는 연구참여자의 동의를 받고 녹음하여 녹취하였다. 면접조사에서 미흡한 부분은 전화나 이메일을 통해 보완하였다.

연구참여자는 남학생 5명, 여학생 12명으로 여학생이 많았고 평균연령은 23.5세이다. 한국에서 출생한 1.5세가 7명, 중남미 국가 태생이 10명이다. 학생들의 중남미 평균 거주 기간은 약 17.3년이고 이 중 온 가족이 한국으로 역이민을 온 경우가 2명,[36] 혈혈단신으로 유학을 온 학생이 4명이다. 한국, 유럽, 북미 등에 걸쳐 초국적 가족

---

36 두 경우 모두 가족이 동시에 역이민을 온 경우라기보다는 손위 형제가 먼저 한국으로

〈표 1〉 중남미동포 유학생 연구참여자 정보

	이름 (성별)	출생 연도	출생 국가	국적	중남미 거주국	중남미 거주 기간	대학입학 연도
1	민주(여)	1995	한국	한국	페루	1997-2014	2015
2	수진(여)	1996	한국	한국	과테말라	1997-2015	2016
3	진호(남)	1998	과테말라	한국, 과테말라	과테말라	1998-2016	2017
4	찬솔(남)	1994	파라과이	한국, 파라과이	파라과이	1994-2012	2013
5	지영(여)	1996	에콰도르	한국, 에콰도르	에콰도르	1996-2015	2016
6	애라(여)	1995	한국	한국	에콰도르	1998-2015	2016
7	진희(여)	1994	한국	한국	도미니카공화국	1998-2012	2012
8	지수(여)	1997	볼리비아	한국, 볼리비아	볼리비아	1997-2016	2017
9	미애(여)	1996	과테말라	한국, 과테말라	과테말라	1996-2014	2015
10	민준(남)	1993	멕시코	한국	멕시코	1993-2014	2015
11	은미(여)	1997	한국	한국	도미니카공화국	2002-2015	2016
12	성희(여)	1997	볼리비아	한국	아르헨티나	1997-2016	2017
13	윤희(여)	1999	파나마	한국, 파나마	파나마	1999-2016	2017
14	태호(남)	1993	에콰도르	한국, 에콰도르	콜롬비아	1993-2012	2013
15	영준(남)	1991	한국	멕시코	멕시코	1994-2011	2012
16	정은(여)	1980	브라질	브라질	브라질	1980-1998	1999
17	혜진(여)	1995	한국	한국	멕시코	1999-2011	2015

※ 한국으로 학부 과 유학을 와서 면담 당시 대학원에 진학 중이던 진희와 정은의 경우에는 대학 입학 연도란에 이들이 처음 대학에 입학한 연도를 기입하였음.

을 형성한 경우가 다수였는데 형제자매가 같이 한국에서 유학하고 있거나 혹은 본인 외의 나머지 가족은 타국에 거주하고 있었다.

유학 경비는 한국 대학의 학비와 생활비를 부모에게 전적으로 지원받거나, 재외동포재단 장학금과 학내 장학금 등 각종 장학금 수혜

유학을 온 다음 해당 학생이 한국 유학을 오고, 부모가 후발로 와서 가족이 한국에서 합류한 경우에 속했다. 유학생의 사전적 의미가 "외국에 머물면서 공부하는 학생"이 지만 특수한 성장 배경을 고려하여 동포 학생들도 유학생 범주에 포함하였다.

를 받는 경우도 있고, 학생들이 스페인어 · 영어 과외나 통번역 등의 아르바이트를 해서 유학 비용을 충당하기도 했다. 2명의 학생은 학자금 대출을 받고 있다고 응답했다. 계층적으로 중층 이상의 가정 형편이었지만, 부모의 사업이 어렵거나 실패하여 경제적 어려움을 겪고 있는 학생도 일부 있었다. 개인 사생활 보호를 위해 참여자의 이름은 가명을 사용한다.

중남미동포의 한국 유학 동기와 사회적 네트워크

초국적 이주는 일시적 결과가 아닌 지속적으로 발생하는 역동적 과정의 연속이다. 최병두 · 정유리(2015)는 한국 내 결혼이주자의 이주 및 정착 과정을 국제결혼 의사 결정 과정, 이주 과정, 이주 직후, 현재로 구분하여 시기별로 변화하는 사회적 네트워크의 부재와 형성, 그리고 축소와 확대의 과정을 분석하였다.[37] 본 연구에서도 중남미동포 유학생의 경험을 '중남미에서 유학 전', '한국 입국 후 대학 입학 전', '한국에서 대학 입학 후'로 구분하여 시기별 사회적 네트워크의 각 행위자가 중남미동포 유학생의 경험에 미치는 영향을 분석하였다.

선행 연구에서 국내 중국 유학생들의 유학 동기로는 한류의 영향,

---

37 최병두 · 정유리, 〈결혼이주자의 이주 및 정착과정에서 나타나는 사회적 네트워크 변화에 관한 연구〉, 《현대사회와 다문화》 5(1), 2015, 20~57쪽.

지리적 근접성, 미국이나 영국보다 상대적으로 저렴한 유학 비용 때문에 한국을 유학 국가로 선택하는 것으로 나타났다.[38] 교육이주는 경제적 · 문화적 요인뿐 아니라 학생들의 장래 계획과 유학지에 대한 평가와 이미지 등 여러 가지 요인에 기인하여 추동되고,[39] 출신국기반 사회적 네트워크가 유학을 감행할지 말지에 대한 초기 결정과 유학지 선택에 있어서 매우 중요한 역할을 한다. 특히 유학생은 지인이 거주하고 있는 나라로 유학을 떠날 가능성이 높으며, 이들에게 교육이주의 의사 결정 과정에 필요한 정보와 조언을 얻게 된다.[40]

본 연구참여자들이 유학 여부와 유학지를 선정하는 과정에서도 다양한 층위의 사회적 네트워크의 영향과 활용을 찾아볼 수 있었다. 우선, 한국 유학 동기로는 부모의 권유 때문이라고 응답한 학생이 상당수였다. 한인 부모들은 자녀가 한국 대학을 다님으로써 더 나은 교육을 받을 수 있고 한국인으로서 정체감도 키울 수 있을 것이라는 기대를 가지고 있었다. 또한, 자녀가 한국 학위를 취득함으로써 차후 한국 내 취업의 기회를 갖고 더 다양한 기회를 접할 수 있기를 기대하였다.

---

38 남순현, 〈중국유학생의 학년별 학교생활적응유형분석 및 문화적응전략과 문화정체감이 학교생활적응에 미치는 영향〉, 《教育心理硏究》 24(4), 2010, 977~998쪽.

39 Beech, Suzanne E., "International Student Mobility: The Role of Social Networks," *Social & Cultural Geography*, 16(3), 2015, p. 333.

40 Mazzarol, Tim & Geoffrey N. Soutar, "'Push-Pull' Factors Influencing International Student Destination Choice," *International Journal of Educational Management* 16(2), 2002, pp. 82-90; Ma, Ai-hsuan Sandra, "Social Networks, Cultural Capital and Attachment to the Host City: Comparing Overseas Chinese Students and Foreign Students in Taipei," pp. 226-241.

초국적 이주 네트워크의 영향도 찾아볼 수 있었다. 한국에 친척이 있거나, 먼저 한국으로 유학을 온 동향 선배나 형제가 한국 유학을 추천하기도 하였다. 이들은 후속 이주를 이끄는 연결고리 역할을 하였는데, 연구참여자들은 한국 유학 경험이 있는 지인들을 통해 한국 입국 전에 입학서류 준비, 합격 기준과 학교·학과 선택에 관한 세세한 정보와 한국 유학 생활에 관한 조언을 얻었다. 과테말라 출신 진호는 다음과 같이 회고한다.

제 친구의 친구의 친구를 통해서 들었는데, 대학 입시용 에세이를 한국어로 쓰면 입학률이 더 높댔어요. 작년에는 영어로 에세이 쓴 재외국민이 저희 학교에 단 한 명도 입학을 못 했대요. 그런 소문 때문에 저도 한국말로 에세이를 썼어요. 과테말라 교포 중에 저보다 먼저 한국 대학을 졸업한 형, 누나들이 많은데, 졸업하고 한국에도 계시고 미국이나 다른 데서 일하는 분들도 계시고요. 유학 준비할 때 긱 학교 합격 기준 등에 관해서 형, 누나들 의견도 듣고 다른 도움도 많이 받았어요. 어쨌든 형, 누나들의 부모님들은 계속 과테말라에 사시니까 형, 누나들의 부모님을 통해서도 정보를 많이 알게 되었어요. 이제 제 차례죠. 저도 한국 대학 정보를 다른 사람들에게 전달하는 거죠. (진호)

선행 연구에서 국내 중국 유학생들의 경우 한국 유학 결정 및 사전 준비 단계에서, 해외 유학을 알선하는 전문 사설기관인 유학 중개기관이 한국 대학 선택 등에 유의미한 영향을 미치는 요인으로 작용했다.[41] 이에 반해, 중남미동포 학생들은 유학을 준비할 때 개인적 차원의 인맥을 통해 정보를 얻거나 한국의 각 학교 홈페이지 등 인터넷상의 자료를 스스로 찾아보고 있었으며, 유학 중개기관의 도움을 받지는 않았다. 중국 학생들에 비해 동포 학생들의 한국어 실력이 대체로 우수하여[42] 한국 자료 접근이 용이하고, 유학 이전부터 한국 유학과 관련이 있는 다양한 사회적 네트워크 활용이 가능하기 때문인 것으로 사료된다. 페루에서 한국으로 유학 온 민주도 한국어능력시험TOPIK: Test of Proficiency in Korean을 비롯하여 여타 대학 입시를 위해 필요한 준비를 하는 데 인터넷 및 인맥의 도움을 받았다고 한다.

대학에 입학하려면 토픽 시험에서 3급 이상 받아야 돼요. 현지에서 토픽 책은 따로 없이 혼자서 인터넷 자료 보면서 공부했어요. 대학이나 과 정보는 전에 한국 왔던 아는 언니들에게 물어봤어요. 언니들이 많이 알려 줬고 학교 사이트도 찾아봤어요. (민주)

또한, 유학 여부를 결정하고 유학지를 선택하는 데 있어서 유학 경비나 장학금 기회가 중요한 영향을 미치기도 한다.[43] 연구참여자

---

41 김형재 · 최욱, 〈중국인 유학생의 한국 대학 선택 요인에 관한 연구〉, 《유라시아연구》 9(3), 2012, 418쪽.

42 연구참여자들의 한국어능력시험TOPIK: Test of Proficiency in Korean 점수는 총 6단계 중에서 대부분 3급, 4급에 속하였다.

43 김형재 · 최욱, 〈중국인 유학생의 한국 대학 선택 요인에 관한 연구〉, 404쪽; Collins, Francis, "Globalising Higher Education in and through Urban Spaces: Higher Education Projects, International Student Mobilities and Trans-Local Connections in

중에 재외동포 초청 장학생이 포함되어 있었고, 장학금 기회가 아니었다면 아예 한국행을 생각조차 못했을 것이라고 한 학생도 있었다. 장학금 관련 정보는 현지 대사관이나 지인들을 통해서 입수하였다. 한국 정부의 우호적인 재외동포 정책으로 인해 차세대 동포가 모국 수학에 관심을 가지게 되고, 이것이 한국 유학으로 이어진 것이다.

유학 목적지 결정에 언어가 가장 큰 영향을 미친다고 하는데, 실제 한국어와 한국 문화에 대한 상대적 친숙함 때문에 한국행을 선택했다는 학생들도 있었다. 중남미에서 가족, 한글학교, 한인교회, 한국 대중문화 등을 통해 한국어를 익히고 한국 문화를 빈번히 접하면서 한 번쯤은 한국에서 살고 싶다는 생각을 했다고 한다. 중남미에서의 한글 교육과 한인 이민사회 내의 네트워크, 모국과의 초국적 문화적 연계를 통해 한국에 대해 심적으로 가깝게 느끼게 된 것이다. 반면 일부 학생들은 미국 유학의 차선책으로서 상대적으로 유학 경비가 저렴한 한국 대학을 선택했나고 한다. 한국행을 선택하더라도 이미 빠르게는 초중등 과정부터 국제학교에서 주로 영어로 교육을 받아 왔던[44] 일부 동포 학생들은 한국에서도 계속 유사한 영어권 교육을 찾는 경향을 보였다. 최근 정부 정책에 의해 한국 대학에서 영어 전용 강의가 크게 늘어나면서, 중남미동포 중에서 대학 입

Seoul," *Asia Pacific Viewpoint* 22(2), 2014, p. 249.

44 교육열이 높은 중남미동포들은 현지 공립학교 과정의 수준이 낮다고 생각하여, 자녀들을 우수한 국제학교에 보내 교육시키려고 하는 경향이 있다(주종택, 〈브라질 한인사회의 성격과 한인들의 민족관계〉, 문옥표 외, 《해외한인의 민족관계》, 아카넷, 2006, 191쪽; 김영철, 〈아르헨티나 재외동포 1.5세의 역이민과 정착 연구〉, 17쪽).

학 전에 학교교육을 주로 영어로 받아 영어 능력이 뛰어난 동포 학생들은 한국 유학에 부담을 덜 느꼈다고 한다. 영어 강의가 가능하다는 사실이 한국 유학을 결정하고 계획하는 데 도움이 되었다고도 한다. 글로벌 문화자본으로 활용될 수 있는 영어 능력은 차후에 중남미동포 유학생들의 한국 유학 생활과 교우 관계 형성에 영향을 미친다. 중남미동포 유학생들은 한국 대학에서 국제적 배경을 가진 다양한 급우들과 함께 영어 전용 강의를 주로 듣거나 부전공으로 영어 강의를 수강하여 학점을 관리하였다.

한국 입국 후 중남미동포 유학생의 사회적 네트워크

한국 입국 이후 중남미동포 유학생들의 사회적 관계를 살펴보면, 대부분 같은 중남미 국가 혹은 중남미 지역 출신과 가장 친하게 지냈고, 그 다음으로 스페인어권이나 유럽, 영어권에서 온 외국인 학생들과 강한 친분을 유지하였다. 이들은 기존에 중남미에서부터 이어온 인맥이거나 한국에서 대학 입학 전에 다닌 한국어어학당, 혹은 재외동포재단 행사나 학교에서 강의를 수강하며 알게 된 경우가 많았다. 다른 나라의 유학생들도 본격적인 학위 과정 진학 전에 어학 코스를 수료하면서 비슷한 처지의 해외 유학생들을 처음 접하게 된다. 고메즈(2015)에 따르면, 호주에 체류 중인 아시아 유학생들은 영어 어학원에서 사귄 친구들과 어학 과정 후에도 계속 교류를 지속하는

데,[45] 중남미동포 학생들도 대학 입학 전 한국어어학당에서 여러 국가 출신 동포와 일반 외국인과 연결망을 형성하여 대학 입시와 한국 생활 정보를 추가로 얻고, 이들과의 관계를 유학 생활 전반을 통해 지속하였다. 에콰도르 동포 애라와 멕시코에서 유학 온 민준은 어학당 경험을 통해 친한 친구를 사귀었다고 한다.

2015년에 한국 들어와서 2016년에 입학했어요. 한국 오자마자 모대학 어학당에 다녔어요. 신기했어요. 일본 사람, 중국 사람, 가끔씩 남미에서 온 친구들, 유럽, 독일, 스페인 사람들. 이런 많은 사람들이 한국어를 배우고 싶어 한다는 게 신기했어요. 그 친구들이랑 계속 연락하고 가끔씩 만나요. (애라)

제일 친한 친구들은 중남미 교포들이에요. 온두라스, 멕시코, 과테말라에서 온 친구들이요. 중남미 친구들 사이에 다른 점은 없어요. 만나면 다 스페인어로 얘기하고, 어학당에서 처음 만났고, 그 친구들이 대학에 가서 계속 친구로 지내고 그래요. (민준)

중남미동포 유학생들이 겪는 학업 관련 어려움이나 불만족 사항은 한국어 실력 부족으로 인한 전공 선택의 한계와 학점 관리의 어

---

45 Gomes, Catherine, "Negotiating Everyday Life in Australia: Unpacking the Parallel Society Inhabited by Asian International Students through their Social Networks and Entertainment Media Use," p. 525.

려움, 한국어 글쓰기의 어려움, 영어 강의 질에 관한 불만족 등이다. 또한 한국인, 한국 사회에 대하여 부정적인 경험을 하거나 견해를 가지고 있는 경우가 많았다. 학내 운동 클럽과 토론 모임 등에 참여해 내국인 학생들과 어울리려고 노력했지만 문화적인 차이를 많이 느꼈고, 한국말이 완벽하지 않아서 무시를 당한다고 느낀 적이 많았다고 한다. 앞서 소개한 민준은 대학 입학 후 미식축구 동아리 활동을 잠깐 하다 그만둔 경험이 있고, 콜롬비아 출신 태호도 한국 학생들과 소통하는 데 어려움을 겪었다.

1학년 때 학교 미식축구 동아리를 했는데 지금은 안 해요. 제가 멕시코에서 6년 동안 미식축구를 했어요. 그래서 다른 사람들에게 조언을 했는데, 신입생이 뭘 아느냐고 했어요. 그리고 제가 원하는 포지션이 있는데 신입생은 하면 안 된다고 해서 싸웠어요. 문화 차이도 많아서 지금은 동아리 하나도 안 해요. 축구나 농구는 교포끼리 해요. 카톡 그룹이 있거든요. 축구할 사람 있으면 용산에 축구하는 곳에 모여서 해요. 그게 더 마음이 편해요. (민준)

한국인들이 저한테 대해 준 게 만족스럽다고는 할 수 없어요. 무시 같은 거 느낀 적도 많아요. 직접 무시한 일은 없지만 한국인들이 다 모였는데 제가 한국어가 완벽하지 않으니까 안 끼워 줘요. 일부러 그런 거는 아니고 한국말로 하는 게 더 편하니까 한국어로 소통이 잘되니까 군이 저한테까지 신경 쓸 이유가 없어서 그랬던 것 같아요. 그래서 저도 군이 그런 사람들이랑 소통하고 싶지 않았어요. (태호)

유학생 수용 국가의 학생들은 언어 및 시간의 경제성 및 편리성 등을 이유로 언어·문화적 배경이 다른 외국인 학생들과의 학습을 위한 상호작용을 꺼리는 경향이 있는데,[46] 동포 학생들은 수업 중 팀 프로젝트를 같이 해야 할 때도 내국인 학생들에게 때로는 소외와 배제를 느꼈다고 한다. 동포 학생들은 한국의 서열 강조, 술 문화가 힘들고 한국 학생들이 상당히 배타적이라고 느끼고 있었다. 또한, 때로는 동포 유학생들이 특례입학 수혜자로서 상대적으로 쉽게 대학에 입학했다는 이유로 은근히 차별을 받았다고 한다. 과테말라 동포 미애는 최근 소속 학교에서 있었던 일에 대해 다음과 같이 얘기했다.

한국 사람들이 불만이 많더라고요. 외국인이나 재외국민들은 학교를 너무 쉽게 들어온다, 절대평가로 학점을 받는다, 너무 외국인 애들만 특혜를 준다고요. 그래서 한국 애들이 막 시위를 했거든요. 그 이후로 저희 과에 영어 과목이 줄어들고 한국어 수업이 대신 많이 늘었어요. 애들이 시위를 하고 나서요. 저희보다 외국인 학생들이 더 곤란하고 불만스러워해요. (미애)

이처럼 동포 학생들은 내국인 학생들에게 문화적 차이를 느끼고

46 Volet, Simone and Grace Ang, "Culturally Mixed Groups on International Campuses: An Opportunity for Inter-Cultural Learning," *Higher Education Research & Development* 17(1), 1998, pp. 5-23; 주휘정, 〈외국인 유학생의 국내대학 학습경험에 관한 질적 연구〉, 《敎育問題硏究》 36, 2010, 149쪽; 신선희·유문무, 〈재한在韓 중국유학생의 대학생활 적응경험에 대한 질적 연구〉, 53쪽.

오히려 같은 국가, 혹은 같은 중남미 지역 출신과의 관계에 더 집중하게 되었다고 한다. 중남미동포 유학생들은 유학생들 간 교제와 연결망을 통해 정서적·사회적 지지를 얻고 유학 생활 중에 겪는 문제를 함께 해결하려 하였다. 한국 학생들과의 관계에서 느낀 문화적 거리감이 본인의 정체성에 대해 다시 생각해 볼 수 있는 계기가 되었고, 차라리 외국인들에게 문화적 동질감을 더 많이 느끼기도 한다. 각 학교의 외국인 유학생 지원 동아리나[47] 멘토링 시스템를 통해서 스페인어권이나 유럽, 영어권에서 온 유학생들과 많이 교류하는데, 이 경우 동포 유학생들이 외국인들보다는 한국말을 잘하고 한국 문화에 익숙하기 때문에 외국인과 한국 문화·사회를 연결하는 중간자적 역할을 하기도 한다. 앞서 소개한 진호와 민주는 외국인 친구들과의 동아리 활동에 대해 다음과 같이 평가했다.

외국인 학생들이 같이 행사를 하거나 한국 생활에 익숙해지기 위해서 만든 동아리가 있는데 재밌어요. 음식 탐방이나 체육대회 같은 활동도 하고. 참가자는 대부분 외국인인데 굉장히 다양해요. 핀란드, 스웨덴같이 상상하지도 못한 나라에서 온 친구들도 있고 미국, 프랑스 친구도 있어요. 그리고 에콰도르, 콜롬비아에서 온 친구들이 있는데 저는 스페인어가 늘 그리웠으니까 그 친구들이랑 스페인어로 얘기해서 행

---

47 각 대학교의 학생 중심의 유학생 지원 동아리로는 'Hanyang One World(HOW)', 'Korea University International Student Association(KUISA)', 'Hands Up for Gathering(HUG)' 등이 있다.

복했어요. (진호)

저희 학교에 미국, 중국, 프랑스, 스페인 교환학생들이 많아요. 그 학생들이랑 학교 봉사교류 동아리를 통해서 알게 되었어요. 외국인들 케어해 주는 동아리인데 교환학생들을 알게 되어서 친해졌어요. 처음에 외국인 친구들이 너무 보고 싶어서 동아리를 시작했어요. 외국 애들이랑 어울려 다니는 게 편해요. 외국 애들이 오픈되어 있고 공감대가 더 많고 얘기할 수 있는 게 더 많아서요. 한국 애들이랑은 제가 아무리 오픈을 해도 걔네들은 비밀이 많아요. (민주)

국내 아시아 유학생들의 경험을 대학 내부와 외부 공간으로 구분하여 살펴본 김서정(2016)에 따르면, 유학생들은 학내에서 얻지 못한 사회적 연결망과 지지를 이중언어 구사자라는 장점을 통해 대학 밖 공간에서 자국 언어 교사나 통역 역할을 통해 획득하였다. 또한, 대학 외부 공간에서의 사회적 지지를 통해 형성된 안정감이 유학생들의 국내 유학 생활 전반에 긍정적으로 작용하고 있었다.[48] 본 연구참여자들의 경우에도 학교 공간뿐 아니라 학교 외부 공간이 사회적 관계 형성에 있어서 중요한 역할을 하고 있었다. 학교 외에 중남미 음식점이나 클럽 같은 혼종 문화 공간에서 교제를 지속하거나 교회 예배에서 새롭게 구축한 인맥도 많았다. 학생들은 중남미에 대한 향수

---

48 김서정, 〈아시아 유학생의 한국 유학생활 경험에 관한 내러티브 탐구〉, 《교육인류학연구》 19(3), 2016, 153~183쪽.

병을 달래고 중남미 음식과 음악을 접하기 위해 정기적으로 홍대나 이태원을 방문하였다. 이러한 공간에서 같은 언어적 · 문화적 배경을 가진 중남미동포나 일반 중남미인들과 빈번히 어울리면서, 유학생이 아닌 직장인이나 관광객을 만나기도 한다. 국내에서 스페인어, 포루투갈어는 전공자 외에는 학습용 언어가 아니라 친구들을 사귀고 교류하는 데 이용되는 사회적 기능이 훨씬 강했다. 미애는 홍대에 위치한 바bar에 정기적으로 방문하여 여가 생활을 하고 여러 친구들과 교류하고 있었다.

한국에서 중남미 음식은 멕시코 음식이 많은데 한국 퓨전 아니고 전통 남미 음식은 찾기 힘들어요. 그래도 찾아다니면서 먹어요. 아르헨티나, 페루 음식점 찾아다녀요. 그리고 홍대에 자주 가는 곳은 중남미 교포, 외국인이 많은데 남미 음악 좋아하는 한국인들도 있어요. 한국에서는 라틴음악이 그렇게 대중적이지 않은데, 라틴음악을 틀어 줘서 자꾸 가게 돼요. 친구들이랑 스페인어 쓰면 라틴 사람들이랑 다 친구되고, 열 살 많은 사람들을 만나도 친구로 지내요. (미애)

종교 생활과 관련한 특이점은 중남미 이민사회에서는 한인교회가 가장 보편적이고 활성화된 한인 교류 및 네트워크의 중심축이 되고 있는 데 반해, 한국 내에서는 동포 학생들의 종교 활동이 상대적으로 활발하지 못했고 스페인어 예배에 참석하는 학생도 없었다. 일반 한국 교회를 다니거나 기존에 형성되어 있던 외국인이나 교포들을 위한 영어 예배에 다니고 있었다. 중남미동포 유학생들은 이러한 학교 외부 공간에서 획득한 사회적 관계와 지지를 통해서 한국 생활에 적응하는 데 도움이 되는 많은 심리적, 정서적, 정보적 지원을 받고 있었다.

다음으로, 온라인 매체에 친숙한 차세대의 선호를 반영하여 온라인 커뮤니티를 통한 교류가 활발하게 이루어지고 있었으며, 이것이 네트워크 형성의 구심력 요인으로 작용하고 있었다. 사회관계망social network service이란 인터넷을 기반으로 사람과 사람을 연결하고 정보 공유, 인맥 관리, 자기표현 등을 통해 타인과의 관계를 관리할 수 있는 서비스로서 개인 간 커뮤니케이션을 촉진하고 사회적 네트워크 형성을 가능하게 한다.[49] 인터넷은 사회 네트워크의 속성을 변화시키고 개인의 일상 활동에까지 영향을 미치고 있다. 연구참여자들은 교우 관계를 유지하고 유학지에서의 일상생활을 영위하기 위해 정보 습득과 공유의 보조 도구로서 인터넷 매체에 더욱 주목하고 있었다. 미애는 온라인을 통한 인맥 유지 및 확장에 대해 이렇게 얘기한다.

　다른 학교 다니는 친구들도 많아요. 과테말라 교포들이 한국에 많은데 개인적으로 연락하고 페이스북facebook으로 누가 어느 학교 들어갔는지 소식 듣고, 그리고 한국 와서 다 같이 만나요. 교포들은 약간 교포 커뮤니티가 따로 있는 것 같아요. 교포들끼리는 서로 다 아는 사이에요. (미애)

국내 중남미 유학생들의 온라인 활동 공간인 '재한 멕시코유학생

49　서효붕·서창갑, 〈중국인 유학생들의 SNS 활용에 관한 연구〉, 1150쪽.

모임Mexican Students Association-South Korea'은 임원진을 비롯하여 회원 대부분이 멕시코 현지인이지만, 회장과 일부 회원은 멕시코 동포 청년이다.[50] 재한 멕시코 유학생 모임을 통해 오프라인뿐 아니라 온라인에서 국내 멕시코 유학생들 간의 정보 교환 및 친목 도모가 이루어지고 있었다. 재한 멕시코 대사관이나 각 대학의 스페인어과와 공동 주최로 멕시코 문화행사를 진행하기도 했으며, 2017년 10월 멕시코 지진 피해 구호성금을 모금하면서 관심과 활동 범위 면에서 상당히 초국적인 면모를 보였다.

한편, 재외동포재단 초청 장학생들은 출신 지역별로 네트워크를 만들어 활동 중이었는데, 그중 '재외동포재단 남미/중남미' 페이스북 그룹도 있다. 과거와 현재 재단 장학생 64명이 회원으로 활동 중이었으며, 카카오톡 단체 채팅방과 연동하여 유학 생활에 필요한 실질적인 정보와 모임 사진을 공유하고 있었다.[51] 주요 행사의 조직이나 후원은 대사관이나 재외동포재단 같은 해당 기관이 주최하지만 학생들이 적극적으로 참여하고 때로는 학생들이 중심이 되어 활동을 진행하였다. 재외동포재단 장학생으로 선발된 학생들은 재단으로부터 생활비 등의 물적 지원을 받을 수 있을 뿐만 아니라 재단 주최 행사에 참여할 수 있다. 그리고 재외동포재단에서 운영하는 국내 체류 동포 대학생들의 자원봉사단체인 'OKFriends 봉사단'을 통

---

50 '재한 멕시코유학생 모임Mexican Students Association-South Korea' 페이스북 페이지 https://www.facebook.com/MexicanStudentsAssociationSK. (접속일 2021년 5월 21일).

51 '재외동포재단 남미/중남미' 페이스북 페이지 https://www.facebook.com/groups/813510085358652/. (접속일 2021년 5월 21일).

해 세계한상대회, 세계한인회장대회, 세계한인 차세대대회 등에 참여하여 행사 보조 및 통역을 맡고 타 지역 동포와 교류하였다.[52] 특히 장학생들을 위한 한국 역사 문화 체험행사에 참여함으로써 한국 문화와 한인으로서의 정체성 함양에 도움을 받았다고 하였다. 하지만 장학생 중심으로 지원이 이루어지고 있어, 재외동포재단 차세대 정책과 프로그램, 지원 단체 등과 미처 사회적 네트워크를 형성하지 못한 일반 중남미동포 유학생들은 관련 활동에 참여하고 있지 못했다. 연구참여자들은 전반적으로 학생들 간의 네트워크 외에는 유학생활에 실제적인 지원을 받을 수 있는 곳이 부재하다고 하였다. 도미니카공화국에서 유학 온 은미는 학교 차원의 동포 학생 지원에 관해서 다음과 같이 설명한다.

입학 시 특례입학 외에 교포 학생들만을 위한 학교 차원의 지원은 없는 것 같아요. 저희는 100퍼센트 한국인도, 100퍼센트 외국인도 아니니까 그게 애매해요. 가끔씩은 외국인 취급을 당하고 가끔은 한국인 취급을 당하니까요. 외국인 학생 담당 부서는 있는데, 교포 학생은 따로 갈 데가 없어요. 만약 제가 일반행정실에 가서 제가 재외국민인데 수업을 못 따라가겠다고 했을 때 사실상 그들이 해 줄 수 있는 일은 없어요. (은미)

---

52 'OKFriends 봉사단' 페이스북 페이지 https://www.facebook.com/0kfriends/. (접속일 2021년 5월 21일).

상호문화적 다양성intercultural diversity 기반
고등교육의 국제화

국내 대학에서 수학 중인 중남미 출신 한인동포 학생들의 사회적 관계와 네트워크를 분석한 결과 두드러진 특징은 다음과 같다.

첫째, 중남미동포 학생들은 언어와 문화적 면에서 친숙함을 느끼는 중남미 언어권, 영어권 출신 동포나 일반 외국인들과의 교류가 매우 활발했다. 유학생들의 사회적 관계 형성에서 언어가 중요한 역할을 하고 있고, 일례로 호주에서 유학 중인 중국 유학생들은 동남아 화교들과 중국어를 매개로 교류하며 심적 안정감과 동질감을 느낀다.[53] 이처럼 동일한 언어문화적 배경을 바탕으로 유학생들이 강한 결속을 맺기도 하는데, 타 지역 출신들에 비해 중남미동포 유학생들은 다소 폭넓은 다중언어와 다중문화 배경을 가지고 있어서 친밀하게 교제할 수 있는 집단의 범위가 상대적으로 넓은 편이었다. 한국 입국 전 핵심적인 인맥은 가족과 친지, 그리고 본인이 성장한 특정 도시나 국가의 한인 이민사회에 국한되어 있는 경우가 많았고, 이들을 통해서 유학 의사 결정과 준비에 필요한 유용한 정보와 조언을 얻었다. 한국 입국 후에도 이 기존 인맥이 지속되기도 하고, 이들을 통해 사회적 네트워크가 빠르게 확대되었다. 한편 연구참여자들은 한

---

53 Gomes, Catherine, "Negotiating Everyday Life in Australia: Unpacking the Parallel Society Inhabited by Asian International Students through their Social Networks and Entertainment Media Use," pp. 515-536.

〈표 2〉 연구참여자의 사회적 네트워크의 구분

시기 (거주국)	구성원·거점	활용 내용
유학 전 (중남미)	가족, 친척, 지인 한인 이민사회 인맥 현지 한국대사관	• 유학 여부, 유학지 선정 • 한국 내 학교 및 학과 선택 • 유학 준비 및 입학 절차 정보 • 장학금 정보
대학 입학 전 (한국)	한국어어학당	• 한국 유학 생활 관련 정보 • 특정 학교, 과에 관한 경험 공유 • 학과 선택 및 입학 절차 정보
대학 입학 후 (한국)	캠퍼스 내: 강의, 유학생 지원 동아리	• 같은 나라, 동일한 지역 출신 선호 • 영어권 출신 유학생 선호 • 정서적, 사회적 지지 • 유학 생활 정보와 문제 해결
	① 정부기관: 재외동포재단, 멕시코 대사관 ② 종교기관: 영어·한국어 예배	• 재외동포재단 행사에서 통역 봉사 • 재외동포 초청 장학생들과의 교류 • 재한 중남미 유학생들과의 교류 • 종교 생활 공유
	혼종문화공간: 라틴바, 클럽, 레스토랑	• 스페인어권, 영어권 동포·외국인과 교제 • 정서적, 사회적 지지 • 중남미분화 향유

국 입국 후에 중남미 출신국별로 어울리기도 하지만, 브라질을 제외
한 대부분의 중남미 나라에서 공용어로 사용하는 스페인어를 바탕
으로 지역 단위로 연결망을 형성하고 있었다. 또한, 우수한 영어 능
력을 바탕으로 유럽이나 영어권 외국인들과도 활발하게 교류했다.

중남미동포 학생들은 캠퍼스뿐 아니라 서울의 도시공간에서 이루
어지는 종교 활동과 여가 활동을 통해서 본인이 성장한 특정 중남미
출신국 이민사회 인맥을 비롯하여 다른 중남미 국가 출신 한인동포

와 일반 외국인들과 접촉 및 교류하였다. 출신 국가(지역)의 문화 네트워크에서 동일한 언어와 음식 등 문화적 요인은 구성원의 결속에 있어 중요한 역할을 한다. 중남미동포들은 중남미 음식과 대중문화(라틴 음악, 춤)를 함께 소비함으로써 중남미 친구들과 향수병을 달래고 결속을 다지며, 유학생뿐 아니라 다양한 연령대와 직업을 가진 일반 외국인들을 만나 친분을 쌓았다.

둘째, 중남미동포 학생들은 다양한 미디어 매체와 온라인을 통한 사회적 관계 형성이 활발하였다. 온라인을 통한 교량적 연결망 형성이 유학생의 한국 적응에 미치는 영향에 대해 연구한 김경희·유해진(2008)에 따르면, 국내 아시아 유학생들의 경우 같은 국적끼리 대인관계를 형성하는 유유상종homophily의 모습을 보였으며 모바일폰 이용이 그러한 현상을 강화하는 것으로 나타났다. 유학생들이 유유상종 네트워크를 통해 사회적 연결 욕구를 충족하고 심리적 안정감을 획득하며, 체류 기간이 길어짐에 따라 현지인과의 교류 부족도 극복할 수 있을 것으로 기대된다.[54] 이에 반해, 한혜경(2011)은 동일 국적 유학생 규모가 커질수록 모바일폰을 통해 강화되는 유유상종 네트워크는 유학생들의 현지 부적응을 증가시키는 요인으로 작용할 가능성이 높다고 본다. 모바일폰이 단순히 같은 국적 유학생 간의 의

---

54 김경희·유해진, 〈재한 아시아유학생의 사회적 맥락과 모바일폰 이용에 대한 탐색적 연구〉, 《한국방송학》 22(2), 2008, 47~81쪽; 한혜경, 〈재한 몽골 유학생들의 문화적응과 모바일 폰 이용에 관한 연구〉, 《동북아시아문화학회 국제학술대회 발표자료집》 5, 2011, 188~191쪽; Yang, Ting et al., "International Students' Socialization and Social Support: In Case of Chinese Students in South Korea," pp. 379-398.

사소통을 용이하게 만드는 데 그치지 않고, 나아가 의사소통이 어려운 현지인들과의 의사소통을 사전에 적극적으로 차단하는 역할도 하기 때문이다.[55] 본 연구 결과에서도 오프라인에서와 마찬가지로 온라인을 통한 관계 형성은 유학 전부터 알거나 혹은 한국에서 새로 사귄 같은 중남미동포 유학생들과 제일 활발했으며, 그 다음으로 중남미나 영어권 국가 출신 일반 외국인들과의 교류가 활발했다. 중남미동포 유학생들은 재외동포재단 장학생 중에서 중남미 출신이나 재한 멕시코 유학생 모임과 같은 외국인 유학생들과 오프라인의 연장선에서 카카오톡이나 페이스북 등을 통한 온라인 교류에 적극적이었고 이들을 통해 정서적 지지와 유용한 정보를 얻었다. 하지만 국내외 선행 연구에 의하면, 유학생들이 같은 국가 출신 유학생들, 특히 국내 중국 유학생의 경우 중국 출신들끼리만 사회적 관계를 형성하고 내국인과의 접촉이나 교제는 미흡했다.

셋째, 본 연구의 분석 결과에서도 중남미동포 학생은 내국인들과 교류가 매우 미흡했다. 이러한 연구 결과를 바탕으로, 국내 대학의 고등교육 국제화 노력에 시사점을 제공하고, 중남미동포 교육이주자들의 한국 생활 적응과 건설적인 미래 계획 구상에 도움을 줄 수 있는 정책적 제언을 하고자 한다. 한국의 고등교육 국제화는 초기에 유학생 수의 양적 증대에만 심혈을 기울이던 단계에서 진일보하여서, 최근에는 정부와 학교가 유학생의 질적 관리와 지원을 위해 노력을 경주하고 있다. 또한, 재외동포재단에서도 한국에 체류하고 있

55　한혜경, 〈재한 몽골 유학생들의 문화적응과 모바일 폰 이용에 관한 연구〉, 188~191쪽.

는 동포 차세대들을 대상으로 다양한 행사를 진행하고 있다. 한편, 유학생 네트워크는 다양한 층위에서 초국적 형태를 띠고 있으며, 국내 외국인 및 동포들을 중심으로 활발한 활동을 펼치고 있으나 여전히 내국인 학생들과의 교류는 미흡한 편이다. 즉, 당장 함께 수업을 듣고 팀프로젝트를 해야 하는 내국인 학생들과 동포 유학생 사이에 상호이해와 교류가 부족한 상황이다. 고등교육 국제화 관련 선행연구에서 한국의 캠퍼스 내 외국인 비율과 영어 강의가 증가하면서 '구조적 다양성structural diversity'은 이루었지만 진정한 의미의 '상호문화적 다양성intercultural diversity'으로 진전하지는 못했다는 평가와 일맥상통한다.[56] 한국의 다양성에 대한 인식과 교육 부족에 대해 연구참여자 진희는 도미니카 공화국에서의 경험과 비교하여 다음과 같이 말했다.

> 한국인들과 문화 차이를 많이 느꼈어요. 도미니칸에서 다녔던 국제학교는 워낙 배경이 다양하고 국적도 다양하니까, 다양성이라든가 인종차별에 대한 교육을 학교에서 많이 해 주는 편인데 여기서는 다양성이 많이 부족한 것 같아요. 그래서 그런 주제에 관해서 여기서 차별적인 반응을 들으면 너무 깜짝 놀라요. 폐쇄적인 느낌이 들어요. 본인도 차별이라고 생각하지 않고 동포나 외국인들을 비하하는 발언을 한다든가 일반화하는 것을 들었을 때 깜짝 놀랐어요. (진희)

---

56 Moon, Rennie J., "Internationalisation without Cultural Diversity? Higher Education in Korea," *Comparative Education* 52(1), 2016, p. 99.

동포 및 일반 외국인 유학생의 증가는 다문화사회의 저변을 확대시키며, 동포 유학생들은 글로벌 역량을 갖춘 미래 인재로 성장할 가능성이 큰 집단이라는 점에서 우리나라의 경제성장이나 사회 발전의 동력이 될 수 있다. 이처럼 다문화 경험과 다중언어 능력을 겸비한 중남미동포 차세대들을 국가 간 경제·문화적 교량 역할을 하는 국제적 인재로 양성할 필요가 있다. 동포 학생들의 유학 생활 만족도를 높이고 이들이 한국과 내국인에 대하여 긍정적인 태도를 갖도록 하기 위해, 호의적인 태도와 적극적인 사회적 지지 네트워크 연계를 제안한다. 내국인 학생들과의 교류를 더욱 활성화하고, 동포들만의 특수한 이주 경험과 문화적 상황에 대한 이해가 선행된 지원 프로그램을 제공해야 할 것이다. 또한, 학교 차원의 멘토링 프로그램 확대 및 전문 상담자가 동포 학생들이 학교생활에 잘 적응할 수 있도록 지원하는 제도도 마련해야 할 것이다. 내국인, 외국인 학생 모두를 대상으로 다문화 및 문화 간 이해 함양 교육을 확대 실시하여, 동포 역사와 동포 차세대들의 다문화적 배경에 대한 이해를 함양할 필요가 있다. 동포 유학생들이 한국 대학에 잘 적응하여 만족할 수 있도록 실질적인 지원책을 마련하고 효과적으로 관리함으로써, 동포 학생들의 유학 생활이 보다 원활해질 것으로 판단된다. 유동성이 높은 중남미 출신 차세대 동포들이 미래 거주국과는 상관없이 한국 유학 경험을 통해 한국과 실제적인 혹은 심적 연계를 확립할 수 있도록 해야 할 것이다. 본 연구는 재한 중남미동포들의 사회적 연결망 분석을 통해 이들이 모국 수학 과정에서 겪는 전반적인 적응 상황과 사회적 관계의 양상을 살펴봄으로써, 한국 고등교육 기

관에서의 동포 유학생을 이해하는 연구를 시도하였다는 데에 의의
가 있다.

참고문헌

윤광일 외,《이민자 네트워크 해외사례 및 국내적용방안 연구》, 2016 법무부 연구
　　용역 보고서, 2016.
주종택, 〈브라질 한인사회의 성격과 한인들의 민족관계〉, 문옥표 외,《해외한인의
　　민족관계》, 아카넷, 2006.
한국교육개발원,《간추린 교육통계 2020》, 한국교육개발원, 2020.
허성태 · 임영언, 〈중남미 한인〉,《글로벌 디아스포라와 세계의 한민족》, 북코리
　　아, 2014.

김경희 · 유해진, 〈재한 아시아유학생의 사회적 맥락과 모바일폰 이용에 대한 탐
　　색적 연구〉,《한국방송학》 22(2), 2008.
김민경, 〈중국인 유학생의 문화적 요인, 사회심리적 요인과 행복과의 관계〉,《청
　　소년시설환경》 13(1), 2015.
김서정, 〈아시아 유학생의 한국 유학생활 경험에 관한 내러티브 탐구〉,《교육인류
　　학연구》 19(3), 2016.
김영철, 〈아르헨티나 재외동포 1.5세의 역이민과 정착 연구〉,《한국민족문화》 60,
　　2016.
김형재 · 최욱, 〈중국인 유학생의 한국 대학 선택 요인에 관한 연구〉,《유라시아연
　　구》 9(3), 2012.
남순현, 〈중국유학생의 학년별 학교생활적응유형분석 및 문화적응전략과 문화정
　　체감이 학교생활적응에 미치는 영향〉,《教育心理研究》 24(4), 2010.
박소진, 〈한국 대학과 중국인 유학생의 동상이몽: 서울과 지방 소재 사립대학 비
　　교〉,《韓國文化人類學》 46(1), 2013.
박원석, 〈한인 이주민의 정착과정에서의 한인네트워크 역할 및 활용 방안〉,《한국
　　지역지리학회지》 21(2), 2015.
박채순, 〈아르헨티나 한인 동포의 再移住에 관한 연구〉,《이베로아메리카》 11(2),

2009.

서성철, 〈라틴아메리카와 한국인 이민: 아르헨티나 한인사회와 현지적응〉, 《라틴아메리카 연구》 18(3), 2005.

서정경, 〈중국동포의 귀환과 한국사회의 과제〉, 《디아스포라연구》 8(1), 2014.

서효붕·서창갑, 〈중국인 유학생들의 SNS 활용에 관한 연구〉, 《산업경제연구》 24(2), 2011.

선봉규, 〈일본 오사카 재일한인의 현지 사회적응 양상에 관한 연구: 사회적 네트워크를 중심으로〉, 《인문사회 21》 7(4), 2016.

신선희·유문무, 〈재한在韓 중국유학생의 대학생활 적응경험에 대한 질적 연구〉, 《홀리스틱교육연구》 18(2), 2014.

안재섭, 〈서울시 거주 중국 조선족의 사회·공간적 연결망: 기술적 분석을 중심으로〉, 《한국사진지리학회지》 19(4), 2009.

윤인진 외, 〈재외동포에 대한 국민인식: 한민족의식, 다문화 수용성, 접촉 경험의 효과〉, 《統一問題硏究》 27(1), 2015.

이규은 외, 〈중국 유학생의 문화적응스트레스와 사회적 지지가 주관적 삶의 질에 미치는 영향〉, 《한국간호교육학회지》 17(3), 2011.

이명재, 〈국외 한인소설에 나타난 디아스포라 양상〉, 《현대소설연구》 48, 2011.

이상우, 〈중국 칭다오 조선족 이주자의 민족네트워크 실태 분석〉, 《디아스포라연구》 11(2), 2017.

이종구·임선일, 〈재중동포의 국내 정착과 취업네트워크〉, 《산업노동연구》 17(2), 2011.

이창호, 〈이주민 일상 속의 사회적 연결망 연구: 필리핀, 베트남 및 중국조선족 이주민의 사례를 중심으로〉, 《디아스포라연구》 7(2), 2013.

이홍직, 〈재한 중국인 유학생의 우울에 영향을 미치는 요인에 관한 연구: 인구사회학적 특성, 한국어 능력, 문화적응 스트레스, 사회적지지 요인을 중심으로〉, 《한국웰니스학회지》 7(3), 2012.

전형권·이소영, 〈국제결혼이주자들의 사회적 연결망과 초국가성: 광주·전남지역 여성 결혼이민자 사례를 중심으로〉, 《한국동북아논총》 68, 2013.

정경희·황지영, 〈재한 중국인 유학생의 인터넷 문화: 유학 그리고 중국인 되기〉,

《社會科學硏究》25(1), 2012.

조혜영, 〈해외동포 모국수학생에 대한 연구: 중국동포 학생들의 모국관 및 민족관을 중심으로〉, 《在外韓人硏究》12(1), 2002.

주휘정, 〈외국인 유학생의 국내대학 학습경험에 관한 질적 연구〉, 《敎育問題硏究》36, 2010.

최금좌, 〈재브라질 한인사회와 문화정체성〉, 《디아스포라연구》6(1), 2012.

최병두·박은경, 〈외국인 이주자의 기본활동 공간에서의 일상생활과 사회적 관계〉, 《현대사회와 다문화》2(1), 2012.

최병두·정유리, 〈결혼이주자의 이주 및 정착과정에서 나타나는 사회적 네트워크 변화에 관한 연구〉, 《현대사회와 다문화》5(1), 2015.

최윤희·이정은, 〈재한 중국유학생의 지각된 차별과 대학생활 적응 연구〉, 《대학생활연구》22(1), 2016.

한혜경, 〈재한 몽골 유학생들의 문화적응과 모바일 폰 이용에 관한 연구〉, 《동북아시아문화학회 국제학술대회 발표자료집》5, 2011.

Portes, Alejandro, ed., *The Economic Sociology of Immigration: Essays on Networks, Ethnicity, and Entrepreneurship*, New York: Russell Sage Foundation, 1995.

Oxfeld, Ellen & Lynellyn D. Long, "Introduction: An Ethnography of Return," in Long, Lynellyn D. and Ellen Oxfeld(eds.), *Coming Home? Refugees, Migrants, and Those Who Stayed Behind*, Philadelphia: University of Pennsylvania, 2004.

Tsuda, Takeyuki, "Introduction: Diasporic Return and Migration Studies," in Tsuda, Takeyuki(ed.), *Diasporic Homecomings: Ethnic Return Migration in Comparative Perspective*. Stanford University Press, 2009.

Bae, Jin Suk, "New York Koreans from Latin America: Education, Family, and Class Mobility," *Journal of British & American Studies* 30, 2014.

Beech, Suzanne E., "International Student Mobility: The Role of Social Networks," *Social & Cultural Geography* 16(3), 2015.

Collins, Francis, "Globalising Higher Education in and through Urban Spaces:

Higher Education Projects, International Student Mobilities and Trans-Local Connections in Seoul," *Asia Pacific Viewpoint* 22(2), 2014.

Fagiolo, Giorgio and Gianluca Santoni, "Revisiting the Role of Migrant Social Networks as Determinants of International Migration Flows," *Applied Economics Letters* 23(3), 2016.

Gomes, Catherine, "Negotiating Everyday Life in Australia: Unpacking the Parallel Society Inhabited by Asian International Students through their Social Networks and Entertainment Media Use," *Journal of Youth Studies* 18(4), 2015.

Joo, Jong-Taick, "Korean Return Migrants from Brazil: Ethnic and Economic Aspects," *Korea Journal* 47(2), 2007.

Ley, David and Audrey Kobayashi, "Back to Hong Kong: Return Migration or Transnational Sojourn?" *Global Networks* 5(2), 2005.

Ma, Ai-hsuan Sandra, "Social Networks, Cultural Capital and Attachment to the Host City: Comparing Overseas Chinese Students and Foreign Students in Taipei," *Asia Pacific Viewpoint* 55(2), 2014.

Massey, Douglas S. et al., "Theories of Migration: A Review and Appraisal," *Population and Development Review* 19(3), 1993.

Mazzarol, Tim and Geoffrey N. Soutar, "'Push-Pull' Factors Influencing International Student Destination Choice," *International Journal of Educational Management* 16(2), 2002.

Moon, Rennie J., "Internationalisation without Cultural Diversity? Higher Education in Korea," *Comparative Education* 52(1), 2016.

Park, Kyeyoung, "A Rhizomatic Diaspora: Transnational Passage and the Sense of Place among Koreans in Latin America," *Urban Anthropology & Studies of Cultural Systems & World Economic Development* 43(4), 2014.

Yang, Ting et al., "International Students' Socialization and Social Support: In Case of Chinese Students in South Korea," *Journal of Institute for Social Sciences*, 24(2), 2013.

Volet, Simone and Grace Ang, "Culturally Mixed Groups on International Campuses: An Opportunity for Inter-Cultural Learning," *Higher Education Research & Development* 17(1), 1998.

|2부|
디아스포라 삶의 재현 방식과 미디어

2000년대 일본 대중문화에 재현된
'재일 남성상' 고찰
: 영화《GO》와《피와 뼈》에 주목하여

이승진

| 이 글은 《일본학》 제43호(2016.11)에 실린 원고를 수정 및 보완하여 재수록한 것이다. |

재일텍스트 소비 붐과 일본 사회

가네시로 가즈키金城一紀의 소설 《GO》는 재일조선인[1] 문학에 새로운 바람을 불러왔다는 평가와 함께 2000년 나오키상直木賞을 수상한다. 이 소설은 이듬해 영화화되어 제25회(2002) 일본 아카데미영화제에서 우수작품상을 포함해 14개 부문을 수상하고, 같은 해 미국 아카데미영화제 외국어작품상 부문에 일본 대표작으로 출품되는 등 대중과 평단 양쪽의 호응을 이끌어 내는 데 성공한다. 나아가 작품의 성공은 만화 등 인접 대중문화로 재소비되는 현상마저 불러일으킨다. 문학과 대중문화 영역 양쪽에서 실질적인 성공을 거둔 최초의 재일문학 작품이자, 재일텍스트에 대한 일본 내 소비 방향을 질적으로 전환시킨 사례라는 점에서 《GO》의 출현은 주목할 만하다.

2000년대를 전후하여 대중적인 인지도를 확보해 가던 재일 2세 작가 양석일梁石日의 소설 《피와 뼈》(1998)는 《GO》와 유사한 행보를 보인 작품으로 평가할 수 있다. 해방 이전인 1930년대부터 1980년대에 이르기까지 2대에 걸친 재일의 삶을 생생하게 조명한 이 작품은 발표되자마자 소설 애호가들의 관심을 끌면서 작가의 대표작으로 자리 잡는다. 2004년에는 현대 일본 대중문화의 아이콘 중 하나

---

[1] 일본에서 조선인과 그들의 후손을 부르는 용어는 매우 다양하다. 이 글에서는 정치적인 분단 상황을 반영하지 않고, 한반도에 민족적 뿌리를 두었다는 의미에서 '재일조선인'이라는 명칭을 사용하고자 한다. 단, 표기의 편의상 '재일조선인 문학', '재일조선인 사회', '재일조선인 텍스트'는 각각 '재일문학', '재일사회', '재일텍스트'로, 또한 1세대, 2세대, 3세대는 1세, 2세, 3세로 약칭할 것이며 인용부호 또한 생략한다. 명칭과 세대 구분에 대한 논의는 이 글에서 다루지 않는다.

인 기타노 다케시北野武가 주연을 맡고, 대형 영화사인 쇼치쿠松竹가 제작에 참여하여 영화화되면서 일본 사회에서 화제를 모은다. 이듬해 열린 일본 아카데미영화제에서는 최우수감독상을 포함하여 4개 부문을 수상하였고, 마찬가지로 미국 아카데미영화제 외국어작품상 부문에 일본 대표작으로 출품되는 등 영화《피와 뼈》또한 대중과 평단 양쪽에서 가시적인 성과를 거둔다. 나아가 만화 등 인접 장르로 작품의 소비가 이어지는 모습은,《GO》에서 시작된 재일텍스트에 대한 일본 사회의 새로운 소비 행태가《피와 뼈》에서 '유사하게' 답습되고 있음을 보여 준다.

이 두 작품을 공통적으로 묶어 주는 것은 '재일사회'와 '아버지(남성)'라는 요소이다. 양석일의 작품은 불가해하면서 폭력적인 이미지를, 가네시로 가즈키의 작품은 보수적이면서도 이상화된 이미지를 작품 속 '아버지'에게 부여하면서 '재일의 역사'를 상징하는 존재로 등장시킨다. '아버지의 이야기'를 주인공인 아들이 조망하면서 '자식들의 이야기'의 향방을 묻고, 이를 통해 '재일'이라는 주제를 견인해 가는 구조를 두 작품은 유사하게 가지고 있다. 그런데 '아버지'라는 요소에 '재일의 역사'를 중첩해 가는 과정은 기존 재일텍스트들이 관습적으로 보여 온 모습이기도 하다. 2000년대 초반 나타난 두 영화를 향한 일본 사회의 관심과 대중문화적 소비 확장을, 작품의 내용적 특징만으로 설명할 수 없는 이유가 여기에 있다. 다시 말해 일본 대중사회의 요구가 질적으로 변용했고, 그 결과 두 작품에 대한 일본 대중들의 '승인'이 이루어졌을 가능성이 충분히 존재하는 것이다. 그리고 이때 소설 작품이 영화라는 장르로 표현의 장을 옮겨 가는 과정에서 부수하는 '재현'의 의미가 중요하게 떠오른다. 재일텍스트에 대한 일본 사회 소비 양태의 변화가 이 두 작품을 바라보는 대중적 지지의 주요 원인이라고 전제할 때, 제작 과정에서 일본 대중들을 향한 이야기로 작품이 '어떻게' 재현되었는가를 살펴보는 것이야말로 이 현상을 이해할 수 있는 핵심 단서일 것이기 때문이다.

이 글은 이러한 문제의식에서 소설 《GO》와 《피와 뼈》의 영화적 재현 양상에 주목한다. 주로 두 작품을 잇고 있는 '아버지'(남성) 이미지가 영화 속에서 어떠한 방식으로 구성되면서, 2000년대 일본 대중들에게 호소할 수 있었는지에 주목하여 그 배경과 의미를 살펴볼 것이다.

《GO》, 가부장적 이미지의 재현과 소비

가네시로 가즈키의 소설 《GO》는 한일 양국에서 대부분 우호적으로 평가되어 왔다. 작가는 나오키상 수상 이후 이루어진 잡지 인터뷰에서 "확신범적으로 하려고 했습니다"라고 언급한 뒤, "모두가 좋은 집 안에 갇혀 있었다는 느낌이 들었습니다. 일반인이 아닌, 인텔리를 대상으로 글을 쓰고 있는 것 같은 느낌이 들었습니다"라는 표현을 통해 기존 재일문학과 뚜렷하게 차별되는 작품 창작을 의도하였음을 밝히고 있다.[2] 등장인물들의 '불우 의식'을 '이념'이라는 요소

2　林真理子・金城一紀, 〈マリコのここまで聞いていいのかな〉,《週刊朝日》408,

와의 관계 속에서 주로 묘사해 온 기존 재일문학의 문법에 대한 강한 반감을 엿볼 수 있는 발언으로, '지정석의 파괴'[3]라는 표현으로 상징되는 이 같은 작가의 작품 세계에 국내외 연구자들 다수는 호의적으로 반응한다. 가령 이케가미 다카유키는 "가네시로 가즈키는 소년과 그 주변 사람들을 역사의 집착에서 해방시켜 주는 것, 그것이 자신이 생각하는 '일본인'과의 투쟁이라고 선언하고 있는 듯하다"[4]고 언급한다. 일본을 역사적 대립 항으로 규정짓고, 그 관계에서만 포착해 온 재일조선인의 주체성을 새로운 방식으로 모색했다는 점이 긍정적으로 읽히고 있음을 보여 주는 대목으로, 일부 비판적인 관점이 존재하기는 하나[5] 작품에 대한 높은 평가는 한국에서도 상당 부분 이어져 왔다고 할 수 있다.[6]

2000 · 10 · 27, p. 53.

3 金城一紀 · 小熊英二, 〈対談 : それで僕は"指定席"を壊すために《GO》を書いた〉, 《中央公論》116巻11号, 2011 · 11.

4 井家上隆幸, 〈エンターティンメント小説の現在〉, 《図書館の学校》 9, 2000.9, p. 43.

5 가령 윤상인은 〈전환기의 재일 한국인 문학〉(《재일 한국인 문학 · 홍기삼 편》 동국대 일본학연구소 일본학총서 2, 솔, 2001, 101쪽)에서 "참신한 시각과 세련된 언어를 앞세워 재일 한국인 문학의 새로운 지평을 열었지만, 안이한 이상주의와 대중문화적 감각에 의존하여 엄존하는 '재일'의 현실을 비켜 나가고 있다는 비판의 소지를 남겼다"라는 표현으로 그 가능성과 한계를 동시에 지적한다. 또한 이승진은 〈가네시로 가즈키 《GO》론─경계의 해체인가 재구성인가〉(《日本語文學》 56, 2013, 197쪽)에서 "문제는 작가가 그려 내는 인물들이 지나치게 이상화된 인물로 설정됨으로써, 작품 속에 엄존하는 재일의 현실이 간단하게 대처 가능하며 얼마든지 개인적 층위에서 해결 가능한 대상으로 그려지는 데 있다"라고 언급하며, 가네시로 가즈키 작품이 표방하는 '새로움'의 한계에 주목한 바 있다.

6 예컨대 황봉모의 〈소수집단으로서의 재일 한국인문학─가네시로 가즈키 《GO》를 중심으로〉(《日語日文学研究》 48, 2004)와 김광수 · 박정이의 〈가네시로 가즈키(金

그런데 학술적 논의 공간에서 주목받아 온 소설《GO》가 일본 대중들의 눈에 본격적으로 들어오게 된 계기는, 소설 발표 후 얼마 지나지 않아 제작된 영화의 성공이었다. 한국과 일본이 공동 제작한 영화는 2001년 '기네마순보상'을 시작으로 제25회 '일본 아카데미 우수작품상', 제56회 '매일영화콩쿠르 일본영화 우수상', 제23회 '요코하마영화제 작품상' 등 주요 영화제의 상을 휩쓸면서 대중성과 예술성이라는 두 마리의 토끼를 잡는 데 성공한다. 더불어 시나리오 각색을 맡은 구도 간쿠로宮藤官九郎가 이 작품을 계기로 연출 · 감독 · 배우 · 작사가 · 방송작가 등 다양한 분야로 활동 영역을 넓혀 가고, 감독 유키사다 이사오行定勳, 주연 배우 구보스케 요스케窪塚洋介와 시바사키 코우柴咲コウ를 포함한 작품의 주요 구성원들이 각자의 분야에서 주목할 만한 비약을 보이는 등, 작품에 대한 일본 대중들의 '인증'은 영화와 관련한 여타 요소들에 대한 소비로 확장될 만큼《GO》의 성공 효과는 뚜렷했다.

한국에서는 상영 기간이 2주를 넘기는 극장이 없을 정도로 관심 밖

城一紀)《GO》의 방향과 그 주체》(《韓日語文論》 14, 2010), 그리고 문재원의 〈재일 코리안 디아스포라 문학사의 경계와 해체-현월(玄月)과 가네시로 가즈키(金城一紀)의 작품을 중심으로〉(《동북아문화연구》 26, 2011) 등을 들 수 있다. 이들 연구는 모두 소수 마이너리티의 연대를 새롭게 모색하는 작품으로《GO》를 우호적으로 평가하고 있다. 또한 이영미는 〈가네시로 가즈키의《고(GO)》에 나타난 '국적'의 역사적 의미〉(《현대소설연구》 37, 2008, 336쪽)에서, 3세대 작가는《고(GO)》에서 민족과 조국이라는 원죄의식에서 발전적으로 탈피하여, 운명 혹은 국가 등이 모두 '선택의 문제일 뿐'이라는 점을 강조하고자 했다는 것이다. 이를 통해 타자였던 개인은 주체화한다'라고 지적한다. 새로운 '재일문학'의 출현으로서《GO》에 대해 호의적인 평가가 한국에서도 주류를 차지해 왔음을 이들 연구를 통해 엿볼 수 있다.

에 놓여 있었던 이 영화에 대한 일본 대중들의 유례 없는 호응은 어디에서 기인하는 것일까.[7] 여기에서 떠오르는 것이 '재현'의 문제이다. 특히 작품 속에서 주조되고 있는 '남성상'이 영화와 소설 원작 사이의 질적인 차이를 만들고 있음은 주의를 끈다. 하지만 이 같은 문제의식은 한일 양국에서 찾아보기 어렵다. 이는 그동안 영화를 원작의 충실한 재현으로 보거나[8] 일정 부분 '변형적 각색'으로 본 연구[9] 대부분에

---

7 재일영화 텍스트 중 성공한 사례로 최양일 감독, 양석일 원작의《달은 어디에 떠 있는가(月はどっちに出ている)》(1993)가 이미 존재한다. 높은 작품성으로 평가받은 이 영화를 2000년대 이후 일어난 재일영화 붐의 발단으로 볼 여지는 충분하다. 다만, 이 영화는 재일을 둘러싼 다양한 요소를 우회적으로 다루었다는 측면에서, 《GO》와《피와 뼈》의 내용과는 뚜렷한 차이를 보인다. 무엇보다 영화에 대한 대중적인 관심도와 인접 장르로의 파급 등의 요소들을 고려할 때, 위의 두 작품을 둘러싼 일본 대중들의 수용 양상과는 상당 부분 결을 달리한다고 볼 수 있다.

8 이영미는〈소설의 영상화에 나타난 문화 소외의 문제〉(《시민인문학·16》, 2009, 189쪽)에서, 영화《GO》의 각색을 '충실한 각색'으로 규정하면서 '다원적 각색'과 '변형적 각색'에 비해 원작의 내용을 거의 대부분 면밀하게 표현한 작품으로 평가한다. 또한 이병담은〈《GO》의 소설과 영화에 나타난 서사성과 대중성을 통한 이미지 변화〉(《일본어문학회 국제학술대회 발표집》2006, 200쪽)에서 "원작을 거의 훼손함이 없이 90년대의 차별과 이데올로기에 집착하지 않고, 청소년기의 연애 감정을 통해 환상적인 영상을 더욱 돋보이게 한《GO》영화는, 현실의 문제를 자각케 할 뿐만 아니라 세대 간이나 민족 간, 국가 간의 이데올로기 문제를 반영시켜 일본 평단과 독자들로부터 큰 호응을 일으킨 2001년 최대의 걸작이었다"라고 지적하고 있다. 나아가 石村加奈는〈ボーダーを越えて' 広い世界へ'フライ,金城,フライ」〉(《キネマ旬報·1432》, 2005 · 7, p. 45)에서 "좋은 소설일수록 독자가 자유롭게 이미지를 부풀릴 수 있는 힘을 지니고 있기에, 구체화(영상화)하는 것은 곤란한 작업이다. 가네시로가 그리는 작품 세계는 심플한 데다 완벽하게 완성되어 있다"라고 언급하면서, 가네시로 가즈키 작품이 영상화하는 데 최적화된 작품이라고 주장한다. 이들 연구 모두 원작 소설과 영화의 유사성에 착목하여 논의를 전개한다는 점에서 공통점을 보인다.

9 박정이는〈영화《GO》에 나타난 '재일' 읽기〉(《일어일문학 · 54》, 2012, 416쪽)에서 "원작의 순차적 시간 흐름과 달리 여자 주인공인 사쿠라의 시선을 영화 도입부에 넣음으로써 연애를 중심으로 한 이야기를 구성했다는 기법상의 차이가 있다"라고 지

서 발견할 수 있는 특징으로, 기존 연구들이 원작 소설을 '참신함'으로 규정한 평가의 연장선에서 영화를 해석했기 때문으로 판단된다.

원작 소설과 마찬가지로 영화 《GO》는 '가족'과 '친구', 그리고 일본인 여성 사쿠라이와의 관계가 모두 주인공 스기하라의 '자의식'의 위기를 해결하기 위한 단서로 기능한다는 점에서 전형적인 성장담의 구조를 띠고 있다. 물론 "데이트 약속 장소가 일본 국회의사당 앞이 된 것도, 동물원에서 데이트를 한 것도 사쿠라이의 결정에 의한 것이며, 사실 스기하라에게 교제를 신청한 것도, 관계를 거절한 것도, 그리고 다시 재회를 시도한 것도 사쿠라이에 의해서이다. 스기하라는 적어도 이 연애에 있어서만큼은 철저히 종속적인 입장을 견지하고 있다"[10]라는 박정이의 지적처럼, 작품의 도입부와 마지막을 스기하라와 사쿠라이의 만남과 재회로 구성하면서 '연애 이야기'를 표면에 내세우고 있다는 점을 원작과 영화 사이의 커다란 차이로 볼 여지는 있다. 하지만 스토리 전개 과정에서, '연애'가 스기하라의 내적 고민을 부각시키기 위한 장치로만 주로 기능하며, 여전히 둘 사이의 관계에 대한 고민 대부분이 주인공에게 집중되어 있다는 사실은, 영화 또한 연애가 아닌 스기하라의 성장에 초점을 맞추고 있음은 명확하다.

한편 작품에서 남성 등장인물들의 묘사는 비교적 큰 폭의 변화를 보인다. 특히 '아버지'와 '친구' 등 원작에서 주인공의 심경 변화에 크게 관여한 인물들의 이미지가 유의미한 변용을 거치면서, 그 역할

적하며, 원작과 영화 사이 이야기 전개의 차이를 '연애'를 키워드로 추찰하고 있다.

10 박정이, 〈영화《GO》에 나타난 '재일' 읽기〉, 417쪽.

이 축소 내지 확대되고 있음은 주목을 끈다. 먼저 원작에 등장하는 남성 인물들을 살펴보면, 주인공 부자를 중심으로 민족학교 시절부터의 친구인 정일과 원수, 그리고 수세미 선배와 일본 학교에서 만난 야쿠자 친구 가토가 있다. 여기에 민족학교 시절의 선생님과 사쿠라이의 아버지, 택시 운전사까지 의미있는 캐릭터로 등장한다는 점을 감안하면, 작품이 기본적으로 남성을 중심으로 한 인물 조형에 치우쳐 있음을 알 수 있다. 그중에서도 원수와 수세미 선배, 그리고 가토는 주인공 스기하라의 아이덴티티 조정의 측면에서 볼 때, 원작에서 중요한 역할을 담당하고 있는 존재들이다.

그러나 수세미 선배 같으면 골을 터트릴 가능성이 있었다. 가정假定을 얘기해 봐야 아무 소용이 없지만, 만약 수세미 선배가 일본 사람이었다면 당연히 J리그의 우수한 선수가 되어 언젠가는 외국 팀의 스카우트 제안을 받아, 세리에 A나 분데스리가 같은 팀에서 눈부신 활약을 하여 돈 많은 유명 인사가 될 수 있을 것이라고 생각한다. (중략) 수세미 선배는 어떤 걸림돌에 걸렸다. 그의 최대의 자랑인 말처럼 빠른 두 다리가 정지되었다. 나는 그 얘기를 들었다.[11]

"나도 다 알고 있어. 북조선이나 조총련이나 우리를 이용해 먹을 생각밖에 하지 않는다는 거. 우리는 전혀 안중에도 없다는 거 다 알아. 하지만 나는 앞으로도 이쪽에서 열심히 뛸 거야. 이쪽에는 나를 믿어 주

11 가네시로 가즈키,《GO》, 김난주 옮김, 북폴리오, 2003, 70~71쪽.

는 친구들이 제법 많으니까. 그 녀석들을 위해서 열심히 뛰는 동안만큼은 나, 어중간한 인간이 아닐 수 없어."[12]

위의 인용은 소설에서 수세미 선배에 대해 주인공 스기하라가 술회하는 장면과, 친구 원수와의 대화 장면이다. 이들 셋은 민족학교 시절부터 일본인 경찰을 습격하거나 일본 학생들과 패싸움을 함께하며 알고 자란 사이지만, 작품의 진행과 함께 점차 다른 입장에 서게 된다. 스기하라를 후계자로 여기던 수세미 선배는 "드디어 발목 잡히고 만 거야…"라는 말이 암시하듯 일본 사회라는 벽 앞에 무릎 꿇은 존재이다. 민족학교의 전설적인 반항아조차 "발목 잡혔다"라고 토로할 만큼, 일본 사회의 시선은 재일 세대에게 끊임없이 굴종을 강요한다. 이에 비해 원수는 일본 사회와는 다른 의미에서 재일조선인 자식 세대에게 벽으로 존재하는 재일사회를 선택하는 존재이다. 원수는 자신이 속해 있는 재일사회의 낡음과 부조리함을 깨닫고 있으면서도 그곳에 머무르는 것을 선택한다. 일본 사회에 "발목 잡히지" 않기 위해 무조건적으로 드러내는 그의 '적개심'은 청년기적 위기 상황에서 맞닥뜨릴 수밖에 없는 자식 세대의 '혼돈'을 상징하기도 한다. 작가는 '같은 출발점'에서 발을 내딛지만 결국 서로 다른 방향을 바라보게 된 이들 인물의 설정을 통해, 재일사회와 일본 사회의 틈새에 끼인 재일조선인의 심경을 다층적으로 전경화시킨다. 그리고 결국 스기하라로 하여금 그 어느 쪽도 선택하지 않게 함

---

12 가네시로 가즈키, 《GO》, 227~228쪽.

으로써, 새로운 삶의 방향성을 모색하도록 추동한다. 이러한 주인공의 행보에 중요한 영향을 미치는 또 한 명의 인물이 일본인 학교에서 만난 친구 가토이다.

"내려오라구. 존공. 아니면 꼬리 감추고 네 나라로 도망칠 거야, 엉?"
가토의 눈가에 어두운 그늘이 드리웠다. 나는 가토의 팔꿈치를 놓고 말했다.
"알겠지? 나하고 너는 다르다는 거."[13]

가토는 스기하라가 일본인 학교에 진학하여 만난 유일한 친구로, 야쿠자의 자식으로 태어나 짊어져야 했던 마이너리티의 회한을 스기하라에게 투영하는 존재로 원작에서 그려진다. 막연히 느끼고 있던 동질감 때문인지 자신의 생일파티에 찾아온 스기하라에게 가토는 졸업 후 동업을 제안한다. 하지만 얼마 지나지 않아 술에 취한 일본인 친구가 스기하라를 도발하면서 '존공'이라는 멸칭을 토해 내는 장면을 목격하게 된다. 다분히 의도적인 설정이라고 할 수 있는 이 장면 직후, 가토는 "너하고 나는 다르다"라는 스기하라의 선언에 직면한다. 그리고 그 순간 가토는 재일조선인을 여느 마이너리티와 동일하게 바라보는 일본 사회의 안이함을 상징하는 역할을 떠안게 된다. '존공'이라고 부르며 차별하는 일본인이나 재일조선인의 현실을 피상적으로 바라보는 일본인이나, 본질적으로 재일조선인의 삶을 위협

---

13 가네시로 가즈키, 《GO》, 138~139쪽.

한다는 점에서 차이가 없다는 외침 앞에 서게 된 것이다. 이 선언 앞에서 같은 마이너리티로서 교감을 쌓아 온 가토와 스기하라는 각각 일본과 재일이라는 대립적인 세계를 대표할 수밖에 없다. 그런데 원작 소설은 스기하라로 하여금 "나는 다르다"는 메시지를 발언하게 한 후, 가토를 작품 후반부에서 다시 한 번 등장시킨다. 마약을 판매하다가 정학을 당한 가토는 스기하라에게 전화를 걸어 스스로에게 당당해지기 전에 하는 마지막 대화라며 다음과 같은 말을 건넨다.

> "야쿠자의 아들이란 것만으로는 안 돼. 이제. 그것만 가지고는 모자란다구. 그것만 가지고는 너를 따라잡을 수 없어. 무언가를 찾지 않으면 안 돼. 그것도 있는 힘을 다해서. 나도 상당히 힘들어. 일본 사람이란 것도 말이야."[14]

가토의 말은 스스로를 겨냥한 것이지만, 동시에 스기하라를 향한 메시지이기도 하다. 재일조선인의 아들이라는 것만으로 모자란 스기하라 역시, 끊임없이 "무언가를 찾아야 하며, 그것도 있는 힘을 다해서" 찾아야 한다는 사실에는 변함이 없다. 서로 다른 입장 차이에도 "있는 힘을 다해서" 살아가야 한다는 점에서, 가토와 스기하라에게 펼쳐진 세계는 다르면서도 또한 동일한 세계인 것이다. 가토와 스기하라 사이의 '차이'가 좁혀질 수 있는 여지가 여기에서 주어진다. 요컨대 주인공 스기하라로 하여금 재일의 자식에게 결코 쉽게

---

14   가네시로 가즈키, 《GO》, 200쪽.

주어지지 않는 이 '실마리'에 다가서도록 하기 위해, 원작 소설은 수세미 선배와 원수, 그리고 가토와 같은 인물들에게 다양한 역할과 의미를 부여하면서 이야기를 조심스럽게 견인해 가고 있는 것이다. 하지만 이처럼 중요한 장면들을 영화는 일부만 그리거나 아예 생략해 버린다. 그리고 남는 것은 치기 어리고 미성숙한 친구들과의 에피소드와 이를 통해 조형된 단선적인 남성 이미지뿐이다.

그에 비해 영화 《GO》는 부자 관계를 둘러싼 '재현'에는 충실함을 넘어 과도한 묘사로 일관한다. 가령 초반부에 오토바이를 훔쳐 타다 잡힌 아들에게 아버지가 과도한 폭력을 행사하는 장면은 원작에서 원수의 회상으로 간단히 처리되나, 영화에서는 비중 있게 삽입된다. 또한 국적을 변경하기 위해 가족을 이끌고 북한 대사관을 방문한다는 원작에 없는 에피소드가 아버지를 중심으로 새롭게 구성된다.[15] 이외에도 소설 속에서 부자를 둘러싼 장면은 예외 없이 충실하거나 과도하게 재현되는데; 이는 '부자 관계'를 중심축으로 주인공의 심경 변화를 추찰하는 구조를 영화가 전략적으로 취하고 있기 때문으로 읽을 수 있다. 즉, 원작의 복잡한 서사 구조 중 '부자' 관계에 집중하는 방식을 통해 영화적 메시지를 단순화시키려 한 것으로, 특히 작품이 친구들과는 전혀 다른 질감으로 '아버지'를 불균형하게 조형한다는 사실은 주의할 필요가 있다.

가령 원작 소설에서 '아버지'는 아들에게 재일이라는 한계에 얽매

---

15 원작에서 주인공 가족의 '국적 변경'은 민단 측 사람에게 돈으로 부탁하여 바꾸었다는 식으로 간단히 언급되어 있다.

이지 말라고 끊임없이 조언하고 행동하는 인물로 등장한다. 이 아버지는 아들을 위해 '국적 변경'을 서슴지 않을 정도로 결단력 있는 존재이자, 아들의 방황을 묵묵히 지켜봐 줄 인내심까지 두루 갖춘 인물이다. 하지만 영화는 이러한 '양의적인' 아버지에게서 자상함 내지 따뜻함을 소거하고, '신체성'을 일방적으로 강조하는 형태로 이미지에 변화를 준다.

"일본 고등학교에 시험 볼 거예요. 거기에 쓰려구요."
한 번 조선학교 들어간 학생은 대부분 그대로 민족계의 고등학교와 대학으로 진학하는 것이 보통이었다.
"어떻게 된 거야, 갑자기?" 하고 놀라는 아버지.
(중략)
"넓은 세계를 보려고요!"
나는 다시 한 번 단호하게 대답했다.
아버지는 난감한 것인지 기쁜 것인지 모를 복잡한 미소를 지으며 "마음대로 해"라고 말했다.[16]

"스페인 말이야. 나는 스페인 사람이 되려고 했다."
"…"
"하지만 소용없었어. 언어의 문제가 아니었다구."
"그렇지 않아. 언어는 그 사람의 아이덴티티 그 자체고…."

---

16 가네시로 가즈키, 《GO》, 19쪽.

아버지가 내 말을 가로막았다.

"물론 이론적으로는 그럴지도 모르지만 인간은 이론으로는 다 해명되지 않는 삶을 살고 있는 거야. 뭐, 너도 언젠가는 알게 되겠지."[17]

위의 인용들은 아버지와 아들 사이의 교감이라는 측면에서 원작에서 중요하게 묘사되는 부분으로, 첫 인용에는 일본인 학교로 진학하겠다는 아들의 선택에 대해 아버지가 심리적으로 동요하는 흐름이 여실히 드러나 있다. 하지만 영화에서 아버지는 갑작스런 아들의 선언에도 무관심한 태도로 일관한다. 이는 폭력으로 자식을 규율하는 모습과 정반대의 '자상한 아버지'를 그린 두 번째 인용을 영화가 의도적으로 배제하고 있는 부분에서도 반복된다. 결국 '신체성'이 강조된 보수적인 아버지 이미지만이 영화 속에서 고착화된다.

물론 이렇게 만들어진 무뚝뚝한 아버지가 아들의 미래를 열어 주는 능동적인 행위자 역할을 방기하고 있는 것은 아니다. 오히려 아버지의 보수적인 캐릭터에 감춰진 '진실'은, 아들의 자의식을 둘러싼 물음이 일본인 학교로 대변되는 외부 세계와 복잡하게 얽혀 드는 국면에서 자연스럽게 이해되기 시작한다. 권투 선수였던 아버지의 '신체성'을 대물림받은 아들이 민족학교와 일본인 학교 제일의 싸움꾼이 된 모습에서 예기豫期되었듯이, 부자가 직면하는 세계는 본질적으로 '엄중하며, 질식할 것 같은' 존재이기 때문이다. 원작과 달리 편중된 이미지의 아버지가 등장함에도 작품 안에서 재일을 둘러싼 첨

17　가네시로 가즈키,《GO》, 98쪽.

예한 주제가 상당 부분 온존될 수 있었던 이유 또한 여기에 있다.

이처럼 재일문학 등장인물들의 배후에 존재하는 복잡한 역사성을 일일이 표현할 수 없는 영화 장르의 한계성을 작품《GO》는 '부자 관계'를 단서로 돌파한다. 작품의 여타 등장인물, 즉 원수와 수세미 선배 그리고 가토와 같은 인물들을 둘러싼 에피소드가 앞서 서술한 바와 같이 치우치게 재현되었음에도 원작의 주제가 거의 오염되지 않은 이유 역시 같은 맥락에서 이해할 수 있다. 더불어 단선적인 아버지 캐릭터의 영향 아래 아들이 '이론'보다는 '신체', '관념'보다는 '일상 감각'에 충실한 삶을 선택하는 모습은, 재일텍스트에 대한 일본 대중들의 무장을 해제하는 효과를 가져온다. 일본의 주류 사회가 감당할 수 있을 만큼의 '경쾌함'으로 재일이라는 주제를 표현하였기에 이 작품이 소비될 수 있었음을 엿볼 수 있는 대목으로, 바로 이 지점에 2000년대 일본 사회 재일텍스트 소비 붐의 가능성과 한계가 병존한다.

한편, 영화《GO》에서 강화된 아버지의 '신체성'은 현대 일본 문화에서 거의 자취를 감춘 '보수적인 아버지상'을 연상시키고, 이들 이미지에 대한 소비가 작품의 성공을 가져왔다는 관점 또한 유력하다. 이는 뒤에서 다룰《피와 뼈》에 대한 일본 사회의 관심과도 연결되는데, 원작의 가부장적 남성상을 재현하는 데 머물지 않고 보다 강화했다는 의미에 대해서는 이어지는 글에서 조금 더 구체적으로 살펴볼 것이다.

《피와 뼈》, 소환되는 폭력성과 에로스

영화 《GO》가 제한적인 각색 안에서 그 효과를 극대화한 사례라면, 《피와 뼈》는 원작이 비중 있게 다룬 주인공 김준평의 '청년 시절'이 거의 소거되었다는 점에서 영화적인 변용을 크게 거친 작품으로 평가할 수 있다. 감독을 맡은 최양일崔洋一은 그런 선택을 해야 했던 이유로 크게 두 가지를 들고 있다. 하나는 소설 속 주인공의 청년 시절을 전경화시킬 때 그 배후에 있는 '역사성'과 같은 요소들이 영화적 재미를 반감시킬 수 있다는 우려이고,[18] 다른 하나는 소설의 세계관이 워낙 두터운 서사적 요소를 지니고 있기에, 이를 모두 영화화한다는 것이 물리적으로 불가능하다는 이유였다.[19]

재일텍스트가 태생적으로 담을 수밖에 없는 요소 중 일본 대중이 받아들일 수 있는 내용과 그렇지 않은 내용을 영화가 그 출발부터 매우 '전략적으로' 선별하고자 했음을 보여 주는 것으로, 결국 제작진은 주인공 '김준평'으로 대표되는 폭력성과 에로스라는 주제에

---

18 최양일은 〈《血と骨》は映画界、久々の大博打だ〉(《創》385, 2004 · 12, p. 97)에서 "준평의 청춘 시대라는 중량급 이야기에 의존하면, 관객이 영화를 소화하기 전 단계에서 지쳐 버릴 것이라 생각했습니다. 최종적으로는 과감히 제외해 버렸습니다"라고 언급한다.

19 対談: 崔洋一・梁石日〈日本人が豊かさと引き換えに失ったもの−映画《血と骨》の「身体性」と「アジア」〉(《CHUOKORON》1447, 2004 · 12, p. 223)에서 최양일은 "양석일 씨의 소설 세계의 두터움을 모두 영화로 표현할 수는 없었기에, 우리들이 방법으로서 좁혀 간 것이 주인공 김준평이었습니다. 때로는 수다스럽고, 때로는 매우 순수한 짧은 단어로 표현되는 하나의 작은 제국을 구심으로 삼아, 만들어 간 6년이었다고 생각됩니다"라고 이야기하고 있다.

집중하는 선택을 하게 된다. 원작자인 양석일 또한 감독 최양일과의 대담에서 "지금 일본의 상황은 '신체의 공동화'가 꽤 심각하게 되어 있다고 생각합니다"[20]라고 언급한다. 그리고 재일 1세 작가 김석범과의 대담에서는 "'옛날 아버지들은 이런 측면이 있었다', 즉 부성과 부권을 상징하듯 이야기되고 있습니다. 저도 그에 대해 반대하는 것은 아닙니다만 실은 그런 소설이 아닙니다. 어떤 의미에서는 역시 신체성의 문제입니다. 그 신체성이 지금 결락缺落되어 있고 허물처럼 여겨지는 현실에서, 김준평이라는 존재는 신체성을 특권화한 존재라는 측면이 있습니다"[21]라고 발언하기도 한다. '신체성'으로 대표되는 현대사회가 잃어버린 한 측면을 작가가 원작 소설에 담으려 했음을 엿볼 수 있는 대목으로, 이 같은 문제의식은 마침 재일조선인 이야기에 머물지 않는 '압도적인 인간상'을 제시하겠다는 감독과 시나리오 작가[22]의 방향성과도 일치하는 것이었다.

영화의 서사 틀을 둘러싼 원작자와 제작진의 순조로운 조율에도 불구하고, 이 작품이 영화로 탄생하기까지는 무려 6년이라는 시간이 걸려야 했다. 《GO》가 성장담과 연애라는 대중 소비에 걸맞는 요소를 두루 갖추고 있었던 것에 반해, 《피와 뼈》가 그리려는 폭력

---

[20] 崔洋一·梁石日,〈日本人が豊かさと引き換えに失ったもの─映画《血と骨》の「身体性」と「アジア」〉, p. 220.

[21] 金石範·梁石日,〈《血と骨》の超越性をめぐって〉,《ユリイカ》44, 2000·12, p. 74.

[22] 최양일은 양석일 원작의 《달은 어디에 떠 있는가》가 영화화되는 과정에서 일찍이 메가폰을 잡은 바 있는데, 이때 각색을 맡았던 정의신鄭義信은 이 작품의 시나리오 작업에도 참여한다.

성과 에로스라는 주제는 흥행적인 측면에서 투자자 측에게 여전히 커다란 물음표로 남아 있었기 때문이다.[23] 실제로 버블경제 붕괴 이후 내향적 성향이 뚜렷했던 일본 영화의 흐름에서, 직접적이면서 노골적인 '신체성' 묘사는 동시대 일본의 영화적 문법에서는 모험임이 틀림없었다. 더불어 《GO》의 성공 사례가 있다고는 하나, 재일이라는 불편한 주제를 일본 대중들이 재차 소비할 것인지에 대한 확신 역시 쉽지 않았을 것으로 보인다. 이처럼 긴 산고를 거쳐 일반에 개봉된 《피와 뼈》는 흥행 성공과 함께 일본 내 유수 영화제에서 주목할 만한 성과를 거두었을 뿐 아니라, 연구자들로부터도 우호적인 평가를 이끌어 낸다.[24] 가령 가와모토 사부로는 이 작품에서 그려지는 폭력이 일종의 '초월성'을 지니고 있고, 바로 이 점이 "괴물 같은 폭력을 안이하게 피차별에서 오는 재일의 슬픔과 고통으로 연결 짓지 않"도록 주제를 견인했다고 언급한다.[25] 폭력성과 에로스라는 요소를 전면에 내세움으로써 전형적인 재일텍스트의 한계를 극복하고자

---

23 최양일은 〈〈血と骨〉は映画界' 久々の大博打だ〉(《創》 385, 2004 · 12, p.98)에서 "재일조선인이 주인공인 영화는 이미 《GO》가 성공했습니다만, 《피와 뼈》는 폭력과 에로스가 이야기의 중심인 만큼 현재 일본 영화계에서 흥행할 수 있을까 하는 의문이 제작사에 있었다고 생각됩니다"라고 제작 과정에서 겪었던 어려움을 토로하였다.

24 예컨대 사토 타다오佐藤忠男는 〈ものすごい圧倒的な人間像〉(《《血と骨》パンフレット》, 2004)에서, "이처럼 인간의 본질에 관련된 따라서 쉽게 도달할 수 없는 질문에 끌려 들어가는 것을 통해, 이 영화는 민족문제나 차별 문제를 다룬 영화의 틀을 넘어서, 인간이란 무엇인가를 생각하게 만드는 깊이 있는 작품이 되었다"라고 평가하고 있다. 또한 강상중姜尙中은 〈金俊平が夢見た『楽土』〉(《《血と骨》パンフレット》 2004)에서 "이 영화가 근년 드물게 볼 수 있는 최고 걸작 중 하나인 것은 틀림없다"라고 평가하는 등 대다수 평론가 및 연구자들로부터 이 작품은 좋은 평가를 이끌어 낸다.

25 川本三郎, 〈現世を超えた荒ぶる父〉, 《新·調査情報》 461, 2004 , pp. 87-88.

한 제작진의 의도가 통했음을 보여 주는 의견으로, 이 같은 평가는 "최양일이 일본 사회에 대한 노골적인 대항 구조가 대중들에게 설득력을 잃어 간다는 것도 알고 있었을 것"이라는 주혜정의 지적에서도 유사하게 이어진다.[26]

반면 이와는 정반대 방향에서 영화에 표현된 '초월성'을 비판하는 의견이 아울러 제기되기도 한다.

단순히 청춘 시대를 그리지 않은 것이 아니라, 김준평이라는 존재의 '피식민지성'을 보지 않는 것. 이것이야말로 이 영화의 선택이었다고 할 수 있다.[27]

'차별'과 '민족' 같은 것들에 대한 집착은 편협하다는 시선에서, 현실에 존재하는 수많은 차별적인 상황을 정면에서 보지 않고 관념 속에서 '뛰어넘어'야 할 것으로 포착한 후, 이들 '차별'과 '민족'을 '넘지' 않으면 '인간'이라는 '보편적'이고 '근원적'인 질문에 다가설 수 없다는 생각이, 이 영화를 만든 측과 평가하는 측 양쪽에서 유사하게 존재한다.[28]

재일텍스트가 일본 대중을 소비자로 상정하는 한, 다큐멘터리와 같은 특수한 장르를 제외하면 상업영화의 공간에서 원작에 담긴 역

---

26 주혜정, 〈최양일 영화에 나타난 재일코리안 표상〉, 《日語日文學研究》 91, 2014, 500쪽.

27 高和政, 〈商品化される暴力−映画《血と骨》批評〉, 《前夜》 4号, 2005, p. 41.

28 高和政, 〈商品化される暴力−映画《血と骨》批評〉, p. 42.

사성을 일정 부분 희석하는 작업은 피하기 어렵다. 앞서 살펴본 바와 같이, 영화《피와 뼈》가 원작자의 적극적인 동조 속에 진행된 시나리오 작업으로 만들어졌음에도, 일본 주류의 욕망에 영합할 수 있는 수준의 내실을 만들어 냈다는 비판이 따라오기 쉬운 이유가 여기에 있다. 물론 이 같은 주장은 재일이라는 특수성을 절대적인 기준으로 삼아, 재일텍스트를 향해 동어반복적인 평가를 내릴 뿐이라는 비판에 마찬가지로 직면하기 쉽다. 따라서 중요한 점은 "전후 일본에서는 조금 '옆으로 치워 두었던' 에로스와 폭력 혹은 피의 문제"[29]를 작품이 어떻게 표현해 냈는가에 있다고 볼 수 있다. 그리고 그런 의미에서 영화가 다음과 같은 상징적인 장면들을 통해, 김준평과 그의 아들들에게 에로스와 폭력성이라는 요소를 집중시키면서 이 주제를 전경화시키는 전략을 택한다는 사실은 매우 흥미롭다.

"욱!" 하는 비명이 들렸다. 순간, 두 조카는 눈앞에서 벌어진 참극의 실상을 이해하지 못한 채 굳은 얼굴로 앉아 있을 뿐이었다. 김준평이 일어나 아래층으로 내려간 뒤에도 두 조카는 망연자실해 있었다. 신문지에 피가 배어들기 시작했다. 김용수가 떨리는 손으로 신문지를 들쳐 보니, 기요코의 입과 코에서 피가 흘러나오고 있었다.[30]

하나코: 아파트 빌릴 돈 빌려주지 않을래?

---

29 佐高信 · 崔洋一, 〈エロスと暴力を見すえて〉, 《週刊金曜日》531, 2004 · 11 · 5., p. 41.
30 양석일, 《피와 뼈 3》, 김석희 옮김, 자유포럼, 1998, 197~198쪽.

성환: 그만 둬, 그만 둬.

(중략)

하나코: 너 아버지를 닮았구나. 우리들에게는 나쁜 피가 흐르는지도
몰라.

성환: 저기 누나, 세상 그렇게 쉽지 않아. 집으로 돌아가는 게 제일
편해. 남편한테 맞는다 해도 아버지한테 맞는 것에 비할 바는 아니잖
아. 어렸을 때부터 죽는다, 죽는다 말하기만 하고, 귀찮아 죽겠어. 죽을
수 있으면 죽어 보던가.[31]

첫 번째 인용은 전쟁 미망인 기요코를 주인공 김준평이 죽이는 장
면이다. 원작에서 주인공의 폭력성을 가장 두드러지게 묘사하는 이
장면을 목격하는 것은 그의 조카들이다. 하지만 영화에서 이 장면
은 아들이 목격하는 것으로 처리된다. 에로스에서 시작된 기요코와
의 관계를 폭력으로 마무리 짓는 아버지의 모습을 아들의 눈을 통해
'증언'하도록 하기 위한 설정으로 읽히는데, 주목할 점은 아들이 단
순히 증언자로서의 역할을 떠맡는 데 머물지 않고, 아버지의 폭력성
을 상당 부분 물려받은 계승자의 모습으로 작품 곳곳에서 조형된다
는 사실이다. 가령 성인이 되어 찾아온 장남 다케시는 아버지의 시
선을 아랑곳하지 않고 여자를 집에 들이고 탐닉하는 존재이다. 뿐만
아니라 아버지가 에로스에서 시작된 기요코와의 관계를 폭력으로
끝맺는 것처럼, 다케시 역시 권총을 만진 동생 성한을 꾸짖는 행위

---

31 이 인용은 영화 속 대사를 필자가 번역한 것임.

를 만류한다는 이유로 여자 친구에게 가차 없는 폭력을 가한다. 에로스와 폭력의 양의적인 이미지를 다케시에게 부여하기 위해 원작에 없는 장면을 삽입한 것으로, 그 결과 에로스와 폭력의 '계승자'로서 아들 다케시가 새롭게 탄생한다. 이 같은 모습은 동생 성한의 묘사에서도 그대로 반복된다. 남편의 가정폭력에 시달리던 누나가 자신에게 돈을 빌리러 온 상황에서 푼돈 몇 푼 쥐어 주며 누나의 상황을 대수롭지 않게 여기는 두 번째 인용 장면은, 자신이 그렇게나 증오해 온 가부장적 아버지의 모습과 정확히 중첩된다. 이러한 이미지는 "너 아버지를 닮았구나"라는 누나의 대사를 통해 증폭되는데, 결국 누나가 자살로 생을 마감해 버림으로써 성한은 폭력의 피해자였으나, 이제는 가해자라는 이중적인 입장에 서게 된다.

뿐만 아니라 영화는 여기에서 더 나아가 폭력적인 아버지의 모습에서 당위성을 의도적으로 배제함으로써, 도저히 '이해할 수 없는' 대상을 만들어 낸다. 가령 앞선 장면에서 기요코를 향한 극단적인 폭력이, 실은 그녀가 자신의 재산을 노린 주변인의 계획 이래 접근해 온 인물이라는 점을 김준평이 알게 되었고, 또한 여성들에게 여러 번 배신당해 온 그의 역사가 맞물려 표출된 것이라는 경위를 영화는 재현 과정에서 철저히 외면한다. 이는 원작에서 어묵 공장을 차리기 위해 당국의 허가증을 받으려 부단히 노력한 주인공이, 영화에서 폐허가 된 집터를 막무가내로 강탈하는 무법자로 변모되는 과정에서도 유사하게 반복된다. 결국 도저히 이해할 수 없는 괴물 같은 남성(아버지) 이미지만이 작품 속에서 부조된다. 시대가 만들어 낸 '광기'와 개인의 '광기'가 유기적으로 연결되었던 원작과 달리,[32] 영화에서는 김준평이라는 한 개인의 '광기'만이 부유하게 된 것이다.

"소비 문명의 뒤틀림은 자연스럽게 반동을 불러온다고 생각합니다. 근대 아시아가 가져온 영향은 커서, 우리들이 잊고 있었고 없애 버린 것들이 너무 많습니다. 그곳에 문명이라는 필연적인 개념이 점점 침식해 오면서 혹사하게 되는 것이지요. 그리고 혹사당하는 자신이 싫어서 다시 소비해 가는 사상입니다"[33]

이 '광기'는 '이해할 수 없다'는 점에서 조율할 수 없으며, 인간 역사의 모든 국면에서 지속적으로 존재해 왔고, 또한 존재해 갈 수밖에 없다. 원작의 김준평으로부터 문명 내지는 역사라는 속성을 배제하고, 아들에게 에로스와 폭력성을 대물림시키는 과정은 조율하거나 배제 불가능한 '광기'의 문제를 영화에서 부각시키기 위한 설정으로 읽을 수 있다. 다시 말해 현대 일본 사회가 언제까지 "신체성의 문제"를 외면할 수 있을 것인가라는 주제를 영화적으로 표출하기 위한 변용으로, 그런 의미에서 "일본 사회가 잊어버린 무언가를 상기

---

32 변화영은 〈폭력과 욕망으로 표현된 식민지배의 야만성〉(《영주어문》 23, 2012, 467 쪽)에서 "양석일이 숨기고 싶은, 치부와도 같은 아버지를 통해 자신의 비극적인 가족사를 《피와 뼈》에 사실적으로 형상화했던 것은 바로 쇼와시대의 광기를 구체적으로 드러내고 싶었기 때문이다"라고 서술하고 있다.

33 対談: 崔洋一・梁石日, 〈対談:日本人が豊かさと引き換えに失ったもの―映画《血と骨》の「身体性」と「アジア」〉, p. 224.

시킬 수 있는 자극제로서, 재일조선인 남성의 폭력이 포착되고 있다고 말할 수 있다. 그리고 그곳에서 묘사되는 것은 결국 '상품'으로서의 의미밖에 띠지 못할 것이다"[34]라는 고화정의 지적은 다소 일면적인 평가에 머물러 있다고 할 수 있다. 이 영화가 "재일조선인으로서 특화된 모습이 아니라 일본인 자신들의 괴물 같은 모습"[35]을 '신체'라는 코드를 통해 보여 준다는 점에서, 이들 이미지에 대한 소비 욕망이 향하는 곳은 재일과 일본 사회를 넘어선 '광기' 그 자체일 것이기 때문이다.

한편 2000년대 이후 재일텍스트에 대한 일본 내 소비가 현대 일본 문화 속에서 거의 자취를 감춘 보수적인 가부장적 이미지에 기반하고 있다면, 1990년대 일본 버블경제 붕괴 이후 일본 사회가 남녀의 젠더 역할 모델을 새롭게 확립해 가는 일환으로 '재일 아버지상'을 소비하고 있다는 관점 역시 가능하다. 이에 대해 미쓰요 와다 아르시아노는 다음과 같이 지적한다.

문화적 지식으로 언급해 둬야 할 또 하나의 중요한 요소는, 다수 일

---

34 高和政, 〈商品化される暴力 – 映画《血と骨》批評〉, p. 43.

35 유양근은 〈영화 《GO》, 《피와 뼈》, 《박치기》의 변주와 수렴〉(《日本學研究》 36, 2012, 137~138쪽)에서, "김준평이 늙고 병들어 아들 하나를 끌고서 북한으로 귀환하여 쓸쓸히 생을 마감하는 것으로 끝나는데, 그의 일생을 통해 맞서야 했던 타자는 국적이나 일본이 아닌 생존과 그것을 위한 힘(권력, 권위, 돈)이었다. 그리고 이것은 1960년대 일본 영화가 재일조선인을 다루면서 일본 사회나 일본인들 자신의 모습을 보려고 한 것과 맥을 같이 한다. 김준평으로 체화된 괴물은 재일조선인으로서 특화된 모습이 아니라 일본인 자신들의 괴물 같은 모습인 것이다"라고 지적한다.

본인 관객에게 그리움을 불러 일으키는 봉건적인 아버지상을 중심에 둔 홈드라마 속에서 때때로 자연스럽게 그려져 온 가정 내 폭력이다. 《GO》와《피와 뼈》도 간단하게 말하면 가정 내 폭력을 그린 영화이며, 그 이야기 공간 속에서 아버지는 분노를 억누르지 못한 채 가족에게 터뜨린다. 이와 같은 아버지상과 폭력의 연계는 일본 문화의 역사적 문맥에서 오랫동안 수용되어 왔으나 핵가족의 보급, 가정 내에서 남성 권력 저하 등 현대사회의 경향 가운데서 오히려 그리운 것인 것처럼 긍정적으로 인식되어 왔다.[36]

일본만이 아니라 한국에서도 전통적인 가족제도 내부에서 남성의 위치가 문제시된 적은 거의 없었다고 할 수 있다. 동아시아적 유교 질서 속에서 가족을 부양하고 가족 질서를 유지하는 남성의 역할은 당연한 것이었고, 조그만 의문의 대상도 될 수 없었기 때문이다. 하지만 1990년대 이후 가속화되고 있는 젠더 구조의 변화와 더불어 일본 남성의 위상은 급격히 변모하고 있다. "'인터넷의 보급', '남여 고용기회균등법 개정', '개성 중시의 시대 도래'… 다양한 사건들이 1990년대 후반 이후에 집중되면서"[37] 남성을 둘러싼 관계와 역할의 변모는 전반적인 사회제도 변화와 연동되어 가시화되고 있다. 그 과정에서 한편으로는 '초식남'과 '블루밍족' 같은 새로운 남성상이 모

---

36 ミツヨ・ワダ・アルシアーノ,《デジタル時代の日本映画》, 名古屋大学出版会, 2010, pp. 216-217.

37 緒方直美,〈男性のテレビ視聴行動の変化〉,《Marketing Researcher》126, 2015, p.32.

색되고, 다른 한편으로 전통적인 남성상을 소환하려는 상반된 움직임이 일본 대중문화에서 발현되었을 가능성이 제기된다. 요컨대 전통적인 남성상 소환이 '재일 남성 이미지'를 통해 우회적으로 이루어졌고, 이를 영화《GO》와《피와 뼈》의 성공 요인으로 분석할 근거가 일본 사회에 충분히 마련되어 있는 것이다. 또한 앞서 살펴본 바와 같이 일본 대중을 염두에 둔 영화적 '재현' 과정에서 원작의 주제를 간명하게 구현해 낸 점이 이들 작품의 성공 요인이라는 의견 역시 매우 유효하다. 어느 쪽이 본질적인 요인이든 간에, 주목할 점은 이 유례 없는 재일영화 붐이 2000년대에 들어 나타났다는 사실, 그리고 이렇게 시작된 대중문화발 재일텍스트 소비가 일본 문화 내 특수한 영역에 갇혀 있던 재일문화 전반에 걸친 외연 확장을 가져올 수 있다는 사실일 것이다.

재일문화의 외연 확장을 전망하며

2000년대 초반 영화《GO》의 성공은 문학과 대중문화 영역 양쪽에서 실질적인 성공을 거둔 최초의 사례이자, 재일텍스트에 대한 일본 내 소비 방향을 질적으로 전환시킨 사건이었다. 이는 뒤이어 등장한 《피와 뼈》에 대한 일본 사회의 소비에서 '유사하게' 반복되는데, 재일텍스트를 향한 유례를 찾아보기 힘든 이 현상은 대중문화 영역을 중심으로 나타났다는 점에서 매우 주목할 만하다.

《GO》와《피와 뼈》를 공통적으로 묶어 주고 있는 것은 현대 일본 문화에서 거의 자취를 감춘 '보수적인 아버지'이다. 《GO》는 '이론' 보다는 '신체', '관념'보다는 '일상 감각'에 충실한 삶을 아들로 하여 금 선택하도록 추동하기 위해 아버지의 '신체성'을 부각시킨다. 그리고 《피와 뼈》는 '역사'와 '문명' 같은 문제로부터 떨어진 초월적 존재인 아버지의 '신체성'을 통해, '소비 문명'에 물든 현대 일본 문화의 안이함을 폭로한다. 이는 원작의 복잡한 서사 구조를 대중문화적 '재현' 과정에서 단순화시킴으로써 가능했던 것으로, 결과적으로 두 작품의 영화적 시도는 일본 대중들의 적극적인 호응을 불러오면서 재일텍스트 소비 붐의 시작을 알리게 된다.

한편, 2000년대 이후 재일텍스트에 대한 일본 내 소비가 현대 일본 문화 속에서 거의 자취를 감춘 보수적인 가부장적 이미지에 기반하고 있다면, 1990년대 일본 버블경제 붕괴 이후 일본 사회가 남녀의 젠더 역할 모델을 새롭게 확립해 가는 일환으로 '재일 아버지상'을 소비하고 있다는 관점 역시 유력하게 부상한다. 전통적인 남성상을 소환하려는 일본 사회의 욕망이 재일텍스트 소비를 통해 우회적으로 표출되었고, 이것이 두 작품의 성공을 가져왔다면, 이들 사례를 통해 일본 문화 내 특수한 영역에 갇혀 있던 재일문화 전반에 걸친 외연 확장을 전망할 수 있다는 점에서, 향후 보다 정치한 접근이 필요한 시점이다.

참고문헌

가네시로 가즈키,《GO》, 김난주 옮김, 북폴리오, 2003.
윤상인, 〈전환기의 재일 한국인 문학〉,《재일 한국인 문학·홍기삼 편》, 솔, 2001.
양석일,《피와 뼈》, 김석희 옮김, 자유포럼, 1998.

김광수·박정이, 〈가네시로 가즈키(金城一紀)《GO》의 방향과 그 주체〉,《韓日語文論》14, 2010.
문재원, 〈재일코리안 디아스포라 문학사의 경계와 해체 - 현월((玄月)과 가네시로 가즈키(金城一紀)의 작품을 중심으로〉,《동북아문화연구》26, 2011.
박정이, 〈영화《GO》에 나타난 '재일' 읽기〉,《일어일문학》54, 대한일어일문학회, 2012.
변화영, 〈폭력과 욕망으로 표현된 식민지배의 야만성〉,《영주어문》23, 영주어문학회, 2012.
유양근, 〈영화 〈GO〉, 〈피와 뼈〉, 〈박치기〉의 변주와 수렴〉,《日本學研究》36, 단국대학교일본연구소, 2012.
이병담, 《《GO》의 소설과 영화에 나타난 서사성과 대중성을 통한 이미지 변화〉,《일본어문학회 국제학술대회 발표집》, 2006.
이영미, 〈가네시로 가즈키의《고(GO)》에 나타난 '국적'의 역사적 의미〉,《현대소설연구》37, 한국현대소설학회, 2008.
    , 〈소설의 영상화에 나타난 문화 소외의 문제〉,《시민인문학》16, 경기대학교 인문과학연구소, 2009.
이승진, 〈가네시로 가즈키《GO》론 - 경계의 해체인가 재구성인가〉,《日本語文學》56, 한국일본어문학회, 2013.
주혜정, 〈최양일 영화에 나타난 재일코리안 표상〉,《日語日文學研究》91, 한국일어일문학회, 2014.
황봉모, 〈소수집단으로서의 재일 한국인문학 - 가네시로 가즈키《GO》를 중심으로〉,《日語日文学研究》48, 2004.

ミツヨ・ワダ・アルシアーノ,《デジタル時代の日本映画》, 名古屋大学出版会, 2010.

姜尙中,〈金俊平が夢見た『楽土』〉,《《血と骨》パンフレット》, 2004.

佐藤忠男,〈ものすごい圧倒的な人間像〉,《《血と骨》パンフレット》, 2004.

井家上隆幸,〈エンターティンメント小説の現在〉,《図書館の学校》9, 2000・9.

石村加奈,〈ボーダーを越えて'広い世界へ「フライ,金城,フライ」〉,《キネマ旬報》1432, 2005・7.

緒方直美,〈男性のテレビ視聴行動の変化〉,《Marketing Researcher》126, 2015.

金城一紀・小熊英二,〈対談:それで僕は"指定席"を壊すために《GO》を書いた〉,《中央公論》116巻11号, 2011・11.

川本三郎,〈現世を超えた荒ぶる父〉,《新・調査情報》461, 2004.

金石範・梁石日,〈対談:《血と骨》の超越性をめぐって〉,《ユリイカ》44, 2000・12.

高和政,〈商品化される暴力‐映画《血と骨》批評〉,《前夜》4号, 2005.

佐高信・崔洋一,〈エロスと暴力を見すえて〉,《週間金曜日》531, 2004・11・5.

崔洋一,〈《血と骨》は映画界'久々の大博打だ〉,《創》385, 2004・12.

梁石日・崔洋一,〈対談:日本人が豊かさと引き換えに失ったもの‐映画《血と骨》の「身体性」と「アジア」〉,《CHUOKORON》1447, 2004・12.

林真理子・金城一紀,〈マリコのここまで聞いていいのかな〉,《週刊朝日》408, 2000・10・27.

탈북민 리얼리티 프로그램에 나타난 시민권의 정동정치

김수철 · 유경한

이 글은 저널 《Cultura. International Journal of Philosophy of Culture and Axiology》(2019)에 실린 원고를 수정하여 재수록한 것이다.

탈북민과 리얼리티 프로그램

이 글은 일부 종합편성(이하 종편)채널에서 방영되고 있는 탈북민 출현 토크쇼, 리얼버라이어티쇼에 대한 분석을 목적으로 한다. 최근 리얼리티 프로그램 포맷의 전 지구적 확산과 유행에 따라 예전에 뉴스나 다큐멘터리 같은 시사, 교양 프로그램에서만 재현되었던 탈북민은 이제 한국적 리얼리티 프로그램인 토크쇼, 리얼버라이어티쇼 프로그램에 직접 등장하여 자신의 목소리를 내고 있다. 즉, 미디어에 의한 탈북민 재현의 역사에서는 드물게 일반적으로 오락, 엔터테인먼트 장르로 분류될 수 있는 토크쇼, 리얼버라이어티쇼에 탈북민이 직접 출연하여 자신의 사적인 이야기를 소재로 목소리를 내고 있는 것이다.[1]

이에 따라 최근 몇 년간 탈북민 리얼리티 프로그램에 대한 일련의 연구들이 제시되었다. 이들 연구는 주로 탈북민에 대한 고정된 이미지의 재생산 기제로서 탈북민 프로그램이 갖는 역할을 지적하고 있다.[2] 이 글은 여기에서 더 나아가 탈북민 리얼리티쇼가 단순히 기존의 반공이데올로기를 재생산·강화하고 있다는 점뿐만 아니라, 리

---

1   탈북민 리얼리티 프로그램은 탈북민이 출현하는 토크쇼와 리얼버라이어티쇼를 의미한다. 탈북민 토크쇼는 스튜디오 안에서 다수의 탈북민과 남한의 진행자, 서너 명의 연예인 패널이 참여하여 구성된다. 대표적으로 〈이제 만나러 갑니다〉(채널A), 〈모란봉 클럽〉(TV조선)이 있다. 탈북민 리얼버라이어티쇼는 스튜디오 구성을 벗어나 실제 일상생활 공간을 배경으로 탈북민 출연자와 다양한 연예인 출연자들이 가상의 역할(남편과 아내, 아버지와 딸 등)을 부여받은 상황에서 벌어지는 다양한 에피소드를 중심으로 전개된다. 대표적으로 〈애정통일 남남북녀〉(TV조선), 〈잘 살아보세〉(채널A)를 들 수 있다.

2   방희경·이경미, 〈종편채널의 북한이미지 생산방식〉,《한국언론학보》60-2, 2016,

얼리티 프로그램이 제공하는 특정한 미디어 의례를 통해 기존의 이주민(이 경우에는 탈북민), 젠더와 같은 소수자를 둘러싼 '감정의 유통 방식'[3]에 개입함으로써 더욱 강화된 이데올로기적 효과를 낳고 있는 미디어 문화정치적 맥락에 주목하고자 한다. 이러한 분석을 시도하는 배경에는 사실상 남북한 체제 경쟁이 종식된 시대에 탈북민에 대한 반공이데올기적 재현이 끊임없이 지속되고 있는 상황, 그리고 국가에 의해 법적 시민권을 부여 받은 탈북민들이 현재 한국 사회에 거주하는 외국인 · 해외동포와 같은 소수자들의 인정을 둘러싸고 벌어지는 차별적 문화정치의 자기장으로부터 자유롭지 않은 상황 등, 최근 소수자 · 이민자에 대한 전반적인 보수화(극우화) 경향에 대한 좀 더 나은 이해와 설명을 제공하기 위해서다.

우리 사회에서 '먼저 다가온 통일'이라고 표현되는 탈북민의 존재는 매우 특별한 정치, 사회, 문화적 지위를 가지고 있다. 특히 지금까지 탈북민에 대한 이미지 재현은 50년 이상 지속되어 온 강력한 냉전이데올로기에 전적으로 지배되어 왔다고 할 수 있다. 남북한의 극한적 대립과 민족주의적 동질성이라는 두 가지 상반된 담론에 의해서 지배되어져 온 것이다. 이러한 재현에서 북한은 남한의 외부의

338~446쪽; 오원환, 〈탈북자에 대한 미디어의 담론적 구성〉, 《한국 사회 미디어와 소수자 문화 정치》, 커뮤니케이션북스, 2011, 209~255쪽; 이선민, 〈탈북 여성은 어떻게 말할 수 있는가? – 텔레비전 토크쇼 〈이제 만나러 갑니다〉(채널A)에 대한 비판적 분석을 중심으로〉, 《미디어, 젠더, 문화》 29-2, 2014, 75~115쪽; 태지호 · 황인성, 〈텔레비전 토크쇼 〈이제 만나러 갑니다〉(채널A)의 탈북 여성들의 사적 기억 재구성 방식과 그 의미에 대하여〉, 《한국언론정보학보》 11, 2012, 104~124쪽.

3 Ahmed, S., *The cultural politics of emotion*, New York: Routledge, 2004, p. 8.

적이자 위협인 동시에 우리와 다르지 않은, 통일 과정에서 포용해야 할 동포로 그려졌다. 이러한 가운데 탈북민의 이미지도 주로 통일, 민족, 국가에 대한 거대담론 안에서 형성되어 왔다. 탈북민은 남북한 체제 경쟁과 극한 대립의 상황에서 남한 체제의 우월성을 증명하는 것으로 받아들여지거나, 혹은 민족주의적 동질성의 틀에서 같은 민족으로 남한 사회에 적응 · 동화assimilation해야 할 존재로 그려졌다.

다시 말해서, 미디어에 의한 탈북민의 이미지는 늘 이중적인 해석 틀, 즉 극한적 대립에서의 외부의 적이라는 이미지와 민족주의적 동질성에 근거한 동포로서의 이미지 사이에서 결정되곤 했다. 이러한 이분법적 해석 틀에서 형성된 탈북민의 미디어 이미지는 탈북민에 대한 정형화streotyping나 왜곡에 기반을 두고 있거나, 혹은 이러한 이분법적 틀에서 벗어난 모습에 대한 배제와 제거를 통해 이루어지는 경향이 강했다.

이 글은 탈북민 프로그램이 단지 우리 사회의 반공이데올로기를 재생산하는 것을 넘어서 타자, 여기서는 탈북민에 대한 편견, 적대와 혐오 감정의 생산과 유통에 연관된 측면에 주목하고자 한다. 이를 위해서 이 글은 "감정의 유통",[4] 혹은 정동경제affective economy의 작동 방식에 대한 논의를 참조하여 탈북민 리얼리티 프로그램이 우리 사회에서의 타자 · 소수자에 대한 감정의 유통과 흐름에 개입하여 어떠한 효과들을 만들어 내고 있는지, 그리고 이는 우리 사회의 소수자 · 타자로서 탈북민 재현에 어떠한 영향을 미치고 있는지 살펴보고자 한다.

---

4 Ahmed, S., *The cultural politics of emotion*, 2004.

탈북민은 단순히 남한과 극단적인 체제 경쟁, 대립 관계에 있는 북한 정권의 주민들로서 재현되어 반공이데올로기를 떠올리게 하는 기호로 환원될 수 없다. 탈북민들은 후기자본주의, 신자유주의적 한국 사회에서 엔터테인먼트 미디어에 의한 독특한 감정의 흐름, 정동경제에 대한 개입을 통해서 우리 사회에 이미 존재하는 소수자 · 타자라는 범주에 함께 묶이게 된다. 이 글은 탈북민 리얼리티 프로그램의 독특한 미디어 의례와 장치에 주목하면서 이 프로그램들이 탈북민에 대한 대중적 감정의 흐름에 어떠한 방식으로 개입하며, 어떻게 탈북민들이 우리 사회 소수자 문화정치의 자기장 속에 복속되는지를 보여 주고자 한다.

과거 북한 관련 뉴스 프로그램이나 다큐멘터리, 탈북자 기자회견 중계에서는 찾아볼 수 없었던 엔터테인먼트 프로그램의 하나인 탈북민 리얼리티 프로그램에서 작동하는 독특한 미디어 의례와 장치에 주목할 필요가 있다. 특히 미디어 안의 출연자들(패널, 진행자, 일반인 출연자)과 미디어 밖의 일반 시청자들 사이에 특정한 관계 형성을 통해서 발생하는 감정의 흐름과 생성이 중요하다. 이는 리얼리티 프로그램과 같이 엔터테인먼트, 대중문화 영역에서 한 사회의 타자, 소수자에 대한 탈맥락화, 탈역사화된 재현을 통해 이들을 신자유주의 사회에서 단순한 희생양의 범주로 분류해 버리곤 하는 부정적인 문화정치의 작동 과정에서 종종 나타난다.[5] 최근 탈북민 리얼리티 프로그램이 과거 뉴스, 다큐멘터리와 같은 미디어 장르에서 흔히 그

---

5 최근 TV조선의 〈모란봉 클럽〉 등 종편 채널의 탈북민 출연 토크쇼, 리얼버라이어티

랬듯 이데올로기적 텍스트, 메시지의 확산을 통해 정형화된 탈북민
이미지를 확대재생산하는 것을 넘어 새로운 재현 방식을 보여 주고
있음에 주목할 필요가 있다. 탈북민 리얼리티 프로그램에서 주로 관
찰되는 것은 프로파간다, 강압적 메시지나 공적 발표(기자회견)가 아
닌 오락과 즐거움, 그리고 사적이고 친밀한 이야기와 일상적 커뮤니
케이션이다. 최근 탈북민에 대한 소수자 문화정치와 시민권을 둘러
싼 정동정치는 바로 이러한 맥락에서 작동하고 있다.

정동경제affective economy와 엔터테인먼트 산업

이 글에서 사용하는 신자유주의적 정동경제라는 개념과 이론 틀은
미디어가 타자로서 탈북민에 대한 편견을 생산하는 과정, 더욱 구체
적으로 엔터테인먼트 산업을 통해 타자·소수자에 대한 감정의 유통
과정에 개입함으로써 특정한 효과를 생산해 내는 과정을 드러내는
데 유용하다. 엔터테인먼트 산업은 신자유주의 시대 정동경제와 깊숙

쇼에서 미세하지만 주목할 만한 변화들이 나타나고 있다. 과거 1990년대 '고난의 행
군' 시대 북한 생활에 대한 기억을 가지고 있는, 즉 북한 생활에 대하여 상당히 오래
전 기억을 가지고 있는 탈북민들만을 출현시켜 헐벗고 굶주리는 북한 주민의 이미
지를 재생산한다는 비판이 있었다. 하지만 종편 채널의 탈북민 프로그램에서는 탈
북 혹은 정착한 지 얼마 안 된 '새내기' 탈북민들의 출연이 크게 증가했으며, 탈북민
출연자들 사이의 세대·계급·지역 차이에 따른 견해 차이를 과거와 비교해 가감
없이 보여 주거나 또는 오래전 북한 모습을 담은 자료화면만이 아니라 비교적 최근
의 북한 모습을 담은 자료화면을 함께 사용하는 등의 유연한 변화가 일어나고 있다.

이 연관되어 있다. 엔터테인먼트 산업은 단지 기존의 편견과 이데올로기를 단순 재생산하거나 단순 호명하는 이데올로기적 도구가 아니다. 특히 오늘날 미디어와 결합된 엔터테인먼트 산업은 타자에 대한 편견, 혐오와 같은 감정의 흐름에 관련됨으로써 그 독특한 효과를 생산해 내는 정동경제의 핵심 기제 중 하나이다.

"감정의 정치경제the political economy of emotion"를 주장한 아메드S. Ahmed에 따르면 편견 · 혐오와 같은 타자에 대한 감정은 어떤 사물이나 사람, 즉 프로그램 생산자들의 의도, 혹은 타자를 재현하는 기호들 안에 존재하는 것이 아니라 유통과 흐름의 효과로서 생산된다.[6] 혐오 · 적대와 같은 감정은 흐름, 즉 그것이 유통되는 방식이 중요하다는 말이다. 왜냐하면 감정은 어떤 사물에 내재한 특성도 아니고 어떤 개인, 집단에 내재한 것이 아니기 때문이다. 오히려 감정 · 혐오는 그것이 유통되는 과정, 즉 사람들 사이의 상호작용이나 미디어를 통한 매개 과정을 통해 발생하는 것이다. 그렇다면 타자에 대한, 어떤 특정 집단에 대한, 즉 그 사회 소수자에 대한 미디어의 매개 과정과 재현 과정은 매우 중요하다. 어떤 감정들이 발생하고 재생산되며 또한 증폭되거나 감소되는 일이 발생할 수 있는 것이 이러한 감정의 유통 과정, 즉 정동경제를 통해서이기 때문이다. 이것이 정동경제, 즉 감정의 유통 과정에 주목해야 하는 이유이다. 이러한 시각은 타자에 대한 편견, 적대, 혐오와 같은 감정들이 특정 신체, 사물 안에 존재하는 것이 아니라 끊임없는 움직임, 흐름을 통해서 특정

6　Ahmed, S. *The cultural politics of emotion*, p. 45.

타자들, 신체들을 하나의 범주로 묶어 내면서 타자와 차이를 구분하는 경계가 만들어지는 과정을 잘 드러내 줄 수 있다.

더 나아가, 이는 미디어—특히 여기서는 엔터테인먼트 산업—가 기존에 존재하던 편견·혐오의 다양한 감정들을 단순히 전달한다거나 혹은 그러한 편견·혐오의 감정과 결합되어 있는 이데올로기를 재생산한다고 바라보는 시각에서 더 나아갈 필요성을 제기한다. 전통적인 미디어의 기능과 역할로서 메시지 전달이나 이데올로기적으로 과잉결정된 기호, 텍스트의 재생산이라는 가설을 넘어서는 미디어의 역할에 대한 분석이 요구되는 것이다.

후기자본주의 시대 미디어의 역할, 특히 정동경제 혹은 감정의 정치경제학에서 미디어의 역할은 무엇일까? 엔터테인먼트 산업 활성화를 통해서 후기자본주의 시대 미디어는 어떠한 방식으로 편견, 혐오와 같은 감정의 유통에 영향을 미치고 있을까? 특히 한 사회의 타자, 소수자에 대한 미디어의 재현 과정에서 이러한 정동경제에 미치는 미디어의 논리와 의례들은 소수자, 타자의 재현을 둘러싼 문화정치에 어떠한 영향을 주고 있는가? 후기자본주의 한국 사회에서 타자, 소수자에 대한 미디어의 재현은 정동경제의 작동과 어떠한 방식으로 연관을 맺게 되는가? 이러한 질문들이 제기될 필요가 있다.

타자, 소수자에 대한 미디어 재현에 대한 분석은 기존의 이데올로기 분석뿐만 아니라 더 나아가 미디어를 통해 감정이 유통되는 방식에 대한 분석을 요구한다. 그리고 이러한 유통 방식, 정동경제 분석을 통해 타자에 대한 감정, 혐오나 편견의 문화정치를 분석해 낼 필요가 있다. 그 이유는 다음과 같다. 미디어에서 타자의 재현, 소수자의 재현 과정에서 발생하는 감정들은 때로는 그 프로그램 생산자의 기획과 의도에 따라 다양한 감정들을 만들어 낸다. 혐오, 질투, 적대, 동정 등의 감정들이 그러하다. 하지만 이러한 감정들은 많은 경우 프로그램 생산자의 본래 의도와 기획을 벗어나는 경우가 적지 않다. 이는 소수자, 타자에 대한 미디어 스펙터클화 과정에서 특정 집단을 희생양으로 그려 내는 문제적인 보도 방식이나 관행에서도 드러난다. 여기서 난민 · 탈북자와 같은 소수자 · 타자의 트라우마, 극한 고통의 경험은 엔터테인먼트 미디어에 의해 하나의 정체성 혹은 차이의 범주로 고착화된다. 이러한 정체성의 경계 짓기의 과정은 고통의 역사적 맥락과 왜 이러한 고통이 발생하는지에 대한 정치사회적 배경 성찰이 뒷전으로 물러나는 과정과 동시적으로 발생한다.

우리 사회 대표적인 소수자로 그려지는 다문화가족의 이야기에 초점을 맞추는 〈러브 인 아시아〉를 예시로 들어 볼 수 있다. 휴먼다큐 형식의 프로그램들은 종종 다문화가족이나 외국인노동자 같은 우리 사회의 타자, 소수자의 현실에 대한 사회적 관심을 환기시킨다는 기획 의도에서 제작되는 경우가 많다. 특히 공영방송의 경우 더욱 그러하다. 다문화가족, 외국인 며느리의 한국에서의 가정생활, 다른 가족 구성원들(시어머니 등)과의 관계, 한국 남편과 외국인 아내 사이에서 태어난 아이들의 학교생활을 담담하게 담아내는 이러한 다큐 프로그램들은 본래 제작 의도와 다르게 한국의 다문화가족과 소수자에 대한 의도치 않은 편견, 즉 동정심과 온정주의를 낳게 된다.

이러한 힘없는 소수자에 대한 동정심은 다른 상황에서 소수자에 대한 혐오의 감정들과 짝패를 이루는 문제적 태도를 양산하게 된다.

우리 사회의 소수자, 타자들이 자신들의 정체성을 유지하면서 한 사회의 당당한 구성원으로서 어떻게 자리 잡을 수 있을지에 대한 정책적 · 제도적 뒷받침, 지속가능한 대안에 대한 토론, 우리 사회에서 타자의 존재와 위치, 즉 타자를 인정한다는 것의 의미에 대한 깊은 고민과 타자와의 공존 방법에 대한 학습의 자리를 동정심이나 온정주의 같은 감정들이 채우는 것은 바람직하지 못할 뿐만 아니라 위험하기까지 하다. 단순히 비합리적 감정이 합리적 토론이나 성찰을 대신해서가 아니다. 공영방송으로서 소수자 문제의 재현 의무에 대한 합리적 판단이나 결정이 의도한 대로 소수자와의 공존 방법을 사회적으로 찾아 나가는 방향이 아니라, 기존의 정동경제에서의 관습적인 감정의 유통 방식에 복속됨으로써 반대로 적대적 태도와 짝을 이루는 부정적 감정들을 생산해 내는 결과로 이어지곤 하는 일이 빈번하기 때문이다. 다시 말해서, 특정 감정(고통, 혐오 등)의 흐름에 개입함으로써 고통받는 신체, 상처받은 자들을 그 상처와 고통의 역사적 맥락에서 점점 분리해 내어 탈맥락화시켜 단순히 우리 사회의 고통받는 자, 상처받은 자, 소외된 자라는 희생양으로 범주화하고 이것이 하나의 정체성으로 변형, 고착화되어 버리는 것이다.

후기자본주의 시대, 신자유주의 시대에 한국 사회에서 타자, 특정 집단에 대한 범주화, 내부 경계 짓기가 이루어지는 동안 작동하는 감정의 발생, 재생산 혹은 그 감정이 증폭되거나 감소되는 유통 과정 및 여기서 발생하는 효과들에 주목할 충분한 이유가 여기에 있다. 특히 사람들 사이의 상호작용이나 미디어를 통한 매개(재현) 과정에서 발생하는 감정 흐름의 변화와 이로 인한 효과들에 주의를 기울여야 한다.

리얼리티 프로그램의 로컬화와
탈북민 리얼리티 프로그램의 미디어 의례

한국 사회에서 탈북민과 북한에 대한 미디어의 재현 과정이 픽션에서 논픽션으로, 즉 뉴스 · 다큐멘터리에서 토크쇼 · 리얼버라이어티쇼로 변화하는 경향을 띤다고 할 때, 탈북민의 목소리가 해석되고 매개되는 특정한 방식, 즉 토크쇼 · 리얼버라이어티쇼 프로그램 포맷의 고유한 스타일과 관련하여 살펴볼 문제들이 있다. 먼저, 토크쇼 · 리얼버라이어티쇼에서의 실제성reality과 진정성authenticity의 문제이다. 리얼버라이어티쇼는 뉴스와 같은 논픽션, 정통 시사교양 장르와 리얼리티 프로그램과 같이 오락성이 매우 짙은 프로그램의 중간 지점에 애매하게 자리하고 있는 방송 프로그램 포맷이다. 한국의 리얼버라이어티쇼는 상대적으로 높은 비중으로 일반인의 참여보다는 주로 기존 유명인의 일반인화를 통해 나름의 리얼리티 효과를 거두고 있다. 즉 과장된 몸짓, 과장된 감정, 혹은 일상적인 대화체 언어 구사와 커뮤니케이션을 통해서 최대한 일반인처럼 행동하고 말함으로써—다시 말해서, 망가짐으로써—기존의 연예인으로서 자신의 모습을 최대한 지우고자 한다.[7] 예를 들어, 〈모란봉 클럽〉(25회분)에서 양쪽에 40킬로그램이 넘는 포탄을 장착하고 행군한다는 여군 출신 탈북 여성의 말에 제작진이 쌀 포대를 등장시켜 남성 연예인 패널에

---

7 이헌율, 〈한국 리얼리티 프로그램의 실제성 구현 연구: 〈1박 2일〉에 나타난 제작진 노출을 중심으로〉, 《한국방송학보》 29-6, 2015, 241~272쪽.

게 쌀자루 들기 실험을 시켜 쩔쩔매는 모습을 보여 주는 장면이 그러한 예이다.

이러한 연예인의 일반화인화를 통해 시청자들은 나름대로의 리얼리티 효과를 느끼게 된다. 한국의 리얼버라이어티쇼가 종종 보이는 이러한 과장된 스타일이야말로 리얼버라이어티쇼 시청자들이 이 프로그램에 기대하는 바이자 또한 프로그램 제작자들이 기대고 있는 부분이다.[8]

이러한 독특한 프로그램 포맷에서 제작자와 시청자 간의 상호성은 리얼버라이어티쇼에서의 리얼리티 효과가 과연 무엇인지에 대하여 의문을 갖게 한다. 즉, 리얼리티 프로그램과 리얼버라이어티쇼 프로그램에서의 리얼리티는 "다큐적인" 리얼리티가 아니라 "오락적인" 리얼리티라 할 수 있다.[9] 리얼버라이어티쇼 시청자들이 원하는 것은 프로그램 자체의 진정성, 완벽한 리얼리티가 아니라 현재 보이는 상황에 대한 진실성이라는 것이다. 즉, 전체적인 구조와 콘셉트에 연출이

---

8 이러한 과장된 몸짓, 언어 구사는 콜드웰(Caldwell, 1995)이 1990년대 초 미국 방송계에서 발견한 '과도한 스타일화excessive style'라 불렸던 것과 일맥상통한다. 격화된 경쟁이 과다한 미학적 스타일, 즉 외피의 포장으로 이어져 카메라 조작이나 세트의 과대 포장으로 나타나 프로그램의 본질이라 할 수 있는 내용은 정작 뒷자리로 내쳐지는 것을 의미한다. 분석 대상이 된 〈모란봉 클럽〉과 〈이제 만나러 갑니다〉에서의 과도한 스타일은 카메라 조작이나 세트로 나타나기보다는 주로 평범한 세트(보통 커다란 탁자에 서로 마주 보고 둘러앉거나 계단식 세트에 탈북민 출연자와 패널들이 일정하게 정렬해서 앉아 있는 매우 평범한 세트 형태)에서의 선정적인 대화 내용으로 나타났다.

9 옥민혜 · 박동숙, 〈오락적 현실감 작동 방식과 상호텍스트성〉, 《미디어, 젠더, 문화》 14, 2010, 73~109쪽.

가해졌다 하더라도 현재 화면상의 상황, 그리고 그 상황에 놓인 출연자들의 대처 방법이나 반응이 현실적이라면 리얼리티는 충족될 수 있다. 이러한 표피적 진실, 리얼리티 충족 과정에서 골치 아픈 리얼리티는 외면당하기 쉬운 반면, 출연자들의 감정 표출(눈물, 감정적 고백)은 실제보다 과장되거나 과도한 주목의 대상이 된다.

둘째, 리얼리티 프로그램 포맷을 통해 형성되는 글로벌-로컬의 관계 문제이다. 리얼리티 프로그램 포맷의 출현은 1990년대부터 글로벌 방송산업에서의 규제 완화와 경쟁의 가속화, 그리고 세계화 경향과 깊이 연관되어 있다. 리얼리티 프로그램 포맷은 방송 제작 기법, 제작 기술 및 프로그램의 스타일과 미학적 측면에서 세계화 경향을 가속시켰지만 동시에 포맷의 수출과 수입을 통해 로컬의 콘텐츠들이 만들어진다는 점에서 동질적인 세계화라기보다는 글로벌화와 로컬화의 동시적 진행이라는 추세를 반영하고 있다. 일반적으로 리얼리티 포맷을 처음 고안하고 수출하기 시작한 서유럽과 미국에서의 리얼리티 프로그램은 일반인의 전면적인 방송 프로그램 출연(참가)이라는 현상으로 특징지어진다. 서바이벌 게임, 각종 오디션 프로그램, 개선makeover 등의 포맷을 통해 수많은 일반인이 방송 프로그램에 참가하고 이에 대한 중계가 이루어지고 또 수많은 시청자들이 투표 등의 다양한 방식으로 프로그램에 적극적으로 참여한다. 이러한 요소들을 통해서 시청자는 자기와 다름없는 미디어 안의 일반인들을 보고 방송 프로그램 제작 과정에도 관여하는 상호작용을 하게 된다. 다시 말해서 일반인들이 과거 어느 시기보다도 미디어 스펙터클로 더 많이 진입하는 시기에, 즉 일반인의 텔레비전 출연이 많아지는 시기에 리얼리티 프로그램 포맷을 통해서 글로벌과 로컬의 관계가 그 어느 때보다도 밀접한 연관을 갖게 되었다.

리얼리티 프로그램의 글로벌화는 서구 사회에서 리얼리티 프로그램과 신자유주의 확산과의 관계에 대한 논의를 생산해 냈다.[10] 그 논의에 따르면, 리얼리티 프로그램과 신자유주의의 관계는 이들 프로그램이 제시하는 삶의 개선이나 향상이 각 개인의 행위에 대한 조언과 시험 그리고 보상을 통해 이루어진다는 점에서 자신 자신을 대상으로 하는 "자기작업self-work"의 성격을 가진다.[11] 또한 의료, 연금, 빈민 보조, 교육과 같은 국가에 의한 사회복지 영역의 이슈들이 개별 시민의 문제로 그리고 사적인 기업의 후원과 같은 방식으로 대체된다. 이러한 점에서 최근 리얼리티 프로그램은 공공 이슈의 개인화와 사사화 privatization라는 신자유주의적 경향을 포맷과 내용 모두에서 드러낸다.

그러나 서구 사회(주로 미국과 서구 유럽)에서 리얼리티 프로그램의 유행과 신자유주의 확산의 관계에 대한 이러한 논의는, 비서구 사회에서 리얼리티 프로그램의 신자유주의적 성격이 그대로 적용될 수 있을지에 대한 문제에 충분히 주목하지 못하는 경향이 있다.[12] 이는 탈북민 리얼리티 프로그램 분석에 있어 한국적인 맥락에서 로컬화된 리얼리티 프로그램의 특성에 주목하는 것의 중요성을 더욱 높여 준다.

---

10 Ouellette, L. & Hay, J., *Better living through reality TV.* Cambridge, MA: Blackwell, 2008; 김수정, 〈글로벌 리얼리티 게임쇼에 나타난 '자기통치'의 문화정치〉,《한국방송학보》24-6, 2010, 7~44쪽.

11 Ouellette, L. & Hay, J. *Better living through reality TV,* p. 2.

12 김수정, 〈글로벌 리얼리티 게임쇼에 나타난 '자기통치'의 문화정치〉, 21쪽.

흔히 리얼버라이어티쇼라고 불리는 한국적 맥락에서 변형된 리얼리티 프로그램의 특성은 이 글에서 다루는 탈북민 관련 프로그램, 특히 토크쇼와 같은 리얼버라이어티쇼에서의 미디어 장치 및 의례를 통해 작동하는 탈북민 미디어 문화정치의 역학을 파악하는 데 매우 중요한 실마리를 제공해 준다. 여기서 탈북민 리얼리티 프로그램의 독특한 감정의 미디어 문화정치는 일반인 참여자로서의 지위를 가지고 출연하는 탈북민, 유명 연예인으로 구성된 패널,[13] 그리고 한국 사회의 탈북민에 대한 고정관념에서 자유롭지 않은 일반 시청자들의 기대 사이에 존재하는 독특한 관계 분석을 통해서 살펴볼 수 있다. 여기서는 이를 탈북민 리얼리티 프로그램에서의 연예인 패널과 진행자의 위치, 연예인 패널과 탈북민 출연자 사이의 상호작용, 그리고 리얼리티 프로그램에서 시청자의 기대효과로 각각 나누어 살펴볼 것이다.

탈북민 리얼리티 프로그램에 나타나는 시민권의 문화정치

이 연구는 대표적인 탈북민 리얼버라이어티쇼인 채널A의 〈이제 만

---

13 〈잘 살아보세〉, 〈남남북녀〉와 같은 탈북민 출연 리얼버라이어티쇼의 경우 〈이제 만나러 갑니다〉, 〈모란봉클럽〉 같은 토크쇼와 달리 유명인들은 패널이 아니라 탈북민 상대역을 맡는다.

〈표 1〉 분석 대상 프로그램

채널	프로그램명	회차	방송일	시청률(%)*
채널A	이제 만나러 갑니다	206회	2015. 11. 29.	3.9
		207회	2015. 12. 7.	4.3
		208회	2015. 12. 13.	3.9
		209회	2015. 12. 20.	4.8
		210회	2015. 12. 27.	4.5
TV조선	모란봉클럽	22회	2016. 2. 13.	2.9
		25회	2016. 3. 5.	3.1
		26회	2016. 3. 12.	3.3
		27회	2016. 3. 19.	3.2
		29회	2016. 4. 2.	2.8

* 시청률은 닐슨코리아 기준

나러 갑니다〉(이하 〈이만갑〉)와 TV조선의 〈모란봉 클럽〉을 분석 대상으로 정하였다. 이 중 〈모란봉 클럽〉은 2015년 하반기부터 방송이 시작된 점을 고려하여, 2015년 하반기부터 2016년 4월까지의 방송분 중 시청률 기준으로 각각 상위 5개 프로그램, 총 10회분 텍스트를 분석하였다.[14]

〈모란봉 클럽〉, 〈이만갑〉과 같은 탈북민 리얼리티 프로그램에서 진

---

14 개별 프로그램 시청률은 편차가 있지만 대체로 〈모란봉 클럽〉은 2.8~3.3퍼센트, 〈이제 만나러 갑니다〉는 3.9~4.8퍼센트의 시청률을 보였다. 이 중 〈모란봉 클럽〉은 2015년 하반기에는 2퍼센트 미만의 시청률을 보이다가 2016년 1월을 지나면서 2.5~3.3퍼센트를 보이기 시작한 데 비해, 〈이제 만나러 갑니다〉는 2015년 하반기에 비해 2016년 상반기 시청률이 다소 낮아졌다. 이런 이유로 인해, 선정된 텍스트들이 〈이제 만나러 갑니다〉의 경우 2015년 11월~12월 사이, 〈모란봉 클럽〉은 2016년 2월 이후 방송분에 집중되었다.

행자나 패널은 대부분 기존의 연예인(주로 남성)들이다. 〈이만갑〉의 경우 지금까지 패널로 출연한 연예인 대부분이 남성이며 장년, 중년의 연령대가 대부분이었다. 또 다른 탈북민 토크쇼 〈모란봉 클럽〉 역시 진행자를 포함하여 패널들이 중장년 연령대의 남성이다. 리얼버라이어티쇼 형식의 〈잘 살아보세〉, 〈남남북녀〉의 출연 연예인은 토크쇼보다는 연령대가 좀 더 다양하고, 비정기적으로 출연하는 게스트 연예인의 경우 여성도 있다.

　문제는 탈북민 리얼버라이어티쇼에서 연예인들이 기존 리얼버라이어티쇼에서 그러하듯이 일반인이 되고자 한다는 것이다. 즉, 오락적 리얼리티 효과 획득이라는 목표를 위해 과장된 언어 구사와 몸짓 등과 같은 리얼버라이어티쇼의 문법을 그대로 충실하게 따르는 경향이 짙다.[15] 따라서 탈북민 프로그램 진행자 및 패널들의 ‘오락적 리얼리티’ 추구 경향은 탈북민 출연자들과 진행자·패널 사이의 대화로 구축되는 탈북민 출연자들의 대화에 대한 단편적인 해석과 자극적인 언사로 이어지며, 이로 인해 기존의 소수자에 대한 선입견이나 정형화된 이미지를 만들어 내는 과정으로부터 일정한 거리를 두기가 매우 어렵다. 또한 패널 출연자들이 지니고 있는 한국 사회에서의 탈북민에 대한 이미지 및 남한 주류 사회의 탈북민에 대한 기존의 시선들이 탈북민 출연자들의 말, 행위, 몸짓 등을 해석하는 과정에서 다큐적 리얼리티와 오락적 리얼리티 사이를 끊임없이 오가

15　이헌율, 〈한국 리얼리티 프로그램의 실제성 구현 연구: 〈1박 2일〉에 나타난 제작진 노출을 중심으로〉, 241~272쪽.

면서 감정의 유통 과정에 개입한다.

오락적 리얼리티와 다큐적 리얼리티의 혼합 경향은 대부분의 출연자들이 젊은 여성인 탈북민 토크쇼에서 더욱 두드러진다. 이들 프로그램에서는 북한의 실상에 대한 성찰적이고 종합적인 판단보다는, 종종 때묻지 않고 순진무구하다고 가정되는 탈북 여성의 외모나 말투 등으로 나타나는 출연자 개인의 외적 특성이 중요하게 부각되곤 한다. 여기서 북한에서의 빈곤한 생활, 탈출 과정에서 경험한 고통의 이야기는 탈북민들을 우리 사회 소수자, 희생양의 자리에 위치시킨다. 이러한 재현 과정은 기존의 소수자에 대한 관습적인 감정, 동정심이나 온정주의적 감정을 낳을 뿐이다. 동시에 북한 현실, 탈북민의 탈출 경험에 대한 이야기는 파편적이고 표피적인 해석에 의존하거나 혹은 젠더화된 시선에 그대로 노출되는 결과를 낳곤 한다.[16]

기존 미디어 안의 존재인 연예인 패널과 미디어 밖의 존재인 탈북민 (여성) 출연자 사이의 상호작용은 리얼리티 프로그램의 미디어 의례와 장치를 통해서 독특한 규정을 받게 된다. 〈이만갑〉, 〈모란봉 클럽〉에서 중장년층 연예인 남성 패널들은 리얼리티 프로그램 포맷에서 조언과 충고를 담당하는 전문가 패널들이 그러하듯이, 다양한 조언을 제공하는 역할을 담당한다. 반면 일반인으로서의 위치 규정을 받는 20대의 젊은 탈북 여성들은 자신들의 남한 정착 과정에서 벌어지는 다양한 문제와 경험에 대한 사적인 커뮤니케이션―때

16　이선민, 〈탈북 여성은 어떻게 말할 수 있는가? ― 텔레비전 토크쇼 〈이제 만나러 갑니다〉(채널A)에 대한 비판적 분석을 중심으로〉, 109쪽.

로는 고백의 형식을 취하기도 하는—과정에서 법률, 경제, 연애, 쇼핑, 일상생활 등 다양한 상황과 생활에서 성숙한 시민으로서 요구되는 다양한 조언을 구하는 위치에 서게 된다. 여기에서 중장년 남성 패널은 성숙한 시민적 권리를 획득하고 있는 어른스러운 주체로서 등장하는 반면, 탈북 여성 출연자들(특히 20대의 탈북 여성 출연자들)은 때묻지 않고 순수한 "유아적 시민infantile citizens"으로 재현된다.[17] 한국 사회에서 탈북 여성이 공적인 장에서 말할 수 있는 권리 획득이 이러한 사적 영역에서의 커뮤니케이션을 통해서 이루어지는 것이다. 이는 종종 남성성과 성숙한 시민으로서의 권리가 동일시되는 한국 사회의 문화시민권을 둘러싼 보수적이고 성차별적인 문화정치적 상황과 무관하지 않다.

탈북민 토크쇼, 리얼버라이어티쇼에서 일반인 역할의 탈북민들(주로 탈북 여성)이 주로 들려주는 이야기는 한편으로는 탈북 과정에서 겪은 생사를 넘나드는 극한의 경험과 다른 한편으로는 탈북하기 이전 북한에서의 삶, 그리고 남한 사회 적응 과정에서의 경험 등과 같이 일상적인 삶의 이야기를 담고 있다. 즉, 예외적이고 극한적인 상황과 일상적인 생활의 이야기가 함께 섞여 있다. 이러한 탈북민의 이야기는 리얼리티 프로그램 포맷에 대한 시청자들의 일반적인 기대와 뒤섞여 일반 시청자들에게 매우 복합적인 메시지와 감정의 흐름을 낳고 있다.

---

17 Berlant, R., *The Queen of America Goes to Washington City: Essays on Sex and Citizenship*, Durham: Duke University Press, 1997.

지금까지 탈북민들의 탈북 경험 증언은 한국 사회의 탈북민 미디어 재현의 역사에서 주로 오락 프로그램이 아닌 다큐멘터리나 뉴스가 만들어 내는 미디어 스펙터클의 대상이었다. 하지만 토크쇼, 리얼버라이어티쇼와 같은 리얼리티 프로그램 포맷에서 탈북민들의 증언은 뉴스나 다큐멘터리에서와는 매우 다른 맥락에서 시청자들에게 받아들여진다. 일반적으로 리얼리티 프로그램에서 시청자들은 일반인 출연자의 행위와 말에 어느 정도 과장과 조작성이 다분하게 있음을, 즉 소위 과도한 경쟁, 노출, 몸짓, 언어 구사 등을 통해 연예인 대열에 빨리 합류하려 노력한다는 점을 이미 감지하고 있다.[18] 즉, 리얼리티 프로그램 일반인 출연자들의 말과 행동이 모두 거짓으로 받아들여지는 것은 아니지만, 기존의 뉴스 · 다큐멘터리에서의 증언과는 다른 차원의 리얼리티 효과를 가지고 있다는 말이다. 즉, 리얼리티 프로그램 포맷에서 탈북민 이야기의 리얼리티는 이들 탈북민 출연자들이 하는 말의 내용이나 진실성에서도 찾아지지만 동시에 이들이 순간의 상황에 대처하는 과정에서 나타나는 그럴싸함이나 표피적 진실성이 가져다주는 리얼리티 효과에서 찾아지곤 하는 일이 빈

---

18 일반적으로 리얼리티 프로그램 포맷에서 일반인의 출연이 갖는 의미에 대한 긍정적 평가가 없지 않지만 리얼리티 프로그램에서 미디어인(연예인)과 비미디어인(일반인)의 구분은 매우 강력하다. 즉, 일반인의 연예인화는 오직 매우 제한적으로만 이루어지고 이는 민주적 전환이나 다양성의 확대라고 보기에는 부족하며, 설사 이런 일이 발생하더라도 이들은 미디어인들 중에서도 가장 최하층을 구성하게 된다 (Curnutt, H., "Durable participants: A generational approach to reality TV's 'ordinary' labor pool," *Media, Culture & Society* 33-7, 2011, pp. 1061–1076; Turner, G. *Ordinary people and the media: The demotic turn.* New York: Sage, 2010.).

번하게 발생한다.

(노출이 심한 복장에 대해 이야기 도중)

사회자 : 우리 김 선생님 점잖으시고 작가시고, 한국에 오고 어떠셨어요? 여름에 어떠셨어요? 당황하셨을 것 같은데

탈북자(남) : 저는 거북해 하고요. 딸이 딱 붙는 옷 입어도. 제가 좀 얘기하고 있고요. 한국에 처음 오니깐 째진 바지 입은 걸 보고, 야 우리 교과서에서 배운 거지새끼들 만나는구나.

탈북자(여) : 저희 때는 시장경제 들어와서 티나 스키니진 같은 거 입다가 왔는데도, 너무 노출을 과하게 하니깐 여성답지 못하다는 생각이 들었어요. _〈이제 만나러 갑니다〉 209회

그럼에도 불구하고 탈북민 관련 리얼리티 프로그램에 대한 일반 시청자들의 기대에는 일반적인 리얼리티 프로그램에서의 기대로 환원될 수 없는 특징이 있다는 점도 간과되어서는 안 된다. 먼저, 탈북민 관련 리얼리티 프로그램에서 일반 시청자들은 일반인 출연자, 즉 기존의 탈북민에 대한 고정관념에서 자유롭지 못하다. 즉, 서구의 리얼리티 프로그램에서 일반인 출연자에 대한 시청자들의 일반적인 기대는 탈북민 · 북한에 대한 이데올로기적인 미디어 재현의 역사에 길들여진 한국의 일반 시청자들에게는 낯선 것이다. 따라서 서구 리얼리티 프로그램에서 활동적인 행위자 혹은 권능감empowerment으로 포장되곤 하는 일반인 출연자들의 모습과 탈북민의 모습을 오버랩시키는 것은 결코 자연스러운 과정일 수 없다. 오히려 탈북민의 이

미지는 가족관계(〈잘 살아보세〉), 부부관계(〈남남북녀〉의 경우)와 같은 상대적으로 안정적이고 전통적이며 고정된 범주나 역할과 연관되어 재현되곤 한다.

진행자(김성주): 문종숙, 박성희 모녀부터 해서 특별한 탈북 이야기를 여러분과 함께 나눠 볼까 하는데요. 탈북을 하려고 했던 계기는 무엇이었을까요?

(중략)

탈북 여성(윤서연): 저 같은 경우에는 가족이 먼저 한국에 와 있었거든요. 북한에서 북한 브로커들이 저를 넘겨줄 때 저는 가족이 한국에 있다는 말 안 했어요. 왜냐면 탈북 과정이 잘 안 되는 경우를 타산해서 한국에 가족 있어서 왔다 하면은 바로 정치범이에요. 그래서 저는 다 숨기고 나는 살기 힘들어서 중국에 가려고 한다. 그래서 밀수꾼들 속에서 중국에 도착하니까 제가 가족이 없으니까 벌써 이 사람들은 저를 팔 경로까지 다 마련해 놓은 거예요. (중략) 그래서 저는 밥을 먹는데 젓가락 들고 죽겠다 그랬어요. 여기서 저를 팔면 막 죽겠다고. 그러니까 그 사람이 무서워서 진정하라고 그러면서 엄마한테 전화를 연결시켜 주는 거예요. 그리고 그 브로커가 엄마한테 돈을 엄청 부르는 거예요. 천오백 만원 달래요. (어휴) 엄마가 제발 달라는 대로 다 주겠으니까 제발 내 딸만 다치지 않게 하고 사람 보낼 테니 무사히 넘겨만 달라. 다음 날 다른 사람한테 팔지 않고 엄마가 저를 샀어요. _〈모란봉 클럽〉 29회

미디어와 탈북민을 둘러싼 정동의 문화정치

이 글은 탈북민 출연 리얼리티 프로그램으로서 토크쇼와 리얼버라이어티쇼의 미디어 의례와 장치를 분석함으로써, 이들 프로그램의 독특한 효과에 대해 고찰하였다. 리얼리티 프로그램의 한국적 특성이 반영된 두 편의 탈북민 출연 리얼버라이어티쇼 〈이만갑〉, 〈모란봉 클럽〉에서의 미디어 의례와 장치 분석을 통해서 미디어 안과 미디어 밖, 일반인과 유명인 사이, 그리고 이들 프로그램을 바라보는 시청자들의 기대 사이에 어떠한 독특한 관계가 형성되고 작동하는지를 살펴보고자 했다. 또한 이를 통해서 후기자본주의 한국 사회에서 소수자로서 탈북민을 둘러싼 보수적인 시민권 문화정치의 역학을 밝혀내려 했다.

탈북민 리얼리티 프로그램에서 나타나는 미디어 의례 분석은 탈북민 리얼리티 프로그램에 대한 비판적 접근을 가능하게 해 준다. 미디어 의례에 의한 텔레비전 프로그램 분석은 한 사회에서 미디어의 위치와 역할에 대하여 비판적인 시각을 견지하는 데 유용하다. 미디어 의례는 미디어가 세계 혹은 한 사회의 중심에 접근하는 데 있어서 통로 역할을 하고 있다는 신화에 기반을 두고 있다.[19] 한 "사회에 하나의 중심이 존재하며 어떤 의미에서 미디어는 이 중심을 대변"하고 있다는, 즉 "미디어가 매개의 중심이라는 신화"이다.[20] 따라

---

19 Couldry, N., *Media rituals: a critical approach*, London: Routledge, 2003.

20 Couldry, N., *Media rituals: a critical approach*, p. 2.

서 미디어 의례에 대한 이러한 신화에 기반을 둔 미디어 재현은 미디어를 통한 행위의 일종이라고 볼 수 있다. 이러한 미디어 행위들은 미디어가 사회의 중심에 접근하는 데 있어서 가장 중요한 수단이라는 관념을 기반으로 하고 있으며, 이에 따라 미디어의 가치를 정당화하고 강화하는 미디어의 핵심적 범주, 경계들을 구성하는 데 깊숙이 관련된다.

이러한 측면에서 본다면 탈북민 리얼리티 프로그램에서 나타나는 미디어 의례 분석을 통해서 드러나는 탈북민 프로그램이 만들어 내는 특정한 문화정치는 신자유주의적 자본주의 한국 사회에서 문화적 시민의 모습, 즉 '시민적 정체성'의 정치와 무관하지 않다.[21] 탈북민 리얼버라이어티 프로그램의 효과로서 나타나는 시민적 정체성을 둘러싼 문화정치는 매우 복합적이다. 탈북민 리얼버라이어티쇼에서의 역할 설정에 나타나듯 탈북민의 정체성과 역할은 가족관계, 부부관계와 같이 상대적으로 안정적이고 전통적인 범주들과 연관되어 규정된다. 탈북민 토크쇼에서의 북한 생활 증언에서 때때로 나타나듯이 탈북민의 정체성은 다른 무엇보다도 한 가족의 구성원, 즉 누구의 아들이거나 딸 등의 관계적 형태로 나타난다.

또한 탈북민 리얼리티 프로그램에서 탈북민의 모습은 아직 자본주의 남한 사회에 완전히 정착하지 못한 미숙한 시민의 모습으로 나타나기도 한다. 경제생활, 쇼핑, 연애 등의 다양한 일상생활 및 친밀

---

21 이희은, 〈문화적 시민권과 문화연구의 만남에 대한 모색: 공사영역의 이분법 극복과 연대의 가능성을 위하여〉, 《언론과 사회》 18-2, 2010, 40~81쪽.

성의 영역에서 겪었던 우리 사회의 독특한 소수자로서 탈북민들의 경험담은 남한 출신의 유명인 패널과 진행자, 혹은 리얼버라이어티 쇼에서의 남한 출신 유명인 아버지, 오빠, 남편이 제공하는 조언과 교육의 대상이 된다. 특히 〈모란봉 클럽〉과 〈이만갑〉에서처럼 출연 자들의 다수가 젊은 여성 탈북민인 경우 이들은 사적인 커뮤니케이션을 통해 미숙하고 순진한 시민으로 부각되곤 한다. 탈북민 리얼리티 프로그램이 미디어 의례를 통해서 신자유주의적 후기자본주의 한국 사회에서 보수적이고 성차별적인 시민적 정체성의 문화정치 작동에 영향을 미친다는 점은 넓게는 미디어와 이주migration, 미디어와 소수자 문화정치, 그리고 좀 더 좁게는 한국 사회에서 글로벌 자본주의와 '민족'의 신자유주의적 접합 과정에서 미디어의 역할과 위치를 바라보는 데 중요한 시사점을 제공한다.

같은 민족으로서의 동질성보다는 신자유주의적 극한 경쟁이 더욱더 강력한 사회문화적 아비투스로 확실히 자리 잡아가고 있는 한국 사회에서 탈북민은 비록 국적은 한국이지만 사회문화적으로 우리 사회의 소수자로서 그것도 민족의 위계적 구성에서 가장 주변부의 위치를 차지하고 있다.[22] 이러한 탈북민의 정체성을 둘러싼 사회문화적 배경의 변화는 탈북민을 둘러싸고 진행되는 미디어 재현에서 반공이데올로기에 기반을 둔 재현 방식과 더불어 활발하게 작동하는 보수적인 시민권 문화정치에 주목할 필요성을 제기한다.

---

22 Campbell, E., *South Korea's new nationalism: the end of "one Korea"?*, Boulder: First Forum Press, 2016, p. 491.

더 나아가, 탈북민 리얼리티 프로그램에 의한 탈북민 재현이 단순히 탈북민 리얼리티 프로그램을 제작하는 미디어 텍스트(혹은 그 생산자들)의 이데올로기 효과를 넘어, 리얼리티 프로그램의 독특한 미디어 의례를 통해서 작동하는 정동의 문화정치, 시민권을 둘러싼 감정의 흐름과 유통에 개입하는 문화정치가 출연자들과 시청자들에게 더욱 강력할 수 있음을 의미한다. 하지만 이러한 결론이 탈북민 리얼리티 프로그램에 의한 탈북민 재현의 이데올로기 분석과 비판이 필요하지 않다거나 더 이상 유용하지 않다는 의미는 아니다. 다만 그럼에도 불구하고 이제 이데올로기가 과거처럼 모든 영역에 걸쳐 적용될 수 있는 권력의 모든 작동 방식을 규정하진 않는다는 것을 인식할 필요가 있다. 브라이언 마수미Brian Massumi가 적절하게 말하고 있듯이, 이데올로기는 이데올로기만으로 규정되지 않는 더 큰 차원의 영역에서 다양하게 존재하는 권력의 작동 방식들 중 하나로 보아야 하며, 따라서 바로 이러한 이유로 이데올로기가 언제, 어떻게 나타나고 작동하는지(혹은 작동하지 않는지) 그 조건들을 분석하는 것이 더욱더 중요해졌다.[23]

이러한 측면에서 본다면, 이 연구는 오늘날 탈북민과 같은 소수자들을 향한 감정들을 불러일으키는 리얼리티 텔레비전 프로그램들의 특정 미디어 의례를 통한 정동정치의 작동을 밝혀냄으로써, 최근 소수자에 대한 보수화·극우화 경향의 문화정치가 반공이데올로기의 작동에 한정되었던 탈북민에게도 작동하고 있음을 보여 주고 있다.

---

23 Massumi, B., *Parables for the virtual*, Durham, NC: Duke University Press, 2002, p. 42.

앞의 분석에서 드러났듯이, 탈북민 출연 리얼리티 프로그램은 탈북민에 대한 미디어 재현의 역사에서 본격적으로 탈북민을 미디어 스펙터클의 일부로 편입시키고 있다는 점에서 새로운 현상임에 틀림없다. 이 연구는 탈북민 리얼리티 프로그램의 미디어 의례 분석을 통해, 기존의 북한 체제를 참지 않고 경계 넘기의 행동을 결정하고 단행한 탈북민들이 리얼리티 프로그램이 제공하는 미디어 '의례'—즉, 이들에게 주어진 역할과 기대—를 통해서 우리 사회의 시민으로서의 지위와 아비투스를 둘러싸고 작동하는 시민권의 문화정치의 일부가 되고 있음을 보여 주고자 했다. 또한 탈북민 리얼리티 프로그램의 일반 시청자들도 미디어 의례를 형성하는 프로그램의 내적 장치들을 통해 매우 특정한 방식, 즉 탈북민 재현을 둘러싼 오락적 리얼리티와 다큐적 리얼리티 사이의 경합 과정에서 혼란스럽게 형성되는 보수적인 시민권 문화정치의 과정에 편입되고 있다는 점을 강조하였다.

참고문헌

김수정, 〈글로벌 리얼리티 게임쇼에 나타난 '자기통치'의 문화정치〉, 《한국방송학보》 24-6, 2010.

방희경 · 이경미, 〈종편채널의 북한이미지 생산방식〉, 《한국언론학보》 60-2, 2016.

오원환, 〈탈북자에 대한 미디어의 담론적 구성〉, 《한국 사회 미디어와 소수자 문화 정치》, 커뮤니케이션북스, 2011.

옥민혜 · 박동숙, 〈오락적 현실감 작동 방식과 상호텍스트성〉, 《미디어, 젠더, 문화》 14, 2010.

이선민, 〈탈북 여성은 어떻게 말할 수 있는가? – 텔레비전 토크쇼 〈이제 만나러 갑니다〉(채널 A)에 대한 비판적 분석을 중심으로〉, 《미디어, 젠더, 문화》 29-2, 2014.

이헌율, 〈한국 리얼리티 프로그램의 실제성 구현 연구: 〈1박 2일〉에 나타난 제작진 노출을 중심으로〉, 《한국방송학보》 29-6, 2015.

이희은, 〈문화적 시민권과 문화연구의 만남에 대한 모색: 공사영역의 이분법 극복과 연대의 가능성을 위하여〉, 《언론과 사회》 18-2, 2010.

태지호 · 황인성, 〈텔레비전 토크쇼 〈이제 만나러 갑니다〉(채널A)의 탈북 여성들의 사적 기억 재구성 방식과 그 의미에 대하여〉, 《한국언론정보학보》 11, 2012.

Ahmed, S. *The cultural politics of emotion*, New York: Routledge, 2004.

Berlant, R. *The Queen of America Goes to Washington City: Essays on Sex and Citizenship*. Durham: Duke University Press, 1997.

Caldwell, J. T. *Televisuality: Style, crisis, and authority in American television*. New Brunswick, N.J: Rutgers University Press, 1995.

Campbell, E. *South Korea's new nationalism: the end of "one Korea"?*, Boulder: First Forum Press, 2016.

Couldry, N. *Media rituals: a critical approach*. London: Routledge, 2003.

Massumi, B. *Parables for the virtual*. Durham, NC: Duke University Press, 2002.

Ouellette, L. & Hay, J. *Better living through reality TV*. Cambridge, MA: Blackwell, 2008.

Turner, G. *Ordinary people and the media: The demotic turn*. New York: Sage, 2010.

Curnutt, H., "Durable participants: A generational approach to reality TV's 'ordinary' labor pool," *Media, Culture & Society* 33-7, 2011.

포스트 코로나 시대 스마트 모빌리티 서비스를 위한 정책

: 인간과 기술의 융합을 중심으로

조병철

이 글은 《International Journal of Diaspora & Cultural Criticism》 11권 1호(2021.1)에 실린 원고를 수정 및 보완하여 재수록한 것이다.

스마트 모빌리티: 이미 시작된 미래

최근 인류는 '코로나19'를 겪으면서 이전과 다른 새로운 세계를 경험하고 있다.

'코로나19'가 재택근무 확산, 화상 업무회의, 온라인교육과 온라인 캠퍼스 등 사회 전반의 혁신을 예고하고 있기 때문이다. 많은 연구자와 현업인들은 이러한 변화를 새로운 기회로 인식하며 스마트 모빌리티 실현을 위해 노력하고 있다. 세계 거대 미디어기업인 구글, 애플도 이러한 흐름에 맞춰 본격적으로 사업을 확장하고 있으며 국내 통신 3사, 현대 · 기아자동차, 네이버와 카카오 등의 미디어기업도 스마트 모빌리티 사업에 적극적으로 도전하고 있다. SF영화에서만 보던 스마트 모빌리티 서비스는 '코로나19'의 촉발로 인해 더 이상 미래가 아니라 현실이 되고 있다.

미디어 패러다임의 변화와 스마트 모빌리티 개념

코로나바이러스로 촉발된 실직, 고용 감소와 같은 경제적 문제는 양극화를 초래하며 계층 간 갈등, 혐오 현상 등 사회적 문제로까지 이어지고 있다. 우리 정부는 이러한 변화를 일으킨 신종 코로나바이러스를 '코로나19'로 명명하였다.[1]

---

[1] 2020년 2월 11일 WHO는 공식 명칭을 'COVID-19'로 정한다고 발표하였다. 'CO'는

'코로나19'가 가져온 사회적 변화와 함께 미디어 패러다임의 변화도 예상되고 있다. 즉, '뉴노멀new normal'시대가 본격적으로 도래한 것이다.

뉴노멀 시대 전 세계적으로 이러한 경제적 · 사회적 문제를 반영하듯 재택근무가 늘어나면서 웨어러블 모바일 디바이스wearable mobile device, 스마트홈smart home의 역할이 중요해지고 있다. 특히, 이전에 경험하지 못하였던 시간과 공간적 제약을 넘어서는 모빌리티 수요가 더욱 급증하고 있다.

국내에서는 전통적으로 모빌리티와 유사한 의미로 '이동성移動性'이라는 용어를 사용해 왔다. 현대문명에서 이동의 개념적 의미는 물리적인 이동뿐만 아니라 금융, 정보통신, 가상공간virtual space 등 탈영역적으로 확장되고 있다. 마누엘 카스텔Manuel Castells은 정보통신기술의 발달로 '가상 공동체virtual community'라는 새로운 공동체의 출현을 주장한 바 있다.

존 어리John Urry는 새로운 모빌리티의 개념적 의미를 사회학적 관점에서 접근한다. 그의 논지에 의하면, 새로운 모빌리티의 개념적 의미는 개인과 정보의 이동뿐만 아니라 이러한 이동들을 가능하게 하는 시설 · 제도까지 포함한다. 개인은 웨어러블 모바일 디바이스를 통해 그동안 불가능했던 이동의 제약을 극복하며 새로운 미디어

코로나Corona, 'VI'는 바이러스virus, 'D'는 질환disease, '19'는 신종 코로나바이러스 발병이 처음 보고된 2019년을 의미한다. 한국 정부는 WHO의 '코비드-19'라는 명칭 대신 질병관리본부의 의견을 받아들여 '코로나19'라는 명칭을 사용한다고 밝혔다.

환경에 적응하고 있다. 즉, 가상세계와 현실 세계의 접속과 이동이 일상화되면서 현대인은 거대한 알고리즘으로 이루어진 진정한 스마트 모빌리티[2] 세상을 맞이하고 있다.

미디어 이론가인 마셜 매클루언Marshall McLuhan은 새로운 전자매체에 의해 중심이 된 시각의 상호작용을 강조하면서 새로운 뉴미디어 시대가 도래했다고 선언한 바 있다. 매클루언은 미디어가 인간의 감각기관 내지 신체기관의 확장이라는 의미로 이 표현을 사용했는데, 신체기관의 확장이 지향하는 것은 시간과 공간의 범위 확장을 의미한다. 매클루언의 논지처럼 인간은 스마트 모빌리티 기반의 실감 콘텐츠를 통해 새로운 세상을 인식하고 있다.[3] 이러한 맥락에서 매클루언의 관점에서 스마트 모빌리티 기반의 실감 콘텐츠는 시간성, 공간성의 한계를 극복할 수 있으며 나아가 신체의 감각이 가지고 있는 원초적인 한계를 뛰어넘을 수 있다는 것이다. 이처럼 스마트 모빌리티가 이끄는 새로운 세상은 여러 부작용에 대한 우려와 새로운 가능성을 동시에 제시하며 논쟁의 중심이 되고 있다. 우리는 문명사적 대전환기를 맞은 시점에서 그동안 간과해 온 스마트 모빌리티의 기술적 관점과 인문학적 관점을 동시에 수용하면서 '코로나19'가 위기가 아니라 기회임을 인식해야 할 것이다.

---

2 논자는 스마트 모빌리티를 기존 교통 체계와 스마트 기술이 융합된 새로운 모빌리티를 통칭하는 용어로 정의하겠다.

3 실감 콘텐츠란 실제로 체험하는 듯한 느낌을 주는 콘텐츠, 인간의 감각기관을 통해 실제인 것 같은 경험을 제공하는 가상현실 콘텐츠, 증강현실 콘텐츠 그리고 홀로그램 콘텐츠를 지칭한다.

'코로나19'는 '사회적 거리두기'를 통해 미디어 패러다임의 변화까지 일으키고 있다. 개인들은 그 이전에는 세계화를 경험하였다면, 이제 '코로나19'로 인해 이동성의 제약과 더불어 네트워크의 새로운 변화에 적응하고 있다. 즉, 포스트 코로나 시대는 모빌리티가 의미하는 '이동성'에 많은 제약과 변화를 유도하면서 진정한 '4차 산업혁명'을 예고하고 있다. 이러한 현상은 '코로나19'라는 위기에도 불구하고 웨어러블 모바일 디바이스가 이끄는 스마트 모빌리티 수요가 더욱 급증하고 있음을 의미하기도 한다. 이처럼 '코로나19'는 전 세계 네트워크 연결과 확장의 장애물로 이동성의 제약을 초래함과 동시에, 문명사적 대전환이라는 가상공간의 혁명을 야기하고 있다.

포스트 코로나 시대는 현대인의 사회적 삶과 문화의 변화와 문명사적 대전환을 예고하고 있다. 다양한 사회적 확장과 변화의 중심에 모빌리티가 있다. 모빌리티는 네트워크화된 특성에 의해 지역과 국가 개념마저 거의 소용없게 만들고 있다.

최근, 스마트 모빌리티는 스마트 기술과 융합되어 그동안 기술적 한계로 구현하기 어려웠던 길 안내navigation, 카 셰어링car sharing, 라이드 헤일링ride hailing 등 지능형 교통체계intelligent trasportation system까지 가능하게 하고 있다. 따라서 스마트 모빌리티의 개념적 의미는 기술적 발전과 인문사회학적 관점에 따라 확장 가능할 것이다.

〈그림 1〉에서 논자는 형태론morphology의 계층 구조 개념을 적용하여 스마트 모빌리티가 분해될 수 있는 조건을 파악해 스마트 모빌리티의 개념적 의미를 재정립하고자 하였다. 여기서 전동스쿠터, 전동킥보드, 휠체어 그리고 자율주행 자동차도 연결성connectivity 기술에

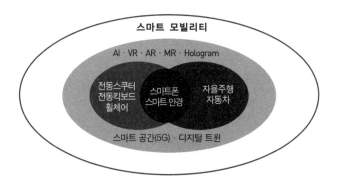

〈그림 1〉 스마트 모빌리티의 구조 개념

의해 스마트 모빌리티 범주 안에 포함된다. 이러한 스마트 모빌리티 서비스는 개인용 스마트폰과 스마트 안경에 의해 연동되고 제어되고 있다.

'코로나19'와 변화된 일상: 스마트 모빌리티 서비스

스마트 모빌리티는 5세대 네트워크인 5G 초고속 이동통신기술의 표준화라는 새로운 '권력의 효과'를 창출하고 있다. 5G 기반의 초고속 이동통신기술은 스마트폰과 스마트 안경을 통해 이동 중에도 초고용량 실감 콘텐츠 서비스의 안정적인 실현을 가능하게 한다. 즉, 국가와 통신사는 효과적인 방법의 디지털 파놉티콘digital panopticon을 통해 권력을 신속하게 작동하게 하고 '권력의 효과'가 경제 발전을 이끌어 나가는 전략을 구사하고 있다. 이로 인해 장기적으로 인공지능 기반의 가상현실, 증강현실, 혼합현실 그리고 홀로그램 서비스가 연계된 자율주행 자동차의 인포테인먼트 서비스infotainment service가 가능할 것이다. 이처럼 실시간 데이터 서비스realtime data service, 초고신뢰 서비스ultra-reliable service, 저지연low latency 서비스는 포스트 코로나 시대 스마트 모빌리티의 개인화 서비스를 위해 더욱 진화할 것으로 예상된다. 즉, 스마트 모빌리티 기반의 가상공간은 시간과 공간의 한계를 넘어 관객과 감성 정보로 소통하며 새로운 서비스의 가능성을 제시하고 있다.

개인들은 웨어러블 모바일 디바이스를 통해 실제 유명 명소와 도심지를 활보할 수 있었다. 하지만 '코로나19'로 인해 현실 공간보다는 가상공간을 활보하는 일이 더 많아졌다. 발터 벤야민Walter Benjamin은 그의 저서 《산책자의 귀환The Return of the Flâneur》(1929)에서 프랑스 문학자 샤를 보들레르Charles Baudelaire의 '산책자' 개념에 기초하여 프랑스 파리 시내를 활보하는 '산책자' 개념을 제시한 바 있다. 발터 벤야민의 논지에 의하면, '산책자'는 지나가는 이들의 얼굴과 형체를 정신적으로 기록하고 또 즉각적으로 지워 가면서 시내 군중의 공간을 탐색한다. 즉, 탐색 공간navigation space은 주관적인 공간이고, 그것의 구조는 움직임과 감정에 반응한다. 샤를 보들레르의 산책자 개념은 가상공간의 위상이 물리적 공간의 위상보다 높아진 지금, 가상공간을 '항해'하는 탐험자를 지칭하는 개념으로 전환될 수 있다. 이른바 포스트 코로나 시대에 이르러 인간의 '항해' 행위는 가상공간을 넘어 시공간을 초월하는 새로운 개념으로 더욱 확산될 가능성이 있기 때문이다. 현대인들은 왜 웨어러블 모바일 디바이스에 연결된 새로운 디지털 공간digital space에 집착할까? 산책자들은 물리적 공간의 육체를 포기하고 현실과 분리된 가상환경의 새로운 공간에 지속적으로 머물러 있음으로써 그 세계에 더욱 익숙해질 것이다. 포스트 코로나 시대 재택근무가 늘어나면서 스마트 안경과 같은 웨어러블 모바일 디바이스와 음성인식으로 모든 서비스가 가능한 스마트홈의 역할이 중요해지기 때문이다. 이와 연계된 자율주행 자동차self driving car는 새로운 스마트 모빌리티 시대를 앞당길 것이다. 〈그림 2〉는 스마트 모빌리티 서비스 중 개인들이 가장 접근하기 쉬운 웨어러블 모

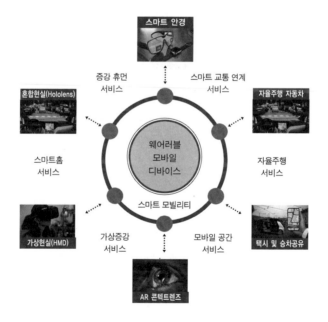

〈그림 2〉 스마트 모빌리티 주요 서비스 개념도

바일 디바이스 서비스 개념도이다. 이처럼 스마트 모빌리티 서비스는 자율주행 서비스나 택시 및 승차공유 서비스에 국한되지 않는다.

웨어러블 디바이스와 연결된 유튜브의 인공지능 추천 서비스는 산책자들이 물리적 공간으로 복귀하지 못하고 계속 가상공간에 머물러 있으면서 광고를 소비하게 만든다. 이러한 알고리즘의 원리는 도심 지하철역 출입구가 쇼핑몰 등의 소비 공간으로 바로 연결되는 것과 매우 유사하다. 즉, 이것은 미로 감각의 상실, 도시공간의 방향 상실을 의미한다.[4] 이러한 가상공간을 방문하는 산책자들은 바깥의 현실 세계와 분리된 가상공간에 점점 익숙해져 간다. 프랑스의 철학자 장 보드리야르Jean Baudrillard는 "우리가 사는 이 세계가 현실 공간인지 가상공간인지 구분할 기준은 우리가 갖고 있지 않다"라고 주장한다. 이처럼 실제가 가상화되고 가상이 실제화되는 가운데 현대인의 신체는 새로운 지각 방식에 노출되어 있다. 이러한 변화 속에서 현대인은 모바일 공간이라는 욕망의 공간을 끊임없이 방황하기도 한다. 장 보드리야르는 "이러한 현대 문명사회를 거대한 시뮬라시옹 Simulation의 세계"라고 주장한다. 새로운 지각 방식으로 체험된 경험이 우리의 현실을 반영해 나가고, 변화된 현대 문명사회에서 개인은 새로운 세계를 헤매는 가상적 존재로서의 '나'를 목도하면서 정체성의 혼란을 겪고 있다. 즉, '코로나19'로 인해 가상공간에서 새로운 자아를 구성하고 새로운 미디어에 자신의 정체성을 편입시키는 일은

---

4 시민들은 매일 방향감각을 상실하고 쇼핑몰에서 소비하며 방황한다. 서울에는 대표적으로 삼성역 코엑스몰과 잠실역 롯데월드몰이 있다.

매우 일상적인 일이 되고 있다. 특히, 대기업들은 이러한 현상을 적극 마케팅과 기술혁신의 기회로 활용하고 있다.

마셜 매클루언은《미디어의 이해Understanding Media》에서 인간의 확장된 감각을 이용해서 현실 세계와 단절된 새로운 세계를 인식하고 상호 교감하는 것은 자연스러운 현상이라고 언급한 바 있다. 이는 '코로나19'를 둘러싸고 있는 많은 논쟁에서 현실 세계의 장소가 점점 사라지는 위기와 새로운 장소에 대한 기회가 공존하고 있다는 점에서 주목할 필요가 있다.

장소성의 재고찰

장소성의 위기

'코로나19'에 디지털 공간 활용이 빈번해지면서 물리적인 공간의 정체성과 장소의 의미가 점점 퇴색되어 가고 있다. '코로나19'로 인해 공간의 재편이 이루어지면서 개인은 이러한 장소성의 위기를 겪고 있다. 노르웨이 건축가 크리스찬 노르베르크 슐츠Christian Norberg-Schulz 는 "장소의 정신은 일련의 수치들을 합한 것이 아니라, 우리가 이해해야 할 것과 관련되는 완전한 '아우라'이다"라고 첨언한다. 특히, 어린 시절 '기억의 장소'들은 단순한 공간이 아니라 개인의 다양한 체험을 통해 의미가 부여된 '장소성placeness'을 가진 특정한 장소라고 할 수 있다. 이러한 논의를 종합하면 장소성은 기존 '전통 공간'의 '고유성', '정체성' 그리고 '장소의 정신'을 나타낸다. '코로나19'로 이러한 장소에서 직접적인 소통과 경험을 대체하는 웨어러블 모바일 디바이스로 경험되는 새로운 장소인 모바일 공간이 확장되고 있다. 프랑스의 인류학자 마르크 오제Marc Augé는 급속한 성장 중심의 발전으로 생겨나는 새로운 장소를 '비장소Non-places'라고 지칭한 바 있다. "전통적인 장소, 즉 '인류학적 장소anthropological places'와 대비되는 장소성을 특징짓기 위해 고안한 개념이 '비장소'이다. 그의 논지에 의하면 전화, 텔레비전, 팩스 그리고 인터넷 네트워크 공간인 SNSSocial network service 공간도 '비장소'가 될 수 있다.

논자는 마르크 오제가 제시한 '비장소'에 주목하며 포스트 코로나 시대 직면하게 될 위기와 함의에 대해 살펴보고자 한다.

첫째, 스마트 모빌리티에 의해 경험되는 '비장소'는 끊임없이 확장될 것이다. 이러한 현상은 비장소의 규모가 기존 쇼핑몰과 같은 물리적인 공간에서 가상현실, 증강현실과 같은 디지털 공간으로 확장되고 있음을 의미한다. 오제는 "공간의 과도함은 지구가 축소되었다는 사실의 귀결이기도 하다"라고 주장한다. 즉, '코로나19로 디지털 공간은 '비장소'로서 아무런 특색 없는 정보 과잉의 공간과 단절의 공간으로 전락할 가능성이 농후하다.

둘째, '비장소'는 디지털 권력에 의해 통제되고 작동될 것이다. '코로나19'로 인해 디지털 알고리즘이 '비장소'를 중심으로 딥러닝deep learning 인공지능 기술로 더욱 지능화되어 정교하게 이루어지고 있기 때문이다. 이러한 디지털 권력은 빅브라더를 포함하여 신흥 모빌리티 강자들에게까지 그 영향력을 확대하고 있다. 즉, 거대 기업이 주도하는 모빌리티 사업화 전략은 정서적 관계보다는 통제의 효과와 경제적 효과를 거두기 위해 모바일 공간에서 소비와 수익성 극대화를 위해 작동되기 때문이다.

셋째, 스마트 모빌리티에 의해 '비장소'는 새로운 관계 맺기와 소통의 장소로 거듭날 수 있을 것이다. 마르크 오제는 "장소와 비장소는 모호한 양극성을 이루는 개념이며 결코 순수한 형태로 존재하지 않는다. 비장소는 물리적이고 고정적인 성격보다는 유연성과 가변성을 가진다"라고 역설한다. 이러한 논지와 관련하여 장소성은 '코로나19'로 새로운 패러다임을 맞이할 것으로 예측된다. '코로나19'라는 특수한 상황에서 웨어러블 디바이스는 물리적 공간의 한계를 넘어 5G 네트워크 기술을 바탕으로 다양한 형식의 비대면 소통을 지원하고 있다. 결과적으로 의미 없는 장소로 해석되었던 '비장소'가 적극적인 활동과 노력으로 새로운 관계 맺기의 장소로 거듭날 수 있다는 것이다. 이처럼 모빌리티로 탄생되는 새로운 공간은 의미 있는 장소로 거듭나느냐 의미 없는 장소로 전락하느냐 하는 중대한 선택의 기로에 서 있다.

알고리즘에 의해 통제되는 스마트 모빌리티 사회

오늘날 기술문명은 인공지능 기술에 의해 인간적 해석이 필요하지 않은, 주관에서 해방된 양적 체제로 처리될 수 있는 것처럼 보인다. 하지만 기술 인문 융합 연구자들이 자신의 주관적 기여를 배제한다면 어떤 의미가 남을 것인가? 즉, 어떤 인공지능도 인간의 내면적 상태나 정신세계를 깊이 있게 파악하기 어려울 것이다.

최근 들어서는 스마트 모빌리티로 재현된 모바일 공간이 새로

〈표 1〉 통치 공간의 시기별 유형

시기	중세~19세기	근대	현대 문명
공간	십자형 교수대, 호수대, 단두대	정신병동, 요양소, 유대인 수용소, 감옥	스마트 모빌리티 기반의 모바일 공간

운 통치성을 발휘하고 있다. 즉, 포스트 코로나 시대 디지털 감시사회가 다시 재조명되고 있다. 미셸 푸코Michel Foucault는《감시와 처벌 Surveiller et punir》에서 효율성 증대를 위해 새로운 '권력 메커니즘의 출현'을 제시한 바 있다. "권력의 경계를 지배해 왔던 '폭력적 정수'라는 낡은 원칙에 대신하여, 규율은 '부드러운-생산성-이익'의 원칙이 들어선 것이다." 〈표 1〉은 생사여탈권을 행사하던 통치 공간에서 신체의 감시와 관리 그리고 디지털 감시사회인 모바일 공간으로 변모하고 있음을 보여 준다.

푸코가 말하는 권력은 누구의 소유물도 아니고 대상화되는 것도 아니다. 대상화 가능한 모든 배후에 있는 것이 권력이다. 그의 논지에 의하면, 디지털 알고리즘에 의한 작동 방식은 보이지 않은 채 모든 모빌리티 네트워크 공간에서 작동하기 때문에 현대인은 어떻게 감시되고 통제되는지 전혀 인지하지 못하게 된다. 이러한 디지털 통제시스템은 기술문명이 진보할수록 인간의 신체에 적용되어 더욱 정교하게 발전하고 있음을 의미한다.

2015년 대한민국 전역으로 확산된 메르스middle east respiratory syndrome(중동호흡기증후군)는 100명이 넘는 감염자를 발생시켰다. 새로운 바이러스 질환에 대한 공포는 인류의 기억 속에 남아 있다. 이러한 공포가 휩쓸고 지나간 뒤 몇 명이 감염되었는지, 어떤 경로를 통해 감염되었는지, 몇 명이 사망했는지 등의 질문에 대해 신체 기록 데이터가 통계적으로 수집되고 분석된다. 재난 상황에서 국가 차원의 선제적 대응 미숙, 지도력 부재 등 감염병 재난에 대응하는 통치성의 한계가 지적되기도 하였다. 이러한 언론의 비판은 빅데이터와 인공지능 기술을 활용한 디지털 감시사회로의 진입에 더욱 힘을 실어 준다. 즉, '인간이 살고 죽는 문제'도 결국 '코드화된 신체'로 귀결되어 빅데이터와 인공지능에 의해 관리되고 분석되는 것이 매우 당연한 일이 되고 있는 것이다.

이러한 맥락에서 최근 '코로나19'에 대응하기 위하여 국가, 기업들은 마치 경쟁이라도 하듯 안면인식 기술facial recognition technology을 보편적으로 채택하고 있다. 인공지능 기반의 안면인식 기술은 '코로나19'로 확산된 비대면 결제는 물론 사원증·진료 카드를 직접 태깅할 필요 없이 바로 건물 입구를 통과할 수 있는 출입 관리 분야까지 보편화되고 있다. 즉, 안면인식 기술은 모든 일상생활에서 더욱 정교하게 작동되고 있다.

이러한 기술은 스마트 모빌리티의 핵심 기술로 자율주행 자동차까지 광범위하게 활용될 것이고, 이에 따라 개인정보 노출의 우려가 더욱 커지고 있다. '코로나19'로 인간의 신체가 개인정보 노출과 안전이라는 '양가성兩價性'에 놓여 있는 것이다. '코로나19'는 모바일 디바이스를 통한 온라인 주문을 증가시키면서 여러 가지 부작용도 초래하고 있다. 특히, 기업의 마케팅을 위해 개인정보를 유도하는 모바일 광고가 대표적인 사례라고 할 수 있다. 웨어러블 디바이스를 활용한 모바일 광고는 중간 침입광고, 모바일 할인쿠폰 등 다양한 방법으로 개인의 주관적인 진로를 방해해 왔다. 즉, 모바일 광고는 개인의 권리를 침해하고 불필요한 정보까지 무분별하게 송출하고 있다.

논자는 인공지능 기반의 디지털 알고리즘에 의해 작동되는 모바일 광고의 문제점을 다음과 같이 제시하고자 한다.

첫째, 모바일 광고는 개인의 권리와 자율성을 침해하며 상품의 부정적인 인식까지 동반하고 있다. 특히, 모바일 침입광고는 개인의 의도와 상관없이 갑자기 즐겨 보는 콘텐츠에 광고가 삽입되는 것으로, 개인은 그것을 강제적으로 감상할 수밖에 없다. 디지털 알고리즘에 의해 15초에서 30초 정도 자동으로 노출하는 행위는 개인의 주체성과 자율성을 억압하는 일이기도 하다.

둘째, 모바일 광고는 개인들에게 과도한 정보를 제공한다. 정보 과잉의 시대에 불필요한 광고는 정보 쓰레기에 불과하며 어두운 그림자이기도 하다. 일부 대기업은 이윤을 극대화하기 위하여 공격적인 모바일 광고를 통해 다른 중소기업이나 스타트업start-up 기업의 성장 기회를 방해하기도 한다.

셋째, 모바일 광고는 인공지능 기술에 의해 더욱 지능화되고 가상현실과 증강현실을 이용한 다양한 형태의 서비스로 진화하고 있다. 페이스북Facebook · 유튜브Youtube · 트위터Twitter · 인스타그램Instagram · 네이버밴드Naver Band · 카카오스토리Kakao Story 등으로 대표되는 SNS, 모바일 게임 그리고 배달 앱 광고 등 다양한 모바일 유통 경로로 침투하고 있다. 개인은 스마트 모빌리티 사회로 진입할수록 이러한 현상을 매우 당연시하게 될 것이다.

현대인들은 이러한 통치성이 매우 보편적인 당연한 방식이라고 받아들이는가? 미셸 푸코의 논지에 의하면, 스마트 모빌리티 사회에서 현대인들은 단순함·효율성·안정성에 길들여져 있다. 그러나 이러한 시스템의 '익숙함'을 당연시 여기는 것이 더 큰 문제이다. '익숙함의 착각'은 중앙 통제시스템으로 운영되는 스마트 모빌리티 사회의 단순함, 효율성, 안정성이 주는 또 다른 이면裏面이기도 하다. 푸코는 "진실과 거짓을 분리하는 다른 방법을 통해 '자기의 통치'를 실천하려는 의지는 바로 '영혼의 통치political spirituality'"라고 진중한 논의를 수행한 바 있다.

'코로나19'로 인해 국내 모바일 대표 기업인 네이버와 카카오는 모바일 디바이스를 통한 QR코드와 RFIDradio frequency identification로 개인 인증 서비스를 더욱 강화하고 있다. 이러한 자본적 디지털 권력은 '시민의 안전'을 명목으로 가상현실과 증강현실 공간을 넘어 매우 광범위하게 이루어지고 있다.

정부의 '디지털 뉴딜' 정책이 이러한 권력 재편을 촉진하고 있다. 정부는 디지털 뉴딜 정책을 수립하고 2025년까지 총 76조 원 수준의 투자를 계획하고 D.N.AData, Network, AI생태계 강화, 디지털 포용 및 안정망 구축, 비대면 산업 육성을 목표로 하고 있다. 특히 정부 주도의 디지털 뉴딜은 소득 양극화 또는 디지털 정보격차 등 경제성장에서의 부작용을 최소화하고 지속적인 성장을 추진하기 위한 디지털 정책으로 해석된다. 하지만 이러한 정책 발표에도 불구하고 숨겨진 이면을 극복하기 위한 실효성에는 여러 한계를 드러내고 있다. 디지털 정보격차와 양극화는 여전히 심각한 문제로 남아 있기 때문이다. 포스트코로나 시대 소외된 개인의 존엄성과 주체성을 기초로 인간중심 기술 개발을 위한 정책 지원 방향과 산·학·연의 노력이 절실히 요구되고 있다.

포스트코로나 시대 인문 기술 융합을 위한 정책적 함의

'코로나19'는 우리 경제 사회 전반에 영향을 미치며 '스마트 모빌리티 사회로의 본격적인 진입과 웨어러블 모바일 디바이스의 가속화'를 예고하고 있다. 최근 재택근무, 비대면 산업의 급부상 등 '코로나19' 사태를 겪으면서 현실적으로 소프트웨어를 이용한 일과 소비의 방식이 급격히 확대되고 있는 것이 그 증거이다.

그런데 정부가 추진하는 '디지털 뉴딜 정책은' 웨어러블 모바일 디바이스를 통한 경제성장과 비즈니스 모델 개발 부분만 강조하고 있다. 디지털 뉴딜 정책은 급격한 기술혁신과 디지털화를 통해 개인의 소외와 상대적 빈곤에 의한 박탈감 등의 부작용에 대해 간과해 온 것이 현실이다.

따라서 중장기적 관점에서 포스트 코로나 시대 스마트 모빌리티 서비스를 위한 기술 인문 융합연구 방향을 중심으로 진중한 정책 논의가 필요하다. 포스트 코로나 시대 학제 간 연구interdisciplinary approach

를 위한 온라인 회의와 새로운 교육방법론 연구는 계속 진행될 것이고, 정상적인 대면 회의와 교육은 점차 줄어들어 새로운 학제 간 연구 및 교육 패러다임의 변화도 요구되고 있다.

'코로나19'로 스마트 모빌리티 서비스는 인공지능과 빅데이터 기술을 활용하여 개인화 서비스 및 개인 맞춤형 서비스에 더욱 집중하고 있다. 한편, 친구, 선후배, 그리고 고향에 계신 부모님과 친지들과의 소통은 더욱 힘들어지고 있다. 서인국은 "행복지수가 높은 사람들, 행복한 사람들, 외향적인 성격의 사람들은 많은 시간을 다른 사람들과 함께 보낸다"라고 언급한 바 있다. 가장 빈곤한 인생은 곁에 사람이 없는 인생일 것이다. 개인의 행복은 혼자 고립되는 것보다 친구, 동료 그리고 가족들과 함께하는 가치 추구의 관계 속에서 실현되기 때문이다. 포스트 코로나 시대 스마트 모빌리티 서비스 실현과 더불어 인간과 기술의 공존을 위해 논자는 다음과 같은 정책적 함의를 제시하고자 한다.

첫째, 소외된 노인계층, 빈곤층 등 사회적 약자들을 위한 배려의 기술이 필요하다. 기술의 가치 실현은 경제적 효과뿐만 아니라 사회적 가치를 실현해야 할 것이다. 이를 위해서는 자본권력이 있는 상위계층을 위한 기술이 아니라 사회공동체의 정치적·문화적·환경적 조건을 고려해 소외계층과 빈곤계층을 위한 인간적 기술인 '적정기술appropriate technology'⁵의 도입과 활용이 필요하다. 적정기술을 일컫는 용어 또한 대안기술alternative technology, 중간기술intermediate

---

5 적정기술에 대한 정의는 그 주체와 객체에 따라서 논쟁 가능성이 높고 다양하게 해

technology, 지역기술community technology, 에코기술eco-technology, 인간중심기술humanized technology 등 다양한 용어들이 혼용된 바 있다. 이러한 따뜻한 기술 도입은 스마트 모빌리티 사회의 새로운 반전 기회를 만드는 데 기여할 수 있을 것이다. 운영 매뉴얼이 익숙하지 않은 장애인과 노인들을 위한 모빌리티 관련 플랫폼 구현이 그 시작이 될 수 있다.

둘째, 지역정부 주도의 독창적인 정책 수립을 통해 수도권과의 소득 양극화 또는 디지털 정보격차 등을 해소하고 지속가능한 지역 성장을 유도할 수 있을 것이다. 이를 통해 스마트 모빌리티 기술과 융합된 지역의 역사적 명소와 숨겨진 명소가 새로운 장소성의 가치로 재발견될 수 있다. '코로나19'로 디지털 정보격차와 심리적 단절이 야기된 시점에서, 지역의 문화적 요소를 바탕으로 지역 스마트 모빌리티 서비스와 연계할 수 있는 중요한 변곡점으로 인식하고 지역의 가치 또한 실현해야 할 것이다.

셋째, 가치사슬과 연계한 지역 맞춤형 생태계 전략이 요구된다. '코로나19'로 인하여 콘텐츠, 플랫폼, 네트워크, 디바이스 관련 기업 중 가장 직격탄을 맞은 기업은 지역 중소 콘텐츠 기업이다. 특히 스마트 모빌리티 서비스 관련 대기업은 지역 콘텐츠 중소기업과 상생하고 지속가능한 동반 성장 사업 모델을 추진해야 할 것이다. 아울러 기존 콘텐츠 장르 중심에서 기획, 창작, 유통 그리고 서비스와 연

이처럼 하나의 잣대로 규정되지 않는 단어의 융통성과 포괄적인 특성을 인정하는 것으로 시작한다.

계된 가치사슬 기준으로 사업 모델의 다변화 전략도 필요하다.

포스트 코로나 시대 인간소외 문제는 연령, 지역, 계층을 불문하고 매우 중차대한 문제가 아닐 수 없다. 스마트 모빌리티 서비스를 실현하는 가운데 이러한 문제를 간과하지 않도록 공론화 과정을 통해 정부, 연구소, 기업, 교육기관이 함께 머리를 맞대고 노력해야 할 것이다. 이를 위하여 관련 기관의 주체들은 컨소시엄을 구성하고 이스라엘 인문학자 유발 하라리Yuval Noah Harari의 기고처럼 지역을 넘어 국제 공조도 적극적으로 고민해야 할 것이다.

포스트 코로나 시대 선진국을 중심으로 스마트 모빌리티 서비스 경쟁에서 우위를 점하기 위하여 국가 차원의 치열한 경쟁이 예상된다. 국내 행정 스마트도시 시범 사업지인 세종시 등도 이러한 스마트 모빌리티 특화 서비스 개발에 동참하고 있다.

하지만 그동안 관련 기술 연구 개발에 있어서 빅데이터와 인공지능 기반의 공학 중심 연구가 대부분이어서 인간중심의 연구 개발에는 소홀했던 것이 사실이다. 개인화 서비스와 경제적 효과를 위한 스마트 무인 드론drone 서비스가 대표적인 사례라 할 수 있다. 중장기적인 관점에서 인간중심의 스마트 모빌리티 서비스에 대한 고민이 더욱 필요한 시점이다.

따라서 포스트 코로나 시대 인문학자, 공학자는 물론 개인들의 협업과 역할 분담 그리고 인식 전환이 절실히 요구된다. 그동안 공학과 인문학의 학문적 경계로 체계적인 학제 간 연구가 어려웠던 것도 사실이다. 즉, 사회적·문화적 측면 등도 함께 고려한 종합적인 관점에서 산·학·연 공동 연구 개발이 이루어져야 할 것이다. 이러한 맥락에서 논자는 다음과 같이 실천 계획을 제시한다.

첫째, 인문학자들은 개인들이 현재 겪고 있는 고통의 사태를 본질적으로 사유하고 성찰하는 담론을 제시해야 한다. 인문학자들은 푸코의 논지처럼 비판과 반성을 통해 죽음의 고통을 이겨 내고 희망을 제시할 수 있다는 점에서 주목할 필요가 있겠다. 즉, '코로나19'가 재촉하는 디지털 권력과 경제적 가치에 잠식되지 않도록 저항하고 포스트코로나 시대 새로운 희망을 제시하는 인문학적 상상력이 더욱 절실해지고 있다.

둘째, 공학자들은 이번 기회를 기술혁신의 계기로 삼아 인간중심 기술을 제시해야 할 것이다. 즉, 공학자와 인문학자들은 스마트 모빌리티 서비스를 공동으로 개발함과 동시에, 역발상으로 유럽 선진국의 벤치마킹 모델과 상호협력하는 방안도 수립해야 할 것이다. 상호존중과 협업을 통해 학문지형도를 기초로 인간중심의 서비스 구현이 더욱 요구되고 있다.

셋째, 스마트 모빌리티 서비스 관련 교육 프로그램도 아울러 요구된다. 스마트 모빌리티 서비스의 실질적인 실현을 위한 웨어러블 모바일 디바이스에 대한 개인들의 인식 전환도 필요하기 때문이다. 대표적으로 교육 전문가들은 스마트 모빌리티 서비스와 연계한 지역 '장소성'에 대한 재검토와 창조적 실천 교육 프로그램을 고민해 볼 수 있겠다.

14세기 페스트pest가 르네상스 시대를 이끈 것처럼 '코로나19'는 불확실한 위기이자 새로운 기회이기도 하다. 이 위기를 돌파하고 진정한 스마트 모빌리티 사회를 주도하는 '뉴노멀'로 자리 잡기 위해 중앙정부와 지방정부의 균형 있는 정책 지원과 산·학·연 협력이 적극적으로 요구된다. 이것이 포스트 코로나 시대를 살아가는 우리의 진중한 사명이다.

참고문헌

레브 마노비치, 《뉴미디어의 언어》, 서정신 옮김, 생각의 나무, 2004. (Lev Manovich, *The Language of New Media*, MIT Press, 2001-2001.)

마뉴엘 카스텔, 《네트워크 사회의 도래》, 김묵한 · 박행웅 · 오은주 옮김, 한울아카데미, 2004.

마르크 오제, 《비장소: 초 근대성의 인류학 입문》, 이상길 · 이윤영 옮김, 아카넷, 2017. (Marc Augé, *Non-Places: Introduction to an Anthropology of Supermodernity*, Verso, 1995-1995.)

말렌 프로이덴달 페데르센 · 스벤 케셀링 편저, 《도시 모빌리티 네트워크: 사회적 실천과 모빌리티의 정치학》, 정상철 옮김, 앨피, 2020. (Freudendal-Pedersen, M., & Kesselring, S. Eds., *Exploring Networked Urban Mobilities: Theories, Concepts, Ideas*. Routledge. 2018.)

미셸 푸코, 《감시와 처벌》, 오생근 옮김, 나남출판사, 2016. (Michel Foucault, *Surveiller et punir: Naissance de la prison*, Gallimard, 1993-1993.)

이재호, 《스마트 모빌리티 사회》, 카모마일북스, 2009.

에드워드 렐프, 《장소와 장소 상실》, 김덕현 · 김현주 외 옮김, 논형, 2015. (Edward Relph, *Place and Placelessness*, Pion, 2008-2008.)

장 보드리야르, 《시뮬라시옹》, 하태환 옮김, 민음사, 2013. (Jean Baudrillard, *Simulacra and Simulation*, Stanford University Press, 1988-1988.)

클라우스 슈밥, 《클라우스 슈밥의 '4차 산업혁명'》, 송경진 옮김, 새로운 현재, 2016.

서인국, 《행복의 기원: 인간의 행복은 어디서 오는가?》, 21세기북스, 2014.

고대유 · 박재희, 〈감염병 재난 거버넌스 비교연구: 사스와 메르스 사례를 중심으로〉, 《韓國政策學會報》 27(1), 2018.

이도영, 〈한국 적정기술 정책의 과거, 현재, 그리고 미래: 다양한 가치로 새롭게 채색된 21세기 적정기술〉, 《과학기술정책》 23(4), 2013.

윤신희 · 노시학, 〈새로운 모빌리티New Mobilities 개념에 관한 이론적 고찰〉,
《국토지리학회지》 49(4), 2015, 491~503쪽.

Christian Norberg-Schulz, *Architecture: Presence, Language, Place*, Milan:Skira
Library of Architecture, 2000.

Howard Eiland, Gary Smith, Walter Benjamin Series edited by Michael W.
Jennings, *Walter Benjamin Selected Writings*, 2(1), 1927-1930, Cambridge:
Harvard University Press, 2005.

Ivan Edward Sutherland, "Sketchpad-A Man-Machine Graphical Communication
System," *Proceedings of the Spring Joint Computer Conference*, Detroit, Michigan,
1963.

Lefebvre, Henri, Translated by Gerald Moore, Neil Brenner, and Stuart
Elden Edited by Neil Brenner and Stuart Elden, *State, Space, World*,
Minneapolis:University of Minnesota Press, 2009.

Manuel Castells, *The Rise of the Network Society, With a New Preface*, Wiley-
Blackwell, 2009.

Marc Augé, translated by John Howe, *Introduction to an antropology of
supermodernity*, London; New York: Verso, 1995.

Marshall McLuhan, *The Gutenberg Galaxy*, Toronto:University of Toronto Press,
1962.

Marshall McLuhan, *The medium is the message: The Extensions of Man*, New York:
The MIT Press, 1964.

Michel Foucault, edited by James D. Faubion, *Power*, New York: New Press,
2000.

Mimi Sheller, John Urry, "The new mobilities paradigm", *Environment and
Planning A* 38(2), 2006.

Xiangyu Wang, "A user-centered taxonomy for specifying mixed reality systems for AEC industry," *Journal of Information Technology in Construction* 16, 2011.

이상미, 〈메르스 확진자 100명 돌파〉, 《시사뉴스》 2015년 6월 10일자. http:// www.sisa-news.com/news/article.html?no=88525.

"Yuval Noah Harari: the world after coronavirus," 20/03/2020. https://www. ft.com/content/19d90308-6858-11ea-a3c9-1fe6fedcca75.

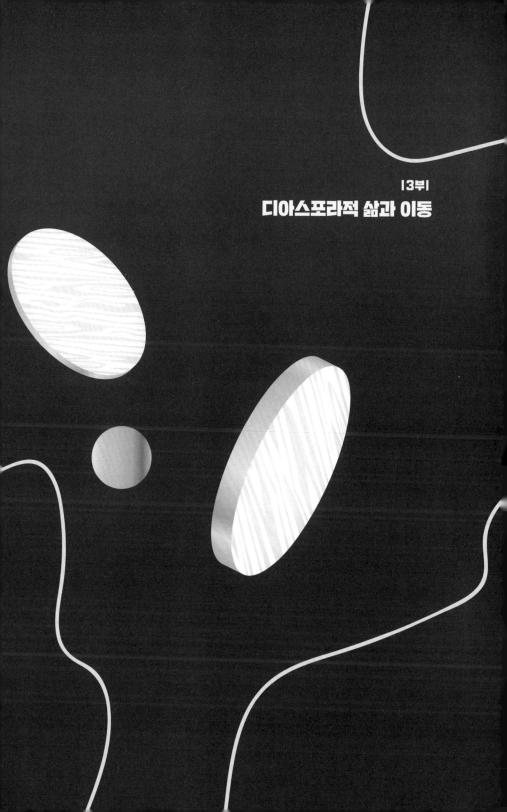

|3부|
디아스포라적 삶과 이동

제국을 이동하는 여성

: 미야모토 유리코 문학을 중심으로

김주영

이 글은《日本語敎育》제56집(2011. 6)에 실린 원고를 수정 및 보완하여 재수록한 것
이다.

일본 근대 지식인의 서양 체험

이동, 교류는 근대의 산물이다. 이동과 교류를 통해 신대륙의 타자를 발견한 유럽인들은 주체와 그에 대한 공간적 인식을 갖게 되었다. 이동과 교류가 세계의 지정학적 가치 체계를 형성해 왔다고 해도 과언이 아닌 것이다. 한편 이와 같은 이동, 교류를 주도한 것은 남성들이었다. 이는 근대가 '남성'들의 세계일 수밖에 없었다는 점과도 연관된다.[1] 자연히 남성들의 이동, 교류가 만들어 낸 근대적 담론들은 근대의 세계관을 지배하는 행동 원리가 되었다. 일본도 마찬가지로 모리 오가이森 鷗外가 독일에서 낭만적인 시정을 느꼈다는 것이 일본 문학사에서 상식이 되었고, 나아가 나쓰메 소세키夏目漱石가 런던에서 서구 문명에 대한 쇼크를 받고 일본 근대 지식인의 자아를 그려 냈다는 '신화'는 오늘날 자명한 것이 되었다. 그런데 수많은 서양 체험 중에서 유독 오가이나 소세키가 신화화한 '서사'를 아무런 의심 없이 수용해도 좋을까? 왜 오가이나 소세키의 서양 체험은 대서특필되어야 하는가? 이를 점검하기 위해서, 좀 더 다양하고 개별적인 서양 체험을 분석해 볼 필요가 있다.

따라서 이 글에서는 일본 근대문학사에서 부각되지 않았던, 한 여성 작가의 개별적인 서양 체험을 예로 들어 그 문학적 자장에 대해 분석하려고 한다. 미야모토 유리코宮本百合子(1899~1951) 문학의 이

---

1 이탈리아 탐험가 콜롬버스Christopher Columbus를 비롯한 대항해시대 탐험가 중에 여성의 이름은 보이지 않는다.

동, 교류에 주목하는 이유가 바로 여기에 있다. 유리코 문학을 일본 근대의 중심 서사와 비교함으로써 남성들이 전제하는 근대와 어떻게 다른지 그 양상을 살펴보겠다.

소세키와 오가이가 일본 근대문학사에서 함께 거론되는 이유 중 하나는 유럽 '제국'으로의 이동, 교류를 경험했기 때문이다. 이는 일본 근대문학 담론이 '제국'과의 이동, 교류에 깊은 의미를 부여한다는 점을 시사한다.[2] "소설은 다른 어떠한 서사 형태와 달리 일종의 독특한 전파력을 지니고"[3]있어 문화로 운반되는 동시에 문화를 운반한다. 따라서 근대소설은 어떤 '이동'과 어떤 '교류'의 결과로서 무엇을 담고 있는지 따져 볼 필요가 있다.

미야모토 유리코는 관비 유학생이었던 소세키와 오가이와 달리, 부자인 아버지를 따라 1918년 미국으로 가 컬럼비아대학에서 유학을 하게 되었다. 또 동성애 관계였다고도 거론되는 여자 친구와 1927년부터 1930년까지 러시아에서 3년간 장기체류하였으며, 러시아에 머무는 동안 서유럽에 7개월간 체류한 적도 있다. 그러나 이와 같은 유리코의 체험은 '개인적 체험'으로써 작가의 개인 담론에 한정되어 등한시되어 왔다.

미야모토 유리코에 대한 기존 연구는 주로 페미니스트 작가나 사회주의 작가로 양분되는 시점으로 논해졌다. 그 결과 남성우월주의에 도전하는 여성주의 기수라거나, 냉전 체제 붕괴 후 인기 없는 사

---

2 일본의 낭만주의나 자연주의, 프롤레타리아문학 등도 이동, 교류의 결과적 산물이다.

3 龜井秀雄,《〈小説〉論 – 〈小説神髄〉と近代》, 岩波書店, 1999. p. 11.

회주의 작가의 면모만 강조되었다. 그 와중에 작가 자신이 미국과 소련, 서유럽으로 이동하고 그곳에서 생활하며 교류했다는 사실은 개인사의 영역에만 머물렀다. 뿐만 아니라, 유리코의 문학 속에 제국을 넘나드는 여성을 등장시키고 있다는 점은 간과되어 왔다.

따라서 유리코의 삼부작《노부코伸子》(1924),《두 개의 정원二つの庭》(1947),《도표道標》(1947)가 일본을 출발하여 미국, 소련, 유럽을 경유하여 다시 일본으로 되돌아오는, 각 제국을 이동·교류하는 장편 서사였다는 점은 부각될 여지가 없었다.

여기서는 제국을 국가 지배 형태의 욕망적 현상이라고 정의하고,[4] 이 관점에서 유럽의 각 제국과 냉전 체제를 주도한 두 강대 '제국' 아메리카합중국과 소비에트연방에 주목하여 보겠다.

미야모토 유리코 문학에 대한 논의들

이 글은 미야모토 유리코 문학의 글쓰기 전략을 페미니즘과 사회주의 관점에만 머물러 볼 경우 놓치기 쉬운 문제들을 '제국'들과의 이

4　이 글에서 자주 사용하는 제국에 대해 정의를 해 두고자 한다. "한 마디로 제국은 마케도니아나 로마, 비잔틴, 오스만, 중국, 페루와 멕시코, 소비에트연방, 아메리카합중국, 적대하는 상대방으로부터는 유럽연합EU도 모두 제국이라고 표현된다. 그 이외에도 '비공식적인' 제국이나 '경제' 제국, '비즈니스' 제국, 마음의 제국이나 이성의 제국이라는 표현법도 있다. '제국'이라는 말은 특정한 타입의 사회를 나타냄과 동시에, 비유로서도 사용되게 된 것이다."(アンソニー・パグデン, 猪原えり子 訳,《民族と帝国》, 講談社, 2006, p. 17)

동, 교류하는 점에 착안하여 보고자 한다. 외국과 접촉한 미야모토 유리코에 관한 논의를 정리한 작가론의 영역은 작가의 실제 체험에 관한 관심으로 한정되는 경우가 많았다. 실제로 작가에 대한 많은 담론은 그 작가의 구체적 삶의 현장을 복원함으로써 문학적 재료를 제시하는 데에는 성공하였지만, 때로는 작품의 이미지를 왜곡시키거나 작품으로 환원하여 읽고자 하기도 하였다.

사실 유리코가 미국과 소련에 체재하였거나 유럽 여행을 했다는 것은 작가론에서조차 매력적인 주제가 되지 못했다. 일반론으로 소련에서 사회주의 영향을 받아 사회주의 작가가 되었다는 도식적인 설명만으로는 유리코 문학의 진가를 파악할 수 없다. 우리들은 오가이의《무희舞姬》(1890)나 소세키의《런던탑倫敦塔》(1905)을 읽고, 그들의 문학적 감수성이 표방하는 '제국' 속의 한 개인으로서 지식인의 고민을 읽어 낸다. 그리고 그것을 토대로 그 문학적 가치가 형성된다. 그럼에도 불구하고 '제국' 속 개인인 여성 지식인의 삶의 탐구라는 관점은 존재하지 않았다. 하물며 한때 유행하던 월경越境이니, 경계 허물기 등의 연구 방법조차 미야모토 유리코 문학에는 적용되지 못했다. 지금이라도 제국 일본에서 자란 여성 지식인이 다른 제국으로 이동하고, 그 족적을 재생산하고 교류하는 여성상에 대한 고찰이 필요하다고 본다.

미국을 다녀온《노부코》의 주인공이 허드슨강의 부드러운 밤공기를 일본어로 표현하는 행위는 어떤 것이었을까? 소련을 다녀온《도표》의 주인공이 '일본 여자'라는 강한 주체 의식을 선택한 이유는 무엇일까? 이와 같은 여성 지식인의 예를 남성 지식인들의 체험과 비교

한다면 어떤 담론이 형성될 수 있을 것인가? 이른바 페미니즘이나 사회주의 같은 거대담론이 아니라 실제로 제국 시대 일본 여성이 이동·교류의 결과로 어떤 삶을 살게 되었는지, 남성 지식인의 담론을 적용하면서 그 차이와 공통항을 매개로 미야모토 유리코 문학을 정의한다면, 이는 거대담론 연구를 넘어서는 논리를 얻을 수 있을 것이다.

월경, 탈경계의 관점이나 오리엔탈리즘에 관한 논의는 국내뿐만 아니라 일본에서도 많이 있었다. 그러나 여성 작가들은 물론이거니와 남성 작가들의 경우에도 이국 체험, 즉 이동·교류의 관점에서 논하는 경우는 드물었다.[5] 물론 이 글에서 다루는 '제국'의 경계를 넘나드는 여성이라는 관점에서 미야모토 유리코를 연구한 것도 지금까지는 없었다. 여기서 잠시 미야모토 유리코에 대한 주요 선행 연구를 간략하게 언급하겠다.

'젠더' 개념이 문화 분석 개념으로 사용된 것은 1970년대 이후이다.[6] 일본에서는 1980년대 후반부터 이 용어가 사용되었고, 일본 근대문학 연구에 페미니즘 비평이 등장한 것은 1986년부터이다.[7] 미야모토 유리코는 페미니즘 인식이 현재와는 비교할 수 없을 만큼 미미하였던 다이쇼시대에 이미 여성에 대한 전통적인 관념을 불식시

---

5 최근의 경향으로 건국대학교 아시아·디아스포라연구소, 경원대학교 아시아문화연구소 공동 국제학술심포지엄에서 히라타 유미가 제시한 이동의 궤적 조사 연구 등을 꼽을 수 있다(히라타 유미, 《건국대학교 아시아·디아스포라연구소, 경원대학교 아시아문화연구소 공동 국제학술심포지엄 Proceedings》, 2010, 18~28쪽).

6 박희경, 〈Sex, Gender, Parodi〉, 성균관대학교 《정정헌》 29호, 2000, 97쪽.

7 飯田祐子, 《彼らの物語－日本近代文学とジェンダー》, 名古屋大学出版会, 1998, p. 2.

키는 문학적 실험을 창작 모티브로 삼고 있었다. 그녀는 여성의 정체성, 가정 내에서의 남녀평등, 여성의 사회참여나 경제적 자립 등의 문제를 다루는 등 시대를 앞서는 의식을 가지고 있었다.

나카무라 도모코中村智子(1988)의 유리코 평전을 비롯하여 본격적인 유리코 연구는 주로 여성 연구자들이 주도해 왔는데, 이와부치 히로코岩淵宏子(1966), 누마자와 가즈코沼沢和子(1993), 이즈미 아키和泉あき(1967), 기타다 사치에北田幸恵(1967) 등이 대표적 연구자이다.

한편 미야모토 유리코는 일본에서 프롤레타리아 작가로 인식되는 경향이 짙고, 따라서 좌익 정치운동과 관련된 평가를 주로 받아 왔다. 프로 작가로서 미야모토 유리코에 대한 평가가 긍정론과 부정론으로 엇갈리는 점도 여기에서 연유한다. 미야모토 유리코 작품이 작가 자신이라고 생각되는 주인공을 설정하고 그 주인공을 매개로 대상을 그리는 이른바 일원적 원근법一元的遠近法을 적용한 현실 묘사[8]에 그 특징이 있기 때문이다. 그렇기 때문에 '사소설私小說'이라고 하지만 유리코가 그린 '나'라는 대상에 대해서 비판적이다. 즉, 작품 속에서 '나'의 '트릿한 행동自分のぐうたらな態度'까지 묘사함으로써 객관적인 입장에서 대상과 함께 '나'에게도 비판적이라는 것이다.

훈도 교사쿠分銅享作(1969)는 한 예로 《노부코》가 작가 자신의 결혼생활을 그렸음에도 '사소설'로 끝나지 않고 자연주의 리얼리즘을 넘는 비판성을 확립한 것은, 이 작품의 모티브가 자기반성과 당시 여성들이 자기주장 없는 삶을 살았던 것에 대한 투쟁을 담고 있기 때

---

8 井上百合子,〈宮本百合子〉,《国文学 解釈と鑑賞》, 1964, p. 100.

문이라고 평가한다. 이러한 유리코의 작법을 두고 비판적 리얼리즘 또는 사회주의 리얼리즘이라고 부른다.

'전후'에 미야모토 유리코에 대한 논의가 폭발적인 기세로 이루어졌다.[9] 그녀는 민주주의 문학을 중심으로 많은 작품을 발표하고 논쟁의 중심에 섰다. 이 중에서도 '전후' 미야모토 유리코 문학비평의 견인차 역할을 한 평론가는 혼다 슈고本多秋五였다. 그는 유리코와 고바야시 히데오小林秀雄를 '쇼와 문학이론의 두 개의 원류二つの源流'로 생각하고 유리코론의 고찰 과정에서 〈시라카바白樺〉파 문학론을 쓰기도 하였는데,《근대문학近代文學》에 장기간 게재한 논고나《증보 전향문학론增補轉向文學論》(1965)에 수록된 것들은 유리코 연구에 중요한 자료가 되고 있다.

한편으로 민주주의 문학 진영에서는 부르주아적이고 관념적 문학이라고 유리코를 비판하기도 하였다.《인민문학》파의 시마다 마사오島田政雄 외에 유리코 긍정론에서 부정론으로 돌아선 이와카미 준이치岩上順一, 〈고바야시 다키지와 미야모토 유리코小林多喜二と宮本百合子〉(1953)를 발표한 도쿠나가 스나오德永直 등이 그러하다.

이에 대한 반론으로 프롤레타리아문학 이론가인 구라하라 고레히토藏原惟人는《고바야시 다키지와 미야모토 유리코小林多喜二と宮本百合子》(1954)에서 유리코 비판에 대한 반론을 제기하였다. 문제는 좌

---

9 "다키지多喜二 · 유리코연구회"가 발족(1952년 6월)되어 기관지《다키지와 유리코 多喜二と百合子》를 통해 다키지와 통일적 연구가 이루어졌다. 이는 근대문학에서 프로문학, '전후'의 문학운동 등 일본 문학에 나타난 본질적인 문제들을 연구한다는 점에서 주목할 만하다.

우 진영을 막론하고 패전 후의 연구자들이 유리코 문학을 프롤레타리아문학과 페미니즘론을 결부시켜 논하는 데 인색했다는 점이다.[10]

미국과 소비에트로의 이동

선행 연구와의 비교에서도 논한 바와 같이, 프롤레타리아 작가나 페미니즘의 어느 한 영역에서 미야모토 유리코 문학을 논하는 것은 그의 문학의 근본적 성격을 왜곡하거나 축소시킬 위험이 있다. 프롤레타리아 작가라는 점을 무시하거나, 페미니즘 문학 실천 이외의 의미를 가리기 때문이다. 이 글에서는 미야모토 유리코가 여성 작가 혹은 사회주의 작가라는 전제를 해제시키려 한다. 우선 미야모토 유리코의 대표작 《노부코》의 한 구절을 인용해 보겠다.

아버지와 딸은 음침하게 블라인드가 내려진 큰 쇼윈도를 끼고 왼쪽 모퉁이를 돌았다. (중략) 가는 방향의 큰길 하나를 사이에 두고 저쪽이 허드슨강으로, 가끔씩 예리한 밤의 강바람이 스쳐갔다. 리버사이드 공원의 잎이 다 떨어진 수목 사이에 차갑고 창백한 가스등이 어렴풋이 켜져 있는 것이 보인다. 노부코는 추위와 쓸쓸함이 파고들어 어쩐지 기

---

10 그것은 미야모토 유리코 자신도 의식하지 못했을 '제국'의 이동과 교류에 부착된 문화적 행위가 글쓰기 전략으로 전환되는 점이었다. 이 논점은 따로 미야모토 유리코에 관한 논의에 집중하여 발표하겠다.

분 나쁜 이상한 긴장을 느꼈다. 그녀는 자신도 모르게 강하게 아버지의 팔에 매달렸다(《伸子》, p. 9).[11]

작품의 시작 부분으로, 미국(뉴욕)에 유학을 온 노부코와 그녀를 데리고 온 건축가인 아버지가 그려진다. 그들은 일본인 유학생 클럽에서 개최하는 어떤 모임에 초대 받아 가는 길이다. 그 모임은 "최근 고국에서 온 모 문학박사를 중심으로 허물없이 만나는"(《伸子》, p. 7) 자리였다. 노부코가 아버지에게 부성애를 느끼는 장면으로, 페미니즘 연구에서는 모성과의 대립과 부성과의 화합으로 읽고 있다. 그런데 이것을 교류의 관점에서 읽으면 해석이 달라진다. 소설 첫머리가 미국 땅에서 시작되는 점과 그들의 이동과 교류가 '일본인 유학생 클럽', '고국에서 온 모 문학박사'와 같은 일본인 네트워크에 집중되는 것이 보이기 때문이다.

그 모임에 나가기 싫었던 노부코의 감성은 주변 공간을 부정적인 시선으로 이어진다. 쇼윈도, 허드슨강, 리버사이드공원, 가스등과 같은 좋은 분위기의 아이콘들이 '음침'하고, '예리'하고, '잎이 다 떨어'지고, '차갑고 창백한' 표현으로 묘사되고, "추위와 쓸쓸함이 파고들어 어쩐지 기분 나쁜 이상한 긴장"을 주는 공간이 된다. 미국을 이런 식

11 　父娘は、陰気にブラインドのおりた大きな飾窓について角を左へ曲った。(略)行手の大通り一つ隔てた彼方がハドソン河で、時々鋭い夜の河風がふきぬけた。リヴァーサイドパークの葉のない樹木の間に冷たい蒼白さで瓦斯灯がぼんやり灯っているのが見える。伸子は、寒さと淋しいところへ紛れごんだ気味悪さとで異様な緊張を感じた。彼女は、我知らず強く父親の腕にすがりついた。(《노부코》의 인용은 《宮本百合子全集》第三巻, 新日本出版社, 1979에 의한다.)

으로 서술하는 감성이 남성 지식인 작가들에게 있었는지는 아직 단언할 수 없다. 그러나 이동, 교류의 관점으로 본 미야모토 유리코 문학이 미국에 대한 동경과 환상이 배제되어 있다는 점은 주목할 만하다.

오늘날에도 마찬가지지만 당시 미국은 선망의 대상이었다. 그런 미국이 기분 나쁜 긴장을 주는 공간이었고, 그 원인이 일본인들과의 모임 즉 일본인과의 네트워킹을 거부하는 데에 있다는 것은 시사하는 바가 크다. 그녀는 미국의 풍경을 살풍경하게 그리고 객관적으로 보고 있는데, 이는 '미국 내의 또 다른 일본'을 거부하는 것으로 분석할 수 있다. 이 점은 나중에 나오는 개인의 이동·교류인가, 제국의 이동·교류인가 하는 점과 관련된다. 노부코가 이동하고 교류했던 아메리카합중국의 공간은 '미국 속의 작은 일본 제국'으로 표상된다. 즉, 개인의 이동이라기보다는 제국을 싣고 이동한 것으로 볼 수 있다.

반면에 삼부작의 마지막에 해당하는 《도표》에는 소비에트연방을 매개로 한 세계에 대한 '인식'이 실린다.

노부코가 살아온 일본 사회에서는 아무리 뛰어난 자질을 가졌더라도 결코 인정될 수 없었던 한 사람 한 사람의 여자가, 일하는 여성으로 아내로 어머니로 할머니로 사회 보호가 사회계약으로 실현되고 있다는 것에 생각이 미치자 노부코는 역시 감동했다. 자신도 여자라는 것에 고무되어 노부코는 활력을 얻었던 것이다(《道標》, pp. 243-4).[12]

---

12 伸子が生きてきた日本の社会では、どんな秀抜な資質のためにも決して存在しな

《노부코》의 주인공이자《도표》의 주인공이기도 한 노부코는 소비에트에서 일본을 비판적으로 바라보는, 미국에서 없었던 사회 인식을 획득하고 있다. 소련의 공산주의 실험이 현실적으로 실패로 끝난 오늘날, 노부코의 단선적인 견해에 대해서는 생각해 볼 여지가 있다.[13] 다만 여기서는 미국과 소비에트로의 이동, 교류가 서로 다른 인식을 부여하는 점에 주목하고자 한다. 일본의 근대 남성 작가들이 오리엔탈리즘과 '제국' 일본 사이에 끼여 고민할 때, 적어도 미야모토 유리코는 다른 입장을 취하고 있었기 때문이다. 즉, 오리엔탈리즘에서 벗어나 일본이라는 제국을 비판하는 시점을 획득한 여성을, 그녀의 문학은 조형하고 있었다.

물론 미국에 대한 부정적 시선과 소련에 대한 긍정적 시선은 미야모토 유리코가 프롤레타리아 작가라는 점과 떼어 놓고 생각할 수 없다. 그런데 소련에 대한 무한 긍정을 잠시 접어 두면 미야모토 유리코 문학에서는 '제국' 내에서 한 개인으로 차별받는 존재인가, 억압당하는 존재인가 하는 문제가 중시되는 것 같다. 미국은 그런 점에서 여전히 일본 제국의 자장 안에서 그녀를 억압하는 곳이었고, 소련은 스스

かった一人一人の女の、働く女として、妻として、母として、お婆さんとしての社会保護が、社会契約で実現されていることに思い及ぶと伸子はやはり感動した。自分も女であるということに奮起して、伸子は元気を与えられるのだった。《道標》의 인용은《宮本百合子全集》第七, 新日本出版社, 1979년에 의한다.

13 이 텍스트의 미야모토 유리코의 입장에 대해서 〈スターリン体制のソビエトの実相を洞察できなかった未熟な社会主義作家として(略)批判されがちであった〉(《《道標》と女ふたり旅》,《国文学解釈と鑑賞》899(79-4), 至文堂, 2006 · 4, p. 166)라는 의견이 적절하게 적용된다.

로 선택한 곳으로 부르주아로서의 개인적 삶을 해체하는 공간이었다.

'제국'을 이동하는 여성

제국과 주체 사이에 무관한 여성 지식인들은 '여류 문학자'라는 괄호 속에 묶이게 된다는 것은 이전에 밝혔다.[14] 이를 단순히 남성권력에 의한 여성의 배제라고 읽어 버리면 너무 단조로운 이야기가 된다. 그런데 거대담론 연구가 아니라 남성 지식인들이 밟은 과정을 여성 지식인이 같은 경험을 통해 어떤 결과를 내었는지를 보면 전개방식이 다르다. 즉 이동, 교류의 전략적 글쓰기를 통해 작가가 의식적·무의식적으로 내포한 타 제국(혹은 서양) 간의 경험을 내면화하고 표현한 것으로 해석할 수 있다.

소세키의 런던이나 오가이의 독일이라는 장소는 어느 문학사에서도 근대 초 일본 문학의 방향타 역할을 했다. 이와 같은 문학사관의 기반에는 다음과 같은 전제가 있다. 즉, 서양 제국주의 경험을 내면화한 일본 제국의 근대 지식인들이 공통적으로 겪는 아이덴티티의 문제를 그리는 것이 일본 근대문학의 실질이라는 암묵적인 전제이다.

그런데 남성 작가들이 서양 제국을 이동, 교류한 결과론적 담론만으로 '서양 제국 vs 일본'이라는 문학적 공식이 성립해야만 할 이유

---

14   김주영, 〈일본근대문학의 여성문학 형성과정과 그 계보에 관한 조사연구〉, 《비교문학》 39, 2006, 53쪽.

는 없다. 게다가 바르게 성립되기 위해서는 '서양 각 제국 vs 일본 제국'이 되어야 하는데 이때 '제국'이라는 개념은 슬그머니 자취를 감춘다. 마치 양심적 지식인인 소세키와 오가이는 일본 제국의 국민이 아닌 듯이 말이다. 이러한 은폐 방식이 일본 근대문학사의 기술 방법이었을지도 모른다.

주인공의 미국 체험을 시작으로 결혼과 이혼으로 맺는 장편소설 《노부코》의 집필을 끝낸 미야모토 유리코는 러시아혁명(1917)후 10년이 지난 1927년(昭和 2), 유아사 요시코와 함께 모스크바로 떠난다. 그녀는 3년 동안 그곳에 체류하며 사회주의를 체험한다. 그리고 영국 등 다른 서구 자본주의국가를 약 7개월간 돌아보면서 자본주의의 모순을 발견하고 사회주의 체제에 경도된다. 《도표》는 이 소비에트 생활을 소재로 그린 작품이다. 미야모토 유리코의 여성 인식은 소비에트 체험에서 얻은 바 크다. 그 사이에 발표된 《두 개의 정원》은 이혼과 소비에트로 가려는 과정을 그리고 있어, 이 세 소설이 미국 · 일본 · 러시아 세 장소로 각각 순차적으로 이동한다는 점이 주목된다.

앞에서 본 것처럼, 《노부코》의 주인공 노부코가 미국으로 이동 · 교류하는 장면에서 미국은 공감할 수 없는 '제국'으로 표상되고 있다. 그녀가 교류하는 사람들은 일본인들이지 결코 미국 사람들이 아니다. 이에 대해 노부코는 '자신이 부모로부터 독립하지 못하고, 진정한 생활을 하지 못한다는 의식'에 괴로워한다. 그녀 주위에는 양친의 생활만이 있을 뿐이었다.[15] 문제는 그녀가 미국에 공감하지 못

---

15 《宮本百合子全集》第三卷, 新日本出版社, 1979, p. 41.

한 이유가 그녀와 함께 제국이 이동하고, 교류하고 있었기 때문이다. 방증으로 텍스트에는 없지만 당시 상황을 알 수 있는 서간을 인용한다.[16] 아버지가 먼저 귀국하게 된 상황에서, 그녀의 아버지는 유리코의 모친에게 다음과 같은 편지를 남긴다.

유리코의 미국 체재 중에 돈에 대해서는 요코하마 쇼킨은행 지점장인 이노미야 씨에게 맡겨 두기로 하고(동 씨는 진정한 신사로서 누구보다 신용할 수 있음), 전체적인 일은 총영사 야타 씨(동 부인은 시마네현 사람으로서, 선친이 근무하실 적에 누이 다카코와 교분이 있어 때때로 마츠에의 집에 놀러 왔음. 유리코를 보고 어딘가 다카코와 닮은 구석이 있다고 하면서 친밀감을 보였음. 더욱이 딸 두 명이 있는데, 그 중 큰딸과 유리코가 동년배라서 더욱더 좋다고 생각함)와 니혼 유센 지점장 가메이 씨 또는 딘 씨 등 친절하게 모두 다 돌봐 주겠다고 하는 사람들에게 부탁을 해 두었소.[17]

위 편지에서 보는 한, 미국은 그녀에게 독립할 수 없는 제국의 땅, 즉 또 다른 일본 제국이었다. 요코하마 쇼킨은행 지점장, 총영사와

---

16 中條精一郎가 처 葭江에게 보낸 1919년 1월 12일부 서간.

17 百合子滞米中ハ金の事ハ正金支店長一ノ宮氏に託し(同氏は真の紳士にして最も信用アリ)全体の事は総領事矢田氏(同夫人ハ島根県の人にして亡父在勤中同夫人ハ鷹子と交アリ時々松江の宅へ遊び二来リ百合子ヲ見テ何処カ鷹子ト似通ひたる処アリト申され親み有し且娘二人首の方は百合子と同年配故大層工合よろしく候)に及郵船支店長亀井氏又ハディーン氏ナト親切二何れも世話致呉候人々頼み候(略)

그 부인, 딘이라는 미국인까지 아버지의 장악력은 끝이 없다. 일본 제국의 네트워크가 살아 숨 쉬는 곳으로 작가가 이동, 교류한 것에 지나지 않는다. 그에 대한 반항으로 《노부코》에서는 츠쿠다佃와 결혼한다는 설정이 이루어졌다.

반면에 이혼이라는 개인적인 경험을 쌓은 후 소비에트 체험을 그린 《도표》는 적극적으로 일본인뿐만 아니라 그곳 사람들과 교류하고, 활발하게 네트워크를 만들고 있어 대조적이다.

강연이 끝나자 몇몇인가의 사람이 노부코에게 악수를 청했다. 니키치나 부인도 그중의 한 사람이었다. 노부코는 부인의 멋진 러시아풍의 얼굴과 학식을 갖춘 중년 여자의 묵직한 풍부함을 기분 좋게 느꼈다. 니키치나 부인은 코끝이 조금 위를 향한 용모에 어울리는, 어딘가 여유로운 구석이 있는 친근한 눈길로 어색해하는 노부코를 보면서《道標》, p. 75)[18]

노부코는 소비에트 사람들과 기분 좋은 만남 속에서 네트워크를 만들고 그 땅에 대한 호의적인 인식을 더해 간다. 미야모토 유리코 문학에 등장하는 주인공 '노부코'에게 미국 제국과 소련 제국의 차이가 왜 있는 것일까? 그것은 각각의 땅이 양친 또는 일본이라는 '제

---

18 講演が終わると何人かのひとが伸子握手した。ニキ―チナ夫人もそのなかの一人だった。伸子は夫人の立派なロシア風の顔だちと、学殖をもった年配の女のどっしりとした豊富さを快く感じた。ニキ―チナ夫人は、鼻のさきが一寸上向きになっている容貌にふさわしいどこか飄逸なところのある親愛な目つきで、場所なれない伸子を見ながら、(略)(《宮本百合子全集》第七, 新日本出版社, 1979.)

국'의 영향 하에 놓여 있는가, 아니면 그런 사슬에서 벗어나 있는가
에 달려 있었다. 그녀의 이동, 교류에서 소비에트가 긍정적으로 서
술되는 것은 이 때문이라고 볼 수 있다.

　물론 미야모토 유리코의 인식을 모두 긍정적으로 평가할 수는 없
을 것이다. 일단 그녀가 사회주의 시스템에 경도된 이유만 해도 그
렇다. 그녀의 문학에서 일본 제국 속의 지식인 여성으로서 삶 자체
가 부정적으로 인식되는 만큼 소비에트 여성들의 삶은 과장되게 평
가된 측면이 있다. 그러나 문제의 핵심은 미야모토 유리코가 개인의
삶(여성의 주체성)을 강조함으로써 일본의 근대 남성 작가들이 보지
못한 부분을 보완하고 있다는 점이다. 실제로 그녀는 제국주의의 팽
창을 기도하는 일본을 축으로 놓고 생각해 볼 때, 양 거대 제국인 미
국과 소련을 이동, 교류하면서 그 차이를 한 개인(뒤에서 나오는 '일
본 여자')으로서 자각했다. 그렇기 때문에 미야모토 유리코의 주인공
들은 오리엔탈리즘이나 서양 추수에 빠지지 않았을 뿐만 아니라, 스
스로의 양심을 전면에 내세울 수 있었을 것이다.

소세키와 유리코: 시간의 경계 너머

나쓰메 소세키는 《런던 소식倫敦消息》(《ホトトギス》, 1901 · 5 · 6)의 첫머
리를 다음과 같이 장식한다.

　… 그래서 오늘, 즉 4월 9일 밤을 통째로 투자하여 무언가 소식을 전

하려고 생각한다. 소식을 전하고 싶은 것은 많이 있네. 이쪽에 와서 어떻게 된 일인지 인간이 착실해져서 말이지. 여러 가지 것을 보거나 듣거나 할 때마다 일본의 장래에 대한 문제가 빈번하게 머릿속에 떠오르네[19]（《倫敦消息》, p. 648）.

위 모두에는 '주어'가 생략되어 있다. 우리는 이 글이 나쓰메 소세키가 친구인 마사오카 시키正岡子規에게 보낸 편지를 토대로《호토토기스ホトトギス》에 게재되었기 때문에, '젊은 소세키'가 런던에서 "일본의 장래에 대한 문제가 빈번하게 머리에 떠오르고" 있었을 것으로 추정할 수 있다. 서간문이기 때문에 특별히 주체의 인칭에 구애받을 필요가 없었을 것이고, 서간체의 특징도 수신자와 송신자의 공동체적인 성격을 강하게 내포한다.

그럼에도 "진지하게" 고민하는 행위는 '남성 주체'가 외국을 체험할 때 필수적으로 따르는 것이었을지도 모른다. 이 서간체의 수신자는 '자네들君ら'이라는 복수 표현이다. 이 점도 지식인 공동체의 상호 커뮤니케이션, 즉 공동체적 성격을 강화한다.

반면에 '일본 여자'는 같은 장면에서 어떻게 생각하고 있었을까? 미야모토 유리코의《런던 1929년ロンドン一九二九年》（《改造》, 1930 · 6）을 보자.

19　(前略)それだから今日すなわち四月九日の晩をまる潰しにして何か御報知をしようと思う. 報知したいと思う事はたくさんあるよ. こちらへ来てからどう云うものかいやに人間が真面目になってね. いろいろな事を見たり聞たりするにつけて日本の将来と云う問題がしきりに頭の中に起る. (인용은 筑摩文庫版《夏目漱石全集10》, 1988에 의함.)

손에 빨갛고 두꺼운 표를 쥐고 일본 여자는 승합자동차omnibus를 타고 있었다. 승합자동차는 2층 버스다. 노랑, 빨강, 검정의 영국식 색조다. 교차로마다 헬멧을 쓴 키가 6피트인 순사의 신호에 따라 멈춘다. 어느 장소에서는 오랫동안 기다린다. "기다려 보자"라는 세계적으로 유명한 영국의 모토에 따라서 일본 여자는 버스 창으로 런던시를 바라보았다《ロンドン一九二九年》, p. 47).[20]

"일본 여자"는 버스의 창문으로 런던시를 바라본다. '그녀'의 눈에 들어온 것은 "노랑, 빨강, 검정의 영국식 색조"였고 "헬멧을 쓴 키가 6피트인 순사의 신호"였다. 일본의 장래를 걱정해야만 할 소세키와 "영국식 색조"에 흥미를 느끼는 "일본 여자"의 대비를 일단 기억해 두자. 그런데 선진국 영국의 런던시를 바라보던 '일본 여자'는 옆 골목에 시선이 멈춘다. "6피트 키의 순사"는 소세키가 싫어했던 서양 사람들의 거대한 몸이었다. 여기에 대해서도 노부코는 기가 죽는 모습이 없다.

옆 골목에 쭉 노점이 들어서 있다. 바나나, 막과자, 헌 옷, 단추 끈, 도로 공사를 하는 큰길의 포장도로에는 먼지, 헌 신문지, 끈 조각, 담배꽁초 등이 널려 있다. 아이를 한쪽 팔로 안고 봉지를 들고 아이 엄마가 간

---

20 手に赤い厚紙切符を握り日本女は乗合自動車に乗っていた。乗合自動車は二階だ。黄、赤、黒の英国式色調だ。辻々でヘルメットをかぶった六フィートの巡査の合図にしたがって止る。ある場所では長く待つ。〈待って見ていよう〉世界的に有名な一英国の標語に従って日本女はバスの窓からロンドン市を眺め渡した。(인용은 新日本出版社版《宮本百合子全集》第九巻, 1980에 의함.)

다.(중략)

정신이 멍한 굴착기 폭음 속으로, 혹은 그 안에서 통행인들이 보도에 가득 차 있다. 심한 누더기 옷에 캡 모자나 낡은 중절모를 뒤로 넘겨 쓴 칼라 없는 옷을 입은 남자들이 여기저기서 두세 명, 이쪽에 한 무리 서서 멍하니 일하는 인간의 무리 쪽을 바라보고 있다. 영국에 등록된 실업자 총수는 대략 백이십육만(약, 《ロンドン一九二九年》, p. 50).[21]

'일본 여자'는 런던의 실업자 총수가 얼마인지 따진다. 그녀의 눈에 들어온 옆 골목은 쓰레기가 쌓여 있는 퇴행의 도시 뒤안길이었다. 그녀는 실업 노동자풍의 인간 군상을 통해서 영국의 뒷골목 풍경을 바라보는 것이다.

여행자의 시점과 거주자의 시점은 다르다. 게다가 관비 유학생인 소세키는 역시 나라를 짊어진 청년이었다. 그의 눈에 비친 영국은 일본을 비추는 거울이었다. 다음은 앞에 인용한 부분의 약간 뒷부분이다.

이 나라의 문학 미술이 얼마나 성대하고 그 성대한 문학 미술이 얼마나 국민의 심성에 감화를 미치고 있는가, 이 나라의 물질적 개화가

---

21 横丁にずらりと露店が出ている。バナナ、駄菓子、古着、ボタン紐、道路工事に面する大通のペーヴメントにはほこり、古新聞のほご、繩片、煙草の吸殻等が散っている。子供を片腕にかかえ、袋を下げた神さんが行く。(略)
気がぼっとする穿鑿機の爆音のうちへ、或はその中から、通行人は歩道へぎっしりだ。ひどいぼろ服に鳥打帽や古山高を後へずらしてかぶり、カラ_なしの男たちがあっちに二三人 こっちに一塊り立って、ぼんやり働く人間の群の方を眺めている。英国の登録されたる失業者総数凡そ百二十六万人弱。

어느 정도 진보하였고 그 진보의 뒷면에는 어떤 조류가 드리워져 있는 가. 영국에는 무사라는 말은 없지만 신사라는 말이 있는데 그 신사는 어떤 의미를 지니고 있는가, 얼마나 일반 사람이 여유롭고 근면한가, 여러 가지 눈에 들어옴과 동시에 여러 가지 거슬리는 일이 생긴다. 때 로는 영국이 싫어져서 얼른 일본으로 돌아가고 싶어진다. 그러면 또 일 본 사회의 모양이 눈에 떠올라 흥이 깨지고 한심한 생각이 든다. 일본 의 신사가 덕성, 체력, 심미라는 점에서 대단히 결핍되어 있는 것이 염 려스럽다. 그 신사가 얼마나 태연한 얼굴을 하고 득의에 차 있는지, 그 들이 얼마나 속 빈 강정인지, 그들이 얼마나 공허한지, 그들이 얼마나 현재 일본에 만족해서 스스로가 일반 국민을 타락의 심연으로 유도하 는지를 모를 정도로 근시안인가 등등 여러 가지 불평이 차오른다(《倫敦 消息》, pp. 648–9).[22]

위 단락의 글은 관찰하는 주체 표현이 생략되어 있다. 국가의 운 명을 한 몸에 체현하는 공동체적인 주체가 있을 뿐이다. 불분명한 주어의 사용으로 일관하는 이 짧은 글에 간혹 등장하는 '나吾輩'는

22　この国の文学美術がいかに盛大で、その盛大な文学美術がいかに国民の品性に感 化を及ぼしつつあるか、この国の物質的開化がどのくらい進歩してその進歩の裏 面にはいかなる潮流が横わりつつあるか、英国には武士という語はないが紳士と 〔いう〕言があって、その紳士はいかなる意味を持っているか、いかに一般の人間 が鷹揚で勤勉であるか、いろいろ目につくと同時にいろいろ癪に障る事が持ち上 って来る。時には英吉利がいやになって早く日本へ帰りたくなる。するとまた日 本の社会のありさまが目に浮んでたのもしくない情けないような心持になる。日 本の紳士が徳育、体育、美育の点において非常に欠乏しているという事が気にか かる。その紳士がいかに平気な顔をして得意であるか、彼らがいかに浮華である

자신의 행동을 나타낼 때 '나僕'라고 호명하기도 하지만, 전체적으로 주체를 지운다. 여기서 "빨리 일본에 돌아가고 싶어지는" 그리고 "일본의 신사"에 불만을 가진 분열된 주체는 누구인가?

영국 신사에 주눅이 든 '나쯤輩'와는 달리 끝까지 자신을 "일본 여자"로 표현하는 유리코는 '영국 신사'를 "런던 전 인구가 매주 토요일 골프를 치러 나가는 것은 아니다. 증거로 이러한 문구가 있다. '이봐, 저 신사는 프랑스어, 이탈리아어에 골프어를 말해'"[23]라고 비유한다. 일본에 '신사'다운 신사가 없다고 한탄한 소세키가 "이 나라의 문학 미술이 얼마나 성대하고, 그 성대한 문학 미술이 얼마나 국민의 품성에 감화를 미치는지" 감탄한 것과 비교되는 장면이다. 유리코의 "일본 여자"는 "성대한 문학 미술" 뒤에 숨어 있는 노골적인 국가주의를 읽어 낸다. "왜 영국은 대영박물관 옆에 본부를 둔 시오니스트들을 위해 군대를 움직이고, 시오니스트에게 무기를 주고, 왜 아랍인은 죽이는가?"[24]라고.

런던의 "신사"에 대한 정반대의 견해, "국민"에 대한 견해 차이가 보이는 이유는 물론 시간 차와 시각 차(문명개화와 프롤레타리아)의 낙차로 읽을 수도 있다. 그러나 한 사람은 대영박물관을 보았고, 또 한 사람은 골목길을 들어가 본 차이. 이 차이를 시간 차로만 설명할

が 彼らがいかに空虚であるか、彼らがいかに現在の日本に満足して己らが一般の国民を堕落の淵に誘いつつあるかを知らざるほど近視眼であるかなどというようないろいろな不平が持ち上ってくる。

23 《ロンドン一九二九年》, p. 50.

24 《ロンドン一九二九年》, p. 50.

수 없는 이유는 "일본 여자"라는 강렬한 '주어' 서술과 "나吾輩" 속에 숨은 연약한 '남성 주체'의 차이 때문이다.

　서양에 대한 정보는 소세키나 유리코 두 사람 모두에게 유용한 문학 재료였다. 소세키가 이 글에 "도리가 없으니 오늘 일어나서부터 지금 편지를 쓸 때까지의 일들을 《호토토기스》에서 모집하는 일기체로 써서 보여 드리지"라고 쓴 것은 의미심장하다. 한편 집요하게 '일본 여자'라고 자신을 서술하여 일본 독자에게 전하는 미야모토 유리코 문학의 서술 의식도 강렬하다.

　한편《모스크바 인상기モスクワ印象記》(《改造》, 1928 · 8)에서 '일본 여자'는 러시아를 "더러움 속의 아름다움"[25]으로 형용하고 있다. 그런데 이와 같은 호의적인 판단, 혹은 자의적인 파악이 러시아에 집중되어 있다. 대영제국에 대한 날카로운 비판의 칼날이 왜 러시아에는 무딘 것일까. 《모스크바 인상기》에서 '일본 여자'의 러시아에 대한 긍정론은 그칠 줄 모른다. 프롤레타리아 작가가 될 자질 때문일까? 감성적인 작가와 러시아의 만남이다.

　이와 같은 미야모토 유리코의 한계를 지적하더라도, 유리코의 '일본 여자'는 남성 지식인이 경험한 유럽에 대한 경쟁심 또는 '제국'에 대한 무의식적 수용과는 거리가 멀다. 유리코가 그린 노부코라는 여성은 스스로 '일본 여자'라고 칭하면서 '일본' 제국을 브랜드로 사용

25　廊下の白い壁に質素な円時計がかかっていて、半時間ごとに、彼女たちの頭のうえ
　　で時を打った。その時計の鳴る音を、日本女は床の中で眠らず六つまでき くことも
　　ある。雪と煤煙とのモスクワ、きたなさのうちに美しさがある居心地よいモスクワ
　　の日の出は七時半だ。《宮本百合子全集》第九巻, 新日本出版社, 1980, pp. 19-20.

하려는 의식도 별로 없다. 그냥 '일본에서 온 여자'라는 표현 속에 당연함을 담고 있다. 그녀가 '일본 여자'로 스스로를 단순화할 수 있었던 것은 '일본 제국'을 짊어져야 할 의무감에 불타는 남성 주체가 아니었기 때문에 가능했다. '일본 여자'의 서양 인식이 남성 지식인들과 달랐다고 한다면 일본의 근대에 대한 다양한 관점의 성립을 인정하고 적용해야 한다.

다만 부르주아에서 탈출하여 독립된 개인으로 살고 싶다는 '일본 여자'의 그 과잉의식이 노동자 천국이라는 러시아의 무산자계급 옹호에 대한 컴플렉스로 작용하여 러시아의 현실을 용인하게 하는 것은 아닐까 생각할 수 있다. 그러나 결과적으로 소비에트의 현실에 대한 정보 부족과 낭만적 공감은 소비에트라는 또 하나의 새로운 '제국'의 경험을 운반하였다.

《러시아에 가는 마음ㅁシャに行く心》(《読売新聞》, 1927 · 11 · 28)에서 미야모토 유리코가 가난한 여행이라고 단서를 달면서도 "일 년 반 만에 돌아오려고 생각하는데, 가고 싶은 곳은 스웨덴 · 노르웨이 · 네덜란드 · 프랑스 · 스페인 등이지만, 그러나 갈 수 있는 곳은 러시아와 프랑스뿐이겠지요"[26]라고 말할 때 그녀의 이동, 교류의 낭만성이 진하게 전해져 온다. 제국의 경계를 넘나들던 남성에게 '국가'가 부각되는 것과는 전혀 다른 길을 걷는 것이다.

러시아로 향하는 그녀의 시야에 조선 반도가 들어오지 않았다는 점은 앞으로 검토해 볼 문제다.

---

26 《宮本百合子全集》第十七巻, 新日本出版社, 1981.

참고문헌

김주영, 〈일본근대문학의 여성문학 형성과정과 그 계보에 관한 조사연구〉, 《비교
　　문학》 39, 2006.

박희경, 〈Sex, Gender, Parodi〉, 성균관대학교 《정정헌》 29호, 2000.

히라타 유미, 《건국대학교 아시아 · 디아스포라연구소, 경원대학교 아시아문화연
　　구소 공동 국제학술심포지엄 Proceedings》, 2010, 18~28쪽.

アンソニー・パグデン, 猪原えり子 訳, 《民族と帝国》, 講談社, 2006.

飯田祐子, 《彼らの物語―日本近代文学とジェンダー》, 名古屋大学出版会, 1998.

岩淵宏子, 《宮本百合子― 家族、政治、そしてフェミニズム》, 翰林書房, 1996.

亀井秀雄, 《〈小説〉論 -〈小説神髄〉と近代》, 岩波書店, 1999.

蔵原惟人, 《小林多喜二と宮本百合子》, 河出書房, 1954.

中村智子, 《百合子めぐり》, 未来社, 1998.

沼沢和子, 《宮本百合子論》, 武蔵野書房, 1993.

本多秋五, 《増補転向文学論》, 未来社, 1965.

和泉あき, 〈宮本百合子と民族主義の問題〉, 《多喜二と百合子》, 1956.

井上百合子, 〈宮本百合子〉, 《国文学 解釈と鑑賞》, 1964.

北田幸恵, 〈《伸子》生誕をめぐって〉, 〈近代文学論叢〉 第三号, 1967.

徳永直, 〈小林多喜二と宮本百合子〉, 《人民文学》, 1953.

分銅享作, 〈宮本百合子〉, 《国文学》 14号, 1969.

여행 텍스트와 모빌리티
: 오오카 쇼헤이의 여행기에 그려진 유럽, 코르시카

우연희

이 글은《日本語文學》제83집(2018.12)에 실린 원고를 수정 및 보완하여 재수록한 것
이다.

이동 사회와 여행

이동은 새로운 현상은 아니지만 오늘날 다양한 사회생활에서 이전보다 더 강렬하게, 더 중요하게, 더 경쟁적으로 일어나고 있다.[1] "마치 온 세상이 이동 중인 것처럼 보인다"[2]는 존 어리John Urry의 말처럼 세계는 계속해서 움직이고 있다. 이동은 모빌리티 시스템의 발달로 그 형태가 달라지고 사회에 대한 영향력도 커졌다. 기차, 자동차, 비행기는 육체와 사물의 물리적 이동을 더 멀리, 더 빠르게 하고 통신은 물리적 이동과 가상 이동을 더욱 촉진시켰다.

모빌리티의 발달은 세계로의 이동을 더 수월하게 만들었다. 우리는 배를 타고 다른 대륙으로 갈 수 있고 비행기를 타고 지구의 반을 이동할 수도 있다. 사적이었던 많은 것들에 이제 공적, 국제적으로 접근할 수 있게 되었다. 그것은 관광 명소와 같은 형태일 수도 있고, 다운로드할 수 있는 파일의 형태일 수도 있다. 우리는 다양한 형태의 이동을 경험하고 일상적으로 모빌리티 시스템을 접하고 있다. 특히 물리적 이동은 이미 전 지구상에 걸친 '생활방식'이 되었다. 전 세계의 거대한 산업이 된 이동과 관광의 규모, 각국을 오가는 엄청난 규모의 방문자 수[3]가 이를 설명해 준다.

---

1 이희상, 《존 어리, 모빌리티》, 커뮤니케이션북스, 2016, 2쪽.

2 존 어리, 《모빌리티》, 강현수·이희상 옮김, 아카넷, 2014, 23쪽.

3 합법적으로 국가 간 이동하는 사람의 수는 1950년 한 해 약 2,500만 명이었는데, 2007년 존 어리는 2010년에는 적어도 10억 명에 달할 것으로 내다봤다. 이동과 관광은 약 6조 5천억 달러에 달하는 전 세계에서 가장 거대한 산업으로, 직간접적으로 전 세계 고

이동과 이로 인해 발생하는 현상에 주목하여 사회를 동태적이고 유동적인 것으로 보기 위해 모빌리티 패러다임mobility paradigm이 필요하다. 모빌리티 패러다임을 주장한 존 어리는 열두 가지 주요 이동 형태에 장소를 방문하거나 이벤트에 가기 위한 관광 여행을 포함시켰다.[4] 여행은 어떤 장소에 도달하려는 목적, 공간적 이동의 패턴, 특정 장소에 머무르는 지속의 정도에 따라 다양한 여행들을 포함한다. 이런 관점에서 여행은 '지금 이곳을 떠나 다른 곳을 향하는 공간적 이동'이다.[5] 이 글에서는 그 대상을 여행하는 주체의 의도와 목적이 드러나는 여행기로 제한하여 살펴보고자 한다. 여행기는 공간을 이동하고 경험하는 이야기로 여행 주체가 독자를 예상하고 목적을 가지고 생산한 산물이다. 따라서 여행은 공간적 이동뿐만 아니라 이동에 대한 욕망 실현과 가치 부여가 중요한 요소로 작용한다. 여행의 기록인 여행기는 여행지에 대한 재현이자 동시에 자신을 구성해 가

용의 8.7퍼센트, GDP의 10.3퍼센트를 차지한다.(존 어리, 《모빌리티》, 24~25쪽)

4 존 어리가 제시하는 열두 가지 주요 이동 형태는 다음과 같다. ①망명, 난민, 그리고 집 없이 떠도는 이동과 이주, ②사업 및 업무 출장, ③학생, 어학연수생, 기타 젊은이들의 '해외 체험'을 위한 탐사 여행, ④온천, 병원, 치과, 안경점 등을 가기 위한 의료 여행, ⑤군대, 탱크, 헬리콥터, 비행기, 로켓, 정찰기, 인공위성 등과 같은 군사적 모빌리티, ⑥퇴직 이후 여행과 은퇴자들의 초국적 생활양식 형성, ⑦어린이, 배우자, 다른 친척이나 하인을 동반하는 '가족 초청 이주', ⑧해외 진출 화교처럼 해외 집단이주자들의 주요 거점들을 오가는 이동과 이주, ⑨세계를 떠도는, 특히 세계 도시로 몰려드는 서비스 노동자들의 이동, ⑩장소를 방문하거나 이벤트에 가기 위한 관광 여행, ⑪친구와 친지 방문, ⑫통근을 포함한 업무와 관련된 이동이 이에 해당된다. 이러한 이동 형태가 서로 겹치고 영향을 주는 다양한 방식이 존재한다.(존 어리, 《모빌리티》, 37~38쪽)

5 박경환, 〈포스트식민 여행기 읽기〉, 《문화역사지리》 30권 제2호, 2018, 2쪽.

는 이중 기획의 산물인 것이다.[6] 여행기에는 여행 주체의 입장과 시선에서 목적지에 도달하는 과정이 유의미하게 서술되어 있다. 따라서 여행하는 주체는 여행 과정에서 여행 대상을 인식의 거울로 삼아 자신이 가지고 있는 생각과 신념을 드러내게 된다.

이 글에서는 일본의 전후문학자인 오오카 쇼헤이大岡昇平의 1970년대 여행기를 중심으로 유럽을 어떤 시선으로 보고 있는지 살펴보려고 한다. 오오카의 저작에 대해서는 초기 전쟁문학과 역사소설을 중심으로 많은 연구가 이루어졌다. 그러나 국내뿐만 아니라 일본에서도 오오카의 여행기에 대한 연구는 미미한 실정이다. 오오카는 1971년 9월 3~5일 핀란드 유네스코 주최의 동남아시아 문학에 관한 세미나에 참석하기 위해 헬싱키로 이동한다. '전통과 현대伝統と現代'라는 제목의 일본 문학 강연을 목적으로 하는 여행이었다. 강연을 마친 뒤 오오카는 45일간 프랑스, 이탈리아, 오스트리아 등을 여행하는데 그 여행지 목록에 '코르시카'가 포함되어 있다. 이 글은 오오카의 이동 경로에서 유럽의 대표적인 관광지와 생소한 이름의 '코르시카'가 나란히 자리하고 있다는 점에 주목하였다.

3박 4일 간의 코르시카 여행은 이듬해인 1972년에 〈코르시카 기행〉으로 발표된다. "여행기는 공간 속에서의 이동과 체험의 이야기이자 공간을 경험하고 교류하는 이야기"[7]이다. 여행자가 어떤 의도

---

6   김미영, 〈1960~70년대 간행된 한국 지식인들의 기행산문〉, 《외국문학연구》 50, 2013, 28쪽.

7   목승숙, 〈유랑하는 지식인의 동유럽 공간 체험〉, 《독어독문학》 제149집, 2019, 86쪽.

에서 코르시카를 방문했고 무엇을 보고 어떻게 기록했는지 〈코르시카 기행〉을 통해 확인할 수 있을 것이다. 여행을 가능하게 한 이동의 수단은 무엇이었으며 그 여행 경로는 어떠했는지 살펴보고, 또한 여행기에 낯선 장소와 사람, 자연경관이 어떤 시각으로 재현되고 있는지를 중심으로 분석하고자 한다.

전후문학자 오오카 쇼헤이의 여행

먼저 오오카 쇼헤이가 일본에서 어떤 위치에 있는 작가인지 살펴보자. 오오카 쇼헤이는 '전후' 일본 문단을 대표하는 소설가이다. 오오카의 문학적 토대는 교토대학에서 전공한 불문학, 아시아 · 태평양 전쟁 말기의 전쟁 체험이다. 오오카는 1944년 일본의 패색이 짙던 전쟁 말기에 징집되어 필리핀 민도로섬의 산호세 전선으로 향했다. 그러나 그해 12월 미군이 상륙하자 산속으로 도망쳐 방황하다 이듬해 1월에 포로로 잡혀 일본으로 귀환한다. 귀환 후 고바야시 히데오 小林秀雄의 권유로 전쟁 체험을 글로 쓰기 시작했다. 오오카는 첫 소설 《포로기俘虜記》(1948)로 제1회 요코미쓰 리이치상横光利一賞을 수상하고, 이어 발표한 《들불野火》(1952)로 요미우리문학상読売文学賞을 수상하는 등 '전후' 문학 공간에 큰 반향을 일으켰다.

　패전을 지나 일본 사회는 1945년에 끝난 그 전쟁을 점차 망각해 간다. 1960년대와 1970년대 고도경제성장기 '전후' 일본에서는 화려했던 과거를 회상하며 대국의식에 취해 각종 일본 역사가 크게 소비되는 역사 붐이 일었다. 오오카는 이런 사회 분위기와 달리 일본 사회를 향해 전쟁을 잊어서는 안 된다는 메시지를 발신했다. 별명이 논쟁꾼이었을 만큼 오오카는 끊임없이 동시대 사회와 문학에 대해 비평했다. 또한 다양한 자료의 수집, 사실 인식과 탐구를 바탕으로 전쟁소설과 역사소설을 쓰는 작업으로 전후문학의 기수로 불렸다.

소설가로서 오오카에 대한 동시대 평가는 사실 추구, 호기심, 냉정한 판단력으로 요약할 수 있다. 오오카는 나카하라 주야中原中也 등 전기 연구, 《덴추구미天誅組》(1963)와 같은 역사소설, 《레이테전기レイテ戦記》와 《유년幼年》(1973) 등 자전소설에 이르기까지 '사실史実'과 '기록'을 향한 고집이 여러 형태로 나타난다고 평가받는다.[8] 조사광調べ魔'으로 불릴 만큼 자료를 조사하고 수집하는 오오카의 자세가 오오카 문학의 큰 축을 이루고 있다. 나카노 코지中野孝次는 오오카를 방대한 정보 수집, 정확한 사실 인식을 향한 탐색, 새로운 것에 대한 호기심, 끊임없는 지적 관심, 냉엄한 판단력, 자기초탈 경향을 가진 작가'로 평했다.

'전후' 문단에서 전쟁소설을 쓰고 〈푸른 이리〉 논쟁'을 벌일 만큼 전쟁과 역사에 특별한 관심이 있었던 오오카의 저작 중에 여러 편의 기행문이 있다. 여러 이국땅을 경험하고 난 뒤 〈핀란드 기행フィンランド紀行〉, 〈이탈리아 기행イタリア紀行〉, 〈문학적 소비에트 기행文学的ソヴィエト紀行〉, 〈필리핀 기행フィリピン紀行〉, 《맹야萌夜》 등 다수의 기행

---

8   石崎等, 〈評論家としての大岡昇平〉, 《国文学 解釈と鑑賞》, 1979, p.132.

9   中野孝次, 〈現代文学に於ける位置〉, 《国文学 解釈と鑑賞》, 1979, p.10.

문을 남겼다. 오오카의 기행문은 "토지의 사자, 정령에 대한 인사와 진혼이 유감없이 발휘"된다는 평가를 받는다.[10] 역사에 대한 관심은 여행지 코르시카에서조차 "아작시오Ajaccio에서 나의 마음을 움직이는 것이 역사뿐이라는 것은 확실하다"는 고백에서 엿볼 수 있다. 또 핀란드 헬싱키에서 시작한 여행 중 "남프랑스 여행의 수확 중 하나는 아를에서 산 향토사 팸플릿으로 제정 말기 갈리아를 통과한 로마인의 여정을 더듬어 보는 것이 즐거움이었다"[11]는 서술에서도 찾아볼 수 있다.

초기 대표 작품인 《포로기》, 《들불》, 《무사시노 부인》으로 전후 인기 작가로 이름을 올린 오오카는 40대의 나이에 미국 유학의 기회를 얻는다. 1953년 10월 후쿠다 쓰네아리福田恒存와 함께 록펠러재단의 제1회 장학생이 되어 미국으로 건너간 그는 예일대학에서 유학하고 다음 해 5월 영국, 네덜란드, 오스트리아, 그리스 등 유럽 각국을 여행한다. 해외여행이 자유화된 1964년 이전이었음에도 오오카는 1954년 12월 귀국할 때까지 장학생 신분으로 자유롭게 여행을 할 수 있었다. 해외여행 자유화 이후에 방문한 여행지 코르시카에서 박물관 관람이 어렵게 되자 "16년 전, 록펠러장학금을 받고 미국과 유럽을 여행한 적이 있는데, 그때는 소개장이 있어서 매우 편리했지만 이번은 개인적 여행이기 때문에 불편하다고 불평"(p. 413)하기도 한다. 하지만 교토대학에서 불문학을 전공하고 도쿄에서 스탕달 작

---

10 日本近代文学館,《新潮日本文学アルバム 大岡昇平》, 新潮社, 1995, pp. 56-57.
11 中井正義,〈海外旅行について〉,《大岡昇平ノート》, 沖積舎, 1989, p. 165.

품 번역과 더불어 문학평론가로 활동했던 오오카는 여행으로 접한
유럽의 문화를 적극적으로 흡수하고 그 경험을 여러 기행문으로 남
겼다.

이 글에서 살펴볼 〈코르시카 기행〉은 1972년 1월부터 5월까지
《바다海》에 발표되었다. 기행문인 만큼 날짜와 시간, 이동하는 장소
가 구체적으로 명시되어 있는 것이 특징적이다. 출발지에서부터 관
광지로 개발되지 않은 산간 마을 코르트Corte까지 택시를 타고 이동
하는 과정이 시간대별로 기록되어 있다. 1971년 9월 25일 토요일
아침 7시 40분, 오를리공항에서 파리발 아작시오행 에어프랑스기를
탑승, 1시간 20분 후 아작
시오공항에 도착하여 3박
4일간의 여행을 시작한
다. 오오카는 일반적인 코
르시카 여행 루트와는 다
른 루트로 여행했다. 남부
의 바닷가 휴양지나 등산
코스를 방문하지 않고 코
르시카섬을 횡단했을 뿐
이다. 오오카는 코르시카
섬의 서쪽 해안 도시인 아
작시오에서 북동쪽으로
이동하여 코르시카 독립
운동의 중심지였던 코르

오오카의 코르시카 이동 경로(출처: 《大岡昇平
全集》 20, 1995, 화살표: 인용자)

트를 방문하고, 이어 코르시카 북동부에 위치한 바스티아Bastia로 옮겨 간다. 바스티아는 아작시오에 이어 코르시카섬에서 두 번째로 큰 도시이다. 〈코르시카 기행〉은 오오카가 여행한 루트를 따라 소제목이 달려 있다. 여행 경로는 앞쪽 지도의 화살표를 따라 아작시오—포초 디 보르고 저택ポッツォ·ディ·ボルゴの城館—나폴레옹 생가ナポレオンの家—몬테 도로モンテ·ドロ—코르트-폰테 노보 전투ポンテ·ノヴォの戦い—바스티아 성채バスティアの城塞—구 항구旧港—민속박물관民俗博物館—코스톨리 아가씨コスト—リ嬢—카노니카성당カノニカ寺院—보르고공항ボルゴ空港으로 이어진다. 오오카는 코르시카 내륙에서의 이동 수단으로 택시를 선택한다. 택시는 내가 원하는 곳으로 언제든 자유롭게 이동하고 멈출 수 있으며 이동 중 풍경을 감상할 수 있다는 장점이 있다. 오오카는 택시로 목적지까지 이동하면서 도로의 높고 낮음, 그에 따른 경관과 지형을 관찰하고 사진과 함께 기록을 남겨 여행기를 완성했다.

여행지 보기: 공간(지형)과 시간(역사)

코르시카섬은 시칠리아섬, 사르데냐섬 등 서지중해에 남북으로 이어져 있는 큰 섬 중에서 가장 북쪽에 있다. 섬 대부분이 산악 지형으로 해발고도 2,000미터가 넘는 산지가 많으며 산지와 구릉지대는 '마키'라는 관목림으로 덮여 있다. 해안에 접한 도시는 관광지로 개발되어 관광객의 방문이 많다. 코르시카는 남프랑스보다 서북 이탈리아의 제노바·피사와 가깝고 주민은 이탈리인이지만 1768년 프랑스가 제노바공화국에서 매수한 이래 프랑스령이 되었다. 섬의 지정학적 위치 때문에 끊임없이 다른 나라의 침략과 영향을 받아 온 것이다. 오오카는 높은 산이 많은 코르시카의 지형에 대해 다음과 같이 설명한다.

코르시카 위치(출처: 《大岡昇平全集》 20, 1995)

　코르시카는 알프스 지맥의 하나로 섬 전체는 거의 화강암으로 되어 있다. 그 동쪽과 북쪽에는 깊이 2킬로미터인 해구가 있다. 섬에는 이른바 대륙붕이 없고, 아작시오만도 물가에서 바로 1백 미터의 급경사로 이루어져 만의 입구도 수심 1천 미터에 달한다. 즉 지중해의 해저산맥이 머리만 물 위에 내놓은 것이 코르시카 섬인 것이다(《コルシカ紀行》, p. 402).

　마치 바닷속이 투명하게 보이고 코르시카 지형이 입체적으로 머릿속에 그려지는 듯하다. 오오카가 초기 소설인 《들불》, 《무사시노 부인》 등에서 보여 준 자연과 지형에 대한 상세한 묘사는 각국의 기행문에서도 이어졌다. 문학자 중에는 드물게 지질학회 회원일 정도로 오오카는 지형에 대해 관심이 깊었다. 《무사시노 부인》의 무대가 된 무사시노 주변의 지형과 지질에 대한 자료를 모으다가 1953년 지질학회에까지 가입하게 된 이력이 있다. 아래는 《무사시노 부인》의 무대가 되는 '하케'라는 소설적 공간에 대한 묘사이다. 오오카가 소설 속에서 지형을 어떻게 다루고 있는지 확인할 수 있다.

주오센 고쿠분지国分寺역과 고가네이小金井역 중간, 선로에서 평평한 밭 사이 길을 2정丁정도 남쪽으로 가면 갑자기 내리막길이 된다. '노가와野川'라고 불리는 작은 강 유역이 거기에 펼쳐지는데, 강폭이 좁은 것에 비해 사면이 높다. 이것은 고대 지질시대에 간토산지에서 흘러나와 북쪽은 이루마가와·아라카와, 동쪽은 도쿄만灣, 남쪽은 현재의 다마가와로 경계 지워진 넓은 무사시노 대지를 침전沈殿시킨 고대 다마가와가 점차 서남으로 이동해 간 흔적으로, 사면은 그 도중에 만들어진 가장 오래된 단구의 하나이기 때문이다(《武蔵野夫人》, p. 146).

사방이 강과 도쿄만으로 둘러싸인 단절된 공간, 다른 곳보다 높은 지대라는 점에서 독립된 공간으로서의 이미지를 부여하여 이야기의 특별한 무대로서 '하케'의 지형적 성질을 설명한다. 오오카가 지질과 지형을 소설의 공간으로 얼마나 자유자재로 활용하는지 확인할 수 있는 예이다. 오오카는 "내가 쓰는 글 중 자연 묘사는 대체로 지형에 대한 설명이다. 풍경이 어떻게 보이는가뿐만 아니라, 즉 시각적으로 포착하는 것뿐만 아니라 산이나 계곡이 어떤 지질학적 경과로 지금 모습으로 되었는가를 쓰지 않으면 홀가분하지 않다"[12]고 말할 정도

---

12 蟹澤聰史, 〈文学作品の舞台・背景となった地質学 魯迅、大岡昇平の作品と地質

로 지형의 변화 과정에도 깊은 관심을 가지고 있었다.

오오카는 코르시카를 여행하면서 보이는 도로와 강이 어디까지 어떻게 이어져 있는지 직접 가 보지 않더라도 매번 지도로 확인하고 기록한다. 이는 "짧은 여행에도 먼저 그 지방의 지도를 산다. 지금 내가 있는 곳이 어떤 위치이며 주변 지형은 어떻게 되어 있는지 확인해야 하기 때문"[13]이라는 오오카의 발언을 보면 이해할 수 있다. 지도를 통해 공간이 편평하고 연속적인 평면이 된다. 지도는 사물이 어떻게 정렬되어 있는지 말해 주어 세상을 체계적으로 이해할 수 있게 해 주는[14] 도구로 사용된다.

전체가 한눈에 보이는 곳에서 조망하는 것과 같은 지형 설명은 〈코르시카 기행〉 여러 곳에서 찾아볼 수 있다. 오오카는 〈코르시카 기행〉의 최대 목적지로 삼고 있던 코르트에 대해 아래와 같이 묘사하고 있다.

코르시카는 시코쿠의 절반 정도밖에 되지 않는 작은 섬이지만, 산은 2,500미터급이 흔하다. 그 정도로 가파르게 지중해 한가운데에 불쑥 솟아 있다.

화산은 없고 알프스산맥 줄기라서 화강암질의 봉우리들이 짐작할

学〉,《地質ニュース》603号, 2004, p. 55.

13 蟹澤聰史, 〈文学作品の舞台・背景となった地質学 魯迅、大岡昇平の作品と地質学〉, p.55.

14 도린 매시,《공간을 위하여》, 박경환·이영민·이용균 옮김, 심산, 2016, 207~208쪽.

수 없을 정도의 높이로 창밖에 솟아 있다. 나무가 없는 큰 바위가 눈부시게 빛난다.

그런 산속 분지 속의 한 바위 위에 있는 것이 코르트이다(《コルシカ紀行》, pp. 373-374).

마치 높은 위치에서 코르시카섬을 바라보고 우뚝 솟은 봉우리들 사이 움푹 파인 곳에 위치한 마을 코르트가 눈 아래 펼쳐지고 있는 것 같다. 지형과 지질에 관한 상세한 서술 외에도 오오카는 코르시카섬에 대한 정보를 수치뿐만 아니라 그가 조사한 자료를 근거로 판단하여 제공한다. 코르시카의 인구가 1936년을 정점으로 감소하고 있고, 1962년 당시 인구 집계보다 실제 거주하는 인구가 적을 것이라고 덧붙인다. 그 이유에 대해 "향토의식이 강한 코르시카인은 프랑스 본토에 이주하고도 본적은 코르시카에 남겨 두기 때문"이라고 분석한 것이 그 예이다.

오오카는 1971년 핀란드에서 시작한 유럽 여행에서 꼭 가 보고 싶었던 곳으로 코르시카를 꼽았다. 당시 일본에는 나폴레옹의 출신지 정도로만 알려져 있던 섬이었는데 오오카는 어떤 점에 끌려 이곳을 여행지로 선택했을까? 코르시카의 역사에 대해 서술한 부분을 보면 그 이유를 짐작할 수 있다.

남프랑스보다 서북이탈리아의 제노바와 피사에 가깝고 주민은 이탈리아인이지만, 1768년 프랑스가 제노바공화국으로부터 사들인 이래 프랑스령이 되었다.

그러나 그때까지 파스칼 파올리의 독립운동이 성공하여 거의 섬 전체를 해방했다. 그때 종주국 제노바와 프랑스 사이에 조약이 성립되었다. 그 경과가 1898년 필리핀을 둘러싼 미국과 스페인 양 대국의 거래와 비슷하다는 점에 나는 관심을 가졌다(〈コルシカ紀行〉, p. 382).

코르시카는 1768년, 필리핀은 1896년, 그 사이 1세기 이상의 차이가 있지만 각각 독립운동이 진행되어 제노바와 스페인의 주권이 약해진 순간, 제3자인 대국에 싼값으로 팔린 점에서 동일하다. 그리고 코르시카도 필리핀도 새로운 국가에 절망적인 저항 후 굴복한다(〈コルシカの旅〉, pp. 372-373).

오오카는 코르시카에 대한 관심이 필리핀과 같은 역사를 가졌기 때문이라고 설명한다. 코르시카가 제노바로부터 프랑스에 매각된 것이 필리핀이 미국에 팔린 사정과 닮아 흥미가 생겼던 것이다. 코르시카는 1768년, 필리핀은 1896년으로 백 년 이상의 시간 차가 있지만 독립운동이 일어났고 종주국의 주권이 약해진 순간 제3자 대국에 싼값으로 팔린 점이 동일하다. 그리고 필리핀에서는 아기날도 Emilio Aguinaldo 장군, 코르시카에서는 파스칼 파올리Pascal Paoli와 같은 국민적 영웅이 탄생하지만 새로운 국가에 절망적인 저항 후 굴복한다는 점도 유사하다. 오오카는 필리핀과 코르시카가 같은 역사를 가졌다는 것에 착목하여 두 나라를 나란히 놓고 비교하며 코르시카를 여행했던 것이다. 일본의 제국주의 침략전쟁에 가담한 한 병사로 필리핀을 경험했던 오오카의 사유는 코르시카 여행 중에도 그대로 이어진다.

　지금은 언제 근육 경련이 일어날지 모르는 오른쪽 다리와 아픈 왼쪽 무릎을 가진 내가 그런 일정을 소화할 수 있을지.

　이런 심각한 위험에 처한 것은 과장되게 말하자면 필리핀의 산속 이래 처음이다. 말라리아로 고열에 시달리던 나는 우거진 숲속에 쓰러져서 자신이 보행이 불가능한 상태로 돌아왔다는 것을 발견했다. 물이 있는 곳까지 찾아갈 수도 없었다. "나는 땅에 엎드려 상처 입은 짐승과 같이 생각했다"고 나는 그때의 상태를 표현했는데, 마찬가지로 코르시카의 호텔 방 침대 옆에 서서 나는 생각했다〈コルシカ紀行〉, p. 397).

　오오카는 필리핀과의 동질성에서 코르시카에 관심을 가졌고, 그러한 인식은 코르시카 여행 중의 다리 통증으로 인한 감상으로도 표출되고 있다. 1944년 필리핀 전선에 파병되었던 오오카는 말라리아에 걸려 괴로워하며 쓰러져 있었던 자신을 코르시카 여행지에서 소환한다.

　오오카는 전후 일본 문단에서 역사적 사실에 대한 정확한 인식을 촉구하고 이를 바탕으로 역사소설 논쟁을 벌인 이력이 있다. 그러한 이력은 지중해에 위치한 섬의 역사에 대한 관심으로도 표출된다. 〈코르시카 기행〉에는 코르시카의 고대 유적이나 로마네스크 교회에 대한 기술은 거의 없고 코르시카 독립운동이 중심적으로 기술되어 있다. 오히려 "로마네스크풍의 예배당이 오른편으로 내려다보였지만 보르고家의 예배당 같은 것에는 흥미가 없다. 거기에서 50미터 위쪽에 현재 사용되는 여름 별장이 있지만 그것도 흥미가 없다"(p. 390)고 말한다. 아픈 다리 때문에 여행 일정 조정이 필요할 때에도 과감히 나폴레옹 생가를 포기하고 코르시카 독립운동의 성지인 산간 마을 코르트로 향할 정도였다.

코르트의 해발 4백 미터 고지에 자리 잡은 마을은 주위에 높은 산이 줄지어 있는 천연의 요새였다. 이 자연조건 덕분에 외부로부터 공격이 어려워 코르시카인의 독립운동의 거점이 되었다. 코르트 호텔 방에서《코르시카인의 대모험コルシカ人の大冒險》을 읽다 잠든 오오카는 파올리보다 먼저 독립운동을 조직한 선구자 가포리Jean-Pierre Gaffory 아들의 꿈을 꾼다. 꿈을 꾼 뒤 당시 연재하고 있던〈레이테전기〉[15] 집필을 위해 필리핀 "레이테섬 전투 등에 대해 문헌 대조를 하면서 자주 이런 종류의 꿈을 꾼다"(p. 413)고 서술했다. 이를 "사실의 단편을 쾌감의 원칙으로 해석한 꿈"(p. 413)이라고 단언하는데, 역사에 대한 오오카의 고집과 깊은 관심을 확인할 수 있다. 오오카는 유적지를 포기하면서까지 직접 독립운동이 일어났던 장소를 찾아 그 장소가 가진 역사를 확인하고 싶었다. 비행기와 같은 이동 수단과 기술의 발전은 오오카에게 이국의 역사를 마주할 수 있는 기회를 제공했다. 지중해에 떠 있는 작은 섬 코르시카에서 전혀 어울리지 않을 것 같은 필리핀 독립의 역사와 오오카의 필리핀에서의 전쟁 경험을 불러내 현재의 자신과 마주하게 했다.

---

15 오오카는 1967년부터 1969년까지《중앙공론中央公論》에〈레이테전기〉를 연재했다.

여행자의 시선: 조망과 격하

오오카는 〈코르시카 기행〉에서 코르시카섬의 역사와 함께 아작시오가 낳은 나폴레옹, 독립운동가 파올리와 관련된 역사, 코르시카의 독특한 지형과 숲의 지명까지 고루 언급하고 있다. 아작시오의 호텔에서 택시를 불러 보르고 저택, 나폴레옹 생가까지 이동하는 중에 "지그재그 길의 모퉁이를 몇 개 지나는 동안에 올리브가 없어"지고 "소나무와 밤이 우세한 숲이 점점 불규칙한 관목림으로 바뀌"어 가는 것을 알아챘다. 코르시카의 유명한 관목림 '마키'였다. "메리메의 〈마테오 팔코네〉 이래 코르시카의 상징처럼 된 관목의 밀림이다. 대전 중 프랑스 레지스탕스가 비밀명秘匿名으로 사용했기 때문에 세계적으로 유명해졌다"(p. 389)고 설명을 덧붙였다. 프랑스 문학에 관심이 깊었던 오오카는 《콜롱바Colomba》(1840), 《카르멘Carmen》(1845)으로 유명한 프로스메스 메리메Prosper Mérimée의 〈마테오 팔코네Matéo Falcone〉(1833)를 읽고 코르시카를 알게 되었다고 그 경위를 설명한다. 불문학을 전공한 오오카의 문학적 소양이 코르시카 여행을 풍성하게 하면서도 여행자의 눈으로 여행지를 관찰하게 하는 동력이 된다.

오오카는 코르시카를 여행하면서 높은 곳이나 시야가 탁 트인 곳에서 아래를 바라보며 여행지를 기록했다. 아래 인용문에서 오오카는 서쪽에 위치한 도시 아작시오에서 항구가 한눈에 내려다보이는 곳에서 풍경을 바라보고 있다.

그 오른쪽 흥벽에 기대어 바다를 바라보았다. 약간 흐린 하늘 아래

항구의 풍경, 오른쪽 성채의 바랜 외벽과 등대. 수많은 어선이 그 아래 오래된 항구에 매여 있는 것이 보인다. 가장 평범한 항구의 풍경이라고 하겠다. 아작시오에서 나의 마음을 움직이는 것이 역사 말고 없는 것은 확실한 것 같다. (《コルシカ紀行》, p. 395. 밑줄 인용자)

지중해를 품은 항구를 바라보면서도 풍경이 아닌 역사만이 여행자의 마음을 움직인다. 지구의 반을 바람에 실려 이동해 도착한 곳에서 오오카는 여행지의 경치보다 역사 마주하기를 고대하고 있는 것이다. 이는 "내가 코르시카에 온 목적 중 하나는 문헌을 사는 것이었다"는 말에서도 확인할 수 있다. 오오카는 도쿄에서는 1969년 문고판《코르시카사コルシカ史》, 파리에서는《코르시카의 휴가コルシカの休暇》라는 관광안내서 1권밖에 구할 수 없었기에 코르시카에서 책을 살 수 있기를 바랐다. 가능한 한 많은 문헌을 수집하고 조사하는 걸 좋아하는 오오카의 습관이 여실히 드러난다. 아픈 다리 때문에 3박 4일간의 일정에 맞춰 나폴레옹 생가를 포기하고 독립운동의 중심이 된 코르트를 방문하기로 결정한 것도 같은 맥락이다.

〈코르시카 기행〉에 중심적으로 서술되는 것은 이동의 과정과 코르시카의 독립운동사이지만 코르시카의 사람들과 경관 묘사도 빼놓을 수 없다. 아작시오 호텔에서 불렀던 택시 운전사에 대한 묘사이다.

택시 운전사는 24, 25세, 검은 머리칼, 검은 눈동자, 네모난 얼굴형, 머리카락이 머리에 착 붙어 있는 것은 코르시카인의 특징의 하나로, 나폴레옹과 같다. 그는 시내 관광 약속으로 알고 왔는데 13킬로미터 떨

어진 보르고 가까지 간다고 하자 매우 좋아했다. 감정을 바로 얼굴로 드러내는 것도 코르시카적이라고 할 수 있다(《コルシカ紀行》, p. 387).

아작시오에서 코르트로 이동하는 중에 숲이 끝나는 곳에서 눈을 뒤집어쓴 험준한 봉우리가 보이자 '코르시카적 경치'로 받아들인다. '코르시카적'이라는 표현은 아작시오에서 관광을 도왔던 택시 운전사에게도 사용된다. 머리카락의 모양과 같은 외형과 "감정을 바로 얼굴로 드러내는 것"을 '코르시카적'인 것으로 규정한다. 사실 여행기에서 아작시오에서 바스티아까지 여행하는 동안 얼굴에 감정을 드러내는 사람은 이 택시 기사를 제외하고는 찾아보기 힘들다.

박경환은 여행하는 주체의 우월적 권력과 식민 지배와 관련된 수사로 감시 · 전유 · 격하 · 분류를 들며, 이런 수사에는 대체로 여행 주체의 시선에 문명적 또는 정치적 우월성이 전제되어 있다고 지적한다. 여행기에 나타난 오오카의 시선에도 식민주의적 관점이 내포되어 있음을 지적할 수 있다. 그는 여러 수사 중 감시의 수사는 여행하는 주체를 여행되는 대상으로부터 분리함으로써 여행하는 주체의 우월적 시선을 지칭하는데, 여행 주체는 대상을 조망할 수 있는 높은 지점이나 중심부를 차지하여 시각적 우위를 확보하고 바라보는 대상과 일정한 거리를 유지함으로써 '볼 수 있되 보이지 않는' 파놉티콘적 위치를 차지한다고 설명한다.[16] 〈코르시카 기행〉에서 여행자 오오카의 시선에 의해 대상화되는 것은 지형을 포함한 경관, 사람들

---

16 박경환, 〈포스트식민 여행기 읽기〉, 7쪽.

이다.

보는 사람 오오카는 아작시오의 평화호텔에서 보여지는 로비의 사람들을 "허술한 옷, 대충 의자에 걸터앉아 큰 소리로 떠든다. 남프랑스 시골 마을의, 일본에서는 '농협' 느낌"(p. 385)의 사람들로 받아들인다. 코르시카는 프랑스와 이탈리아 아래쪽에 있는 유럽에 위치한 섬이지만 오오카에 대한 서술은 동경의 시선과는 거리가 멀다. 차를 타고 이동하면서 보이는 거리의 모습을 서술한 부분을 보자.

길은 완만한 오르막길이다. 차의 왕복은 그다지 없다. 양쪽은 비슷한 가게, 곳곳에 카페가 있고 지저분한 옷차림의 긴 머리의 젊은이들이 모여서 호기심 어린 눈길로 이상한 걸음걸이를 하고 있는 동양인을 주시하고 있다. (중략)

기묘하게 뒤얽힌 집들의 지붕과 벽, 작은 창, 입구에는 적색과 황색의 끈이 늘어져 발의 용도로 쓰이고 있다. 모두가 매우 더럽다. 오래된 마을의 운치를 느낄 여유가 없을 만큼 더러운 인상이 더 크다〈コルシカ紀行〉, pp. 406-407).

돌로 쌓은 길은 좁고 집은 더럽다. 뭔지 모를 냄새가 나고 집들은 음침한 출입구를 닫아 놓고 있다. 머리 위의 창문에서 드리워진 빨래까지 꾀죄죄하게 보인다. 바다의 전망을 보고 싶었기 때문에 골목의 변두리까지 갔다. 조금 길게 뻗은 내리막길에 납작돌을 깐 길이 끝나는 곳에서 남쪽의 바다와 리볼리호텔 등을 포함한 구획이 보인다. 돌층계 내려가는 입구가 있고 아래에는 비슷한 더러운 집 지붕이 있다〈コルシカ紀行〉, p. 424).

여행자 오오카는 코르시카의 사람들과 그들이 사는 집을 일관되게 '더러움'으로 규정하고 있다. 심지어 세탁한 빨래까지 지저분하게 본다. 이는 앞서 박경환이 지적하는 식민 수사 중 격하debasement로 볼 수 있다. 격하는 비서양 세계의 비문명성을 불결함이나 더러움의 발견을 통해 문명적 우월성을 정당화하는 정치적 수사이다. 여기에는 신체적 불결함, 나태한 습관, 거짓말과 기만, 사회적 도덕성의 부재, 비위생적인 식생활, 더러운 주거 환경 등의 사회문화적 격하가 포함된다.[17] 여행하는 주체 오오카에게 코르시카는 여행의 운치를 느낄 수 없는 더럽고 지저분한 곳으로 여겨졌다. 지중해의 섬 코르시카에서 오오카는 필리핀에서의 전쟁 경험을 불러내어 코르시카와 필리핀의 유사한 역사를 마주하며 코르시카를 여행했다.

자기정체성으로서의 여행기

이동을 가능하게 하는 모빌리티 테크놀로지의 발전은 지구 반 바퀴를 돌아 오오카가 병사로 파견되었던 필리핀과 동일한 역사를 가진 땅을 마주하게 했다. 오오카도 그 감격을 이렇게 밝혔다. "조사하기 좋아하고 약간의 감상적인 면을 가진 극동의 문학자가 간단히 코르시카에 올 수 있는 것은 항공망 발달의 결과이다. 그러나 섬의 해운업자와 선원의 이익에 반하기 때문에 에어프랑스도 손쉽게 항로를

---

17 박경환, 〈포스트식민 여행기 읽기〉, 7쪽.

개발했던 것은 아니다. 이렇게 바람에 실려 온 관광객에게 유서 깊은 코르시카가 비밀을 밝혀 줄지 초조하다"(pp. 384-385)고 쓰고 있다.

여행의 경로는 타자를 통해 나를 보는 여정에 다름 아니다. 여행의 기록인 기행산문은 여행한 곳, 즉 여행지에 대한 재현이면서 동시에 '자기'를 구성해 가는 생산물이다. "여행기가 외부의 낯선 장소를 대면함으로써 자기정체성을 재구성하는 문화적 장치"[18]라면 오오카의 정체성 안에는 필리핀에서의 전쟁 체험이 자리 잡고 있다. 여행은 단지 지리적 이동만을 뜻하지 않는다. 지리상의 장소들을 이동하는 육체적인 경험은 정신의 영역에서의 변화 또한 동반한다. 오오카는 코르시카에서 필리핀을 오버랩해서 본다. 제국주의 침략전쟁에 가담한 한 병사로 필리핀을 보았던 눈으로 프랑스로부터 치열한 독립운동을 했던 코르시카를 바라보고 있다. 여행을 한다는 의미는 단순히 개인의 기호와 여가 활동을 위한 행위가 아니라, 오오카에게는 여행지의 역사와 경관을 마주하며 자신을 인식하고 확인하는 적극적 의미로 해석할 수 있을 것이다.

---

18 차선일, 〈탈식민기 세계여행기 개관 – 단행본 세계여행기와 시기별 변화 양상을 중심으로〉, 《한국문학논총》 79집, 2018, 427쪽.

참고문헌

大岡昇平, 〈コルシカ紀行〉, 《大岡昇平全集》20, 筑摩書房, 1995.

도린 매시, 《공간을 위하여》, 박경환 · 이영민 · 이용균 옮김, 심산, 2016.

존 어리, 《모빌리티》, 강현수 · 이희상 옮김, 아카넷, 2014.

김미영, 〈1960-70년대 간행된 한국 지식인들의 기행산문〉, 《외국문학연구》 50, 2013.

목승숙, 〈유랑하는 지식인의 동유럽 공간 체험〉, 《독어독문학》 제149집, 2019.

박경환, 〈포스트식민 여행기 읽기〉, 《문화역사지리》 30권 제2호, 2018.

차선일, 〈탈식민기 세계여행기 개관 – 단행본 세계여행기와 시기별 변화 양상을 중심으로〉, 《한국문학논총》 79집, 2018.

石崎等, 〈評論家としての大岡昇平〉, 《国文学 解釈と鑑賞》, 至文堂, 1979.

大岡昇平, 〈武蔵野夫人〉, 《大岡昇平全集》3, 筑摩書房, 1994.

大岡昇平, 〈コルシカの旅〉, 《大岡昇平全集》20, 筑摩書房, 1995.

日本近代文学館, 《新潮日本文学アルバム 大岡昇平》, 新潮社, 1995.

中井正義, 〈海外旅行について〉, 《大岡昇平ノート》, 沖積舎, 1989.

蟹澤聰史, 〈文学作品の舞台 · 背景となった地質学 魯迅 大岡昇平の作品と地質学〉, 《地質ニュース》 603号, 2004.

中野孝次, 〈現代文学に於ける位置〉, 《国文学 解釈と鑑賞》, 1979.

한일의학 교류사로 본 '문화의 이동'

: 미키 사카에 연구를 중심으로

서기재

이 글은 《International Journal of Diaspora & Cultural Criticism》 10권 1호(2020.1)에 실린 원고를 수정 및 보완하여 재수록한 것이다.

미키 사카에와 한국 의학사

일제강점기 일본 국가의 명령 하에 식민지 조선으로 향한 일본인들이 만들어 낸 지식은 대부분 식민지적 열등성 혹은 여성성이 강조되거나, 원시적이고 이국적인 정취가 반영되는 경향이 두드러진다. 특히 한국/일본 간의 관계성이 다루어질 때 한국은 언제나 일본의 종속적인 위치에 놓였다. 최근 간행된《식민지 제국 일본의 지와 권력 松田利彦編》(2019)은 일제가 정치·사회·문화·예술 등 각 분야에서 행사한 다양한 지적 권력의 문제를 논의하고 있다. 이러한 연구 성과는 일제강점기 한국 사회를 조망할 수 있는 다양한 스펙트럼을 제공한다. 하지만 공적이지 않은 영역이나 개별적 단위에서 이루어진 식민지 학지學知에 대한 연구는 앞으로 더 많이 진행해야 할 과제로 남아 있다. 이러한 가운데 19세기 말부터 한반도에 진출한 재조일본인에 주목한 우치다 준內田じゅん의 연구는 권력과 저항, 지배와 피지배라는 이분법적 틀에서 벗어나 일제강점기를 바라봤다는 점에서 주목할 만하다.[1] 그의 연구는 일본 제국의 지향에 반드시 순응하는 삶이 아닌, 일정 부분 거리를 둔 채 이를 적극적으로 이용하기도 하고 거부하기도 하며 식민지에서 '자기화'된 삶을 꾸려 간 식민자의 모습을 고찰했다.[2] 이러한 연구는 식민지 거주 일본인이라는 특수성

---

1 우치다 준,《제국의 브로커들》, 한승동 옮김, 도서출판 길, 2020.

2 이 외에도 마크 카프리오マーク(2019)나 후지타니 다카시(2019) 등의 연구는 일제강점기 국가권력의 사각지대에 대해 재고할 수 있는 계기를 마련한다. 한편, 윤해동(2004)·조경달(2008)과 조형근(2013) 등은 피식민자 입장에서 일제의 권력에 수

때문에 도외시되었던 재조일본인을 재조명할 수 있는 동력을 제공한다. 특히 재조일본인 학자 연구에 있어, 국가권력이 만들어 낸 정형화된 '지知'의 생산자로서만이 아닌, 개별적 차원의 삶과 학자적 관심에서 형성된 '지'의 문제에 접근하는 계기를 마련한다. 이에 본 장에서는 한국에서 '의학사醫學史' 분야를 개척한 의사이자 의사학자였던 재조일본인 미키 사카에三木榮[3]에 주목한다.

일제강점기 일본인의 학문 활동 대부분이 식민 통치의 정당성을 부여하기 위한 도구로 사용된 것이 사실이다. 본 연구에서 주목하는 미키 사카에도 이러한 식민지 학지의 성향에서 완전히 자유롭지 못하다. 그러나 그는 한국과 일본의 '관계성'에 주목하고 한국 의학 사료를 가지고 부단한 조사와 연구를 실시하여 한국에서 의학사 분야를 개척한 최초의 인물이다. 그가 일제강점기뿐만 아니라 패전 이후 일본으로 귀환한 뒤에도 꾸준히 도출해 낸 한국 의학사 분야에서의 독보적 연구 성과는 시간이 흐른 현재도 유효하다.

미키 사카에의 생애와 업적은 신동원, 김호의 연구에 자세하다. 신동원은 미키가 한국 의학사라는 학문 분야를 개척했고, 그의 해석이 오늘날까지도 한국 의학사 모든 영역에서 권위를 가지고 있음을 인

렴되지 않는 한국인의 삶을 고찰하여 이 시기를 이해하는 폭을 넓혔다.

3 미키 사카에(1903~1992)는 의사이자 의사학자医史学者이다. 사카이중학교, 제7고
   등학교를 거쳐 1927년 규슈대학 의학부를 졸업 내과학을 전공한다. 1928년 경성제
   국대학에 부임하여 1932년 의학박사가 되고 1933년 동 대학 조교수가 된다. 1935년
   도립수원의원장으로 전근하고 1944년 귀환한다. 고향 사카이시에서 개업하여 의사
   활동을 하고 한국과학사학회 감사패상, 일본의사학회 공로상 등을 받았다.

정한다.[4] 또한 한국 의학사 분야 권위자인 김두종의 인생 및 의학적 성취와 비교하며 미키의 업적의 공과에 대해 언급한다.[5] 그리고 김호는 한국 의학 관련 서적을 만들게 된 미키의 개인사와 관련한 연구 논문 소개와《조선의학사 및 질병사朝鮮医学史及疾病史》개관을 통해 연구의 중요한 기초를 마련해 주고 있다.[6] 일본에서는 시라이 준白井順에 의한 미키 의학 사상과 문고의 조사 등을 확인할 수 있다.[7]

이와 같이 미키와 그의 한국 의학사 관련 연구는 아직 기초적 단계이다. 본 연구에서는 미키 사카에의 한국 의학사 연구의 기반에 있는 '문화의 이동'에 주목하면서, 그의 의학적 세계관과 그 적용으로서《조선의학사 및 질병사》[8]에 나타난 한일 의학 교류의 구체상을 파악하고 그 의의를 밝히고자 한다.

미키의 의학적 세계관과 '조선 의학'에 대한 접근

일본에서는 1874년 의제医制가 공포되고, 1875년 '문부성 의술개업

---

4 신동원, 〈미키 사카에의 한국의학사연구 – 성취와 문제점 –〉,《역사문화연구》, 2005, 75~91쪽.

5 신동원, 〈라이벌: 김두종金斗鍾과 미키 사카에三木榮〉,《애산학보》38, 2012, 83~113쪽.

6 김호, 〈醫史學者 三木榮의 생애와 朝鮮醫學史及疾病史〉,《醫史學》14(2), 2005, 101~122쪽.

7 白井順, 〈三字經と醫學 – 三木榮遺稿(1)〉,《医譚》(89), 2009, pp. 5734-5742; 白井順, 〈三木文庫調査報告〉,《杏雨》(14), 2011, pp. 495-52.

8 미키 사카에三木栄의《補訂 朝鮮医学史及疾病史》(思文閣出版, 1991)를 참고한다.

시험 실시'에 의해 서양의학 과목을 패스하지 않으면 동양의학 의사는 신규 개업을 할 수 없게 되었다. 그 후 1883년 '의사면허 규제 및 의사 개업시험 규칙'이 제정되어 서양의사 면허가 없으면 한방漢方 의료를 실시할 수 없게 되었고, 1895년 한의학계에서 제출한 '의사 면허규칙 개정법안'이 부결되면서 한의 존속의 길이 막혔다.[9] 그러나 미키 사카에가 규슈대학 의학부를 졸업하는 시기, 일본에서 '한방의학부흥론'이 일어나기도 했다.[10] 미키는 조부의 서재에 있던 의서를 통해 한방의학에 대해 알게 되었고, 규슈대학 의학부 시절 의학사에 본격적인 관심을 가지기 시작하여[11] 관련 학술단체에 가입하기도 했다. 서양의학을 전공한 미키가 경성으로 이주한 후 한국 의학사를 연구하고자 했던 배경에는 그의 기존의 한방의학에 대한 관심이 전제되어 있었다.

미키의 의학 사상도 이러한 그의 인생과 맞물린다. 그는 의학이 과학적 지식을 바탕으로 질병에 접근하는 서양의학적 사고뿐만 아니라, 몸 전체를 해석함으로써 질병을 이해하고자 하는 한방의학적

9　深川晨堂,《漢洋医学闘争史－政治闘争編》, 旧藩と医学社, 1934.

10　한방의학부흥론(1926)은 나카야마 다다나오中山忠直(1895~1957)가 주장한 바 있다. 이는 서양의학과 한방의학의 차이에 대해서 다음과 같이 설명하고 있다. 그는 양방과 한방을 비교하며, 이론연역적/귀납적, 기초학리=생리학, 해부학/기초학리=병세론(음양, 표리, 허실 등), 질병의 외적 원인 중시/질병의 내적 원인 중시, 병명을 진단/병증을 진단, 인체=시험관/인체=유기적, 말엽요법/근본요법・원인요법・대증요법, 국소적 치료/전체적 치료, 순분을 추출한 사용/생약주의, 한 가지 것의 작용 치료/섞어서 사용이라고 비교하였다. (金森修,《昭和前期の科学思想史》, 勁草書房, 2011, p. 322)

11　김호,〈醫史學者 三木榮의 생애와 朝鮮醫學史及疾病史〉, 2쪽.

사고도 포함하고 있다고 파악했다. 그리고 더 나아가, 인간이 속한 집단의 문화 그리고 이 문화의 흐름이라는 측면에서도 질병을 이해하려 했다. 또한 미키는 의학이 자연과학 법칙에 의해 개인의 생명 현상을 들어 거기에서 생기는 병의 원인과 메커니즘을 탐구하여 진단하고 치료법을 찾는 것뿐만 아니라, 나아가 개인 및 집단의 보건이나 예방법을 추구하는 학문이라고 여겼다.

미키의《체계세계의학사體系世界醫學史》(1972, 醫藥學出版)에는 이러한 의학 분야가 가지고 있는 복합성이 잘 드러난다. 미키는 자신이 생각하는 동양의학과 서양의학의 본질을 탐구한 이 책에서, 의학이 각 시대나 문화적 차이에 따라 다른 양상을 보이기는 하지만, 서양의학이나 동양의학은 이질적인 것이 아니며 그 근본에 있는 의학과 의술은 결국 같은 것이라고 고찰한다. 그러면서 미키는 의학을 '학學-science'으로서의 의학, '術術-scienc'로서의 의학, '행行-practice'으로서의 의학으로 구분하고 이 중 의료의 본질이 드러나는 것은 '행으로서의 의학'이라며 의료 행위의 중요성을 강조했다.[12]

미키의 의학 개념의 저변은, 과학과 기술에 해당하는 것으로서 기초의학 · 임상의학 · 응용의학을 들고, 행위에 해당하는 것으로서 대對개인적 대사회적 의료 행위 및 의도醫道, 즉 '의 윤리醫倫理'까지도 포섭하고 있었던 것이다.[13] 미키가 주장하는 참된 의학의 자세는 고

---

12 三木栄, 〈医学とは何か 医学史とは何か(特別講演)〉, 《日本医史学雑誌》 17(1), 1971, pp. 3-4.

13 嶋田智明, 〈理学療法の科学的基礎: プロローグ〉, 《理学療法学》 23(7), 1996, p. 480.

도의 과학적 지식과 수준 높은 기술, 여기에 인간성을 중시하는 구조 속에서 추구되는 것이었다. 이러한 기술과 인간성을 겸비한 태도의 근저에 '의술의 마음醫術の心'이 존재한다. 의술은 단순한 기술, 테크닉이 아니라 환자의 본질을 잘 꿰뚫고 건강상의 문제를 해결하기 위해 환자에게 적절한 접근을 하고 보살피는 과정이라는 것이다.[14] 미키가 중요시했던 것은 인간 그 자체였고, 질병 현상을 매개로 한 인간 이해를 의학 연구의 근간에 두었다. 따라서 질병 이해를 위해서는 질병과 관계된 사람의 문화를 탐구하지 않을 수 없었던 것이다. 그리고 이러한 문화가 '유동적'이라는 인식을 통해 조선의 의학사에 접근했다.

의학의 교류는 물이 높은 곳에서 낮은 곳으로 흐르는 것처럼 진보한 높은 의학은 발달이 덜 된 의학으로 흘러간다. 낮은 문화는 높은 문화를 욕망하고 추구하기 때문이다. 그러나 각각의 시기마다 차이가 있다. 당시의 교통 상황, 국가 간의 관계, 전쟁의 유무, 국력의 상태 등 여러 사정과 연관되어 있다. 교류에는 양과 질과 속도가 서로 교직交織하여 다양한 양상을 드러낸다.[15] (인용의 번역은 필자에 의함, 이하 동)

미키는 의학의 교류가 인간의 욕망, 그중에서도 높은 문화를 향유하고자 하는 욕망에서 비롯된다고 생각했다. 문화는 당연히 각 시기

---

14   口野原重明, 〈医学概論〉,《系統 看護 学講座1》, 医学書院, 1982.

15   三木栄, 〈日・鮮・中の医学交流史鳥瞰〉,《朝鮮学報》(21-22), 1961, pp. 66-79.

의 지리적·정치적·사회적·경제적 요건들의 총체적인 소산물이기에, 그가 말하는 의학 교류는 이러한 부분을 빼놓고는 이야기할 수 없다. 그는 종교와 의학이 밀접하게 관련되어 있음을 인식하고,[16] 한국의 도교의학에 대한 연구 결과도 발표한 바 있다.[17] 또한 의학 교육에도 관심을 가져 근대 이전의 각 시대별 의학 교육의 양상과 해외 교류를 통한 조선 의학으로의 적용 문제에 대해서도 검토한다.[18] 그는 서양의학 전공자이지만, 질병 치료 그 자체에만 집중하는 것이 아니라 질병에 걸린 사람과 그 주변 환경(가정, 사회, 국가)의 중요성에 대해서도 주목하고 있었던 것이다.

그렇다면 그는 조선 의학 연구 과정에서 조선의 문화를 어떻게 인식하고 있었을까? 미키는 경성제국대학교에 부임한 이후 '조선'에서 의학사 연구가 이루어지지 못했다는 점을 인식하고 그 공백을 메우고자 했다. 여기에서 그가 중요하게 인식했던 것은 '교량적 역할로서 조선 문화'의 가치이다.

조선은 동아시아에서 돌출한 반도국가로 이 땅에 고래로부터 한 무리의 민족이 국가를 형성하고, 극동의 발칸반도에 위치하여 그 지리상 끊임없이 근접 여러 외국으로부터 침략을 당해 왔기에, 국가의 성장이 크게 저해받고 국민은 상처받는 생활을 보낼 수밖에 없었는데, 언제나

---

16 三木栄, 〈日·鮮·中の医学交流史鳥瞰〉, p. 79.

17 三木栄, 〈朝鮮の道教医学 –「東医宝鑑」から見る〉, 《朝鮮学報》 (16), 1960b, pp. 71-76.

18 三木栄, 〈朝鮮医学教育史〉, 《朝鮮学報》 (14), 1959, pp. 73-95.

다른 나라와의 교류를 국시로 삼아 국체를 보호하고 유지하여 현재에 이르렀다. 이런 점에서 항상 대륙문화의 용이한 유입이 있었고, 이것을 섭취하고 소화하여 발달시키매, 그 자체의 고유 문화도 명맥을 유지하고 이것들을 융합하여 조선 문화를 형성했다. 일찍이는 통일신라 시기의 문화, 고려 중기의 문화, 이조 초기의 문화에 있어서 높이 평가받을 만한 것을 남기고 있다. 동양문화 역사상 이 반도가 담당하는 역할은 중대하다. 일본 문화를 논하는 데에 있어서 대륙문화의 영향을 설파할 필요성이 있다는 것은 말할 필요도 없지만, 이때 교량적 역할을 한 반도 문화에 대해서 다시 한 번 깊은 관심을 기울이는 것은 중요하다.[19]

이상은 반도 조선의 특수성으로서, '외세의 침략 및 교류를 통해 다양한 문화가 공존하는 장소', '대륙과 일본 사이의 문화적 교량지로서의 역할' 등을 강조하는 내용으로, 문화 영향의 측면에서 조선과 일본의 관계성을 상기시켜 반도에 대한 관심을 촉구한다. 이러한 문구의 내용 자체는 그다지 특이한 것은 아니다. 식민지로 파견된 재조일본인들이 조선의 중요성을 강조할 때 종종 언급된다. 그 이유는 식민지 통치가 이루어진 지 수십 년이 지나도 조선에 대한 열도 일본인의 관심이 그다지 높지 않았기 때문이기도 했다. 조선에서 활동했던 일본 지식인들은, 자신들이 살고 있는 조선에 대한 열도일본인의 관심을 불러일으키기 위한 작업의 일환으로 잡지 발간, 문화 예술 관련 열도일본인 초청, 문화 행사 개최 등 다양한 시도를 했다.

19　三木栄, 〈綜序〉,《補訂　朝鮮医学史及び疾病史》, 思文閣出版, 1991, p. 2.

미키도 1928년 규슈대학에서 경성제국대학으로 옮겨 가면서 재조일본인이 되었다. 식민지 통치가 본격적인 궤도에 오른 시기였던 당시, 그는 내과의사로서 선진 의학을 접할 수 있는 일본을 떠나야만 했던 것이다. 국가로부터 제국을 위한 식민지 개척의 엘리트 선두 주자라는 수식어를 얻었겠지만, 갓 의대를 졸업하여 학문과 기술을 배우고자 하는 에너지가 넘치는 젊은이에게 조선 발령은 낙향과도 같은 것이었다. 당시 식민지에 사는 많은 재조일본인들은 일본을 몹시 그리워하고 의식주도 일본의 생활습관과 문화를 그대로 고수하고 있었으며, 열도의 일본인들에게 소외당하지 않으려고 안간힘을 썼다. 미키의 심경을 어땠을까? 그는 조선 의학사 연구와 이에 대한 집대성인《조선 의학사 및 질병사》저술 동기를 다음과 같이 기술한다.

1928년 봄, 규슈대학에서 경성대학 내과 교실로 전근한 이후에, 조선으로 온 이상 하릴없이徒らに 소비消費하는 것도 도리가 아니라고 생각해 조선 의학사 연구를 달성하고자 하는 뜻을 세웠다 (중략) 1944년 일본으로 귀환할 때까지 이 연구를 계속했다. 귀국 후 빈번한 공습과 많은 가족을 데리고 피난 전거 혹은 식량 부족에 심신이 지쳤지만 용기를 북돋워 틈만 나면 정리 편술에 집중하고 이렇게 하여 겨우 완성에 이르게 되었다. (중략) 연구 분야는 완전히 처녀지 개척이고, 전망도 보이지 않고 이거야말로 혼자 탄 작은 배로 망망대해를 항해하는 것 같이 막막하고 어떤 식으로 해야 할지도 모르고 몇 번이나 이 항해를 포기하기도 하고 때때로 파도에 밀린 적도 한두 번이 아니었다. 그

러나 서두를 것 없다, 취미로 하는 일이다 하고 스스로를 위로하며 오로지 문헌 수집에 전념했다.[20]

이 글은 미키가 1948년 작성하여, 1961년에 추가로 보충한 내용이다. 이상의 글로 보아, '어차피 조선으로 오게 된 이상 시간을 낭비하지 말자'라는 생각이 드러나는데, 이 표현은 그의 성실함으로 보일 수 있으나 당시 재조일본 지식인들이 가지고 있던 식민지에서의 '도태'에 대한 막연한 '경계심'과 '초조감'이 느껴진다. 그는 조선 의학사가 전혀 연구되어 있지 않은 분야이고, 전망도 보이지 않지만 긴 호흡을 가지고 천천히 연구하려는 마음으로 시작했다고 언급한다. 그의 한국 의학사 연구 배경에 한방의였던 조부의 영향, 일본 의학사 대가인 후지가와 류富士川游(1865~1940)와 차별적 연구를 하고자 했던 학자적 욕망의 개입[21]도 부인할 수는 없다. 그러나 거기에는 당분간 혹은 긴 시간 동안은 일본으로 돌아가 일본의 현역 의사들과 어깨를 나란히 하기 어렵다는 절망과 더불어, 식민지에서의 긴 시간을 버텨 낼 자신만의 고유한 작업이 필요하다는 심경이 내재되어 있다고 할 수 있다.

하지만 여기에서 주목할 것은, 미키의 작업이 재조일본인 집단이 흔히 했던 것과 같은 열도일본인의 조선에 대한 관심 촉구와는 일정 부분 거리가 있다는 점이다. 그의 작업은 일본열도의 다수를 겨냥한

---

20 三木栄, 〈綜序〉, 《補訂　朝鮮医学史及び疾病史》, p. 1.

21 김호, 〈醫史學者 三木榮의 생애와 朝鮮醫學史及疾病史〉, 2쪽.

것도 아니고, 식민지에서 특이한 이력을 쌓아 단기적인 성과를 통해 일본에서 주목 받기 위함도 아니었다. 그가 기술한 것처럼 이 작업의 시작은 소외된 분야이자 미개척 분야였기에 자신이 그 길을 가보겠다는 개인적인 의지가 전제된 것이었다. 연구 결과가 제국 일본의 북진의 성과를 가리킨 것도, 일본 학문을 돋보이게 하는 도구로 사용된 것도 아니라는 점이 이를 말해 준다. 그리고 그는 조선 의학의 역사를 연구하는 데 있어서 '중정中正'을 지키고자 했다고 고백한다.[22] 과연 그가 생각했던 중정은 무엇이었을까. 이 중정은 객관적인 사항, 즉 사료를 근거로 하여 인간의 삶과 문화가 한 장소에 갇혀 있는 것이 아니라 흐르고 있다는 것을 기록하겠다는 의지였을 것이다. 그러면서 미키는 자료 수집 및 집필 작업을 하면서도 진료를 소홀히 하지 않았다고도 덧붙인다.[23]

미키는 조선 의학사 연구가 다음과 같은 가치를 지닌다고 언급한다.

조선에는 조선만의 고유의 의학이 있고, 거기에 대륙에서 유입한 중국 의학, 또 그것과 융합되어 배양된 의학이 있어 이것을 명확하게 할 수 있다면 반도 자체 의학의 전체적 양상을 알 수 있을 뿐만 아니라, 그것과 연관된 여러 자연과학-인문과학까지도 파악할 수 있으며, 더욱이 일본 및 중국 의학사상에도 크게 공헌할 수 있을 것이라고 생각한다.[24]

---

22   三木榮, 〈朝鮮医學史及疾病史の刊行について〉, 《朝鮮学報》 (10), 1956, p. 152.

23   三木栄, 〈朝鮮医学史及疾病史について〉, 《朝鮮学報》 (10), 1960, p. 151.

24   三木栄, 〈綜序〉, 《補訂 朝鮮医学史及び疾病史》, p. 3.

이상의 내용을, 미키가 결국은 일본 의학계의 발전을 위해 조선 의학사를 연구했다고 단순화해 버리기 어렵다. 왜냐하면 그의 작업은 발표 이후 일본 의학계보다는 조선 의학계에서 더 많이 인용되고 그 가치를 평가받고 있기 때문이다. 미키의 이름이 공공연하게 드러나고 있지는 않지만, 한국 의학 관련 문헌 소개 등은 상당 부분 미키의 조사 및 연구를 참고하고 있다. 조선 의학사 연구가 일본과 중국 의학사에 기여한다는 그의 언급은, 한국인이 아닌 외국인의 입장에서 가질 수밖에 없는 한계라고 할 수 있다. 하지만 미키는 외국인이었기에 일본 및 중국 문화와 동시에 조선 문화를 조망할 수 있었고, '문화의 이동' 측면에서 조선 의학과 일본 의학의 관계사에 착목할 수 있었다. 이는 그만의 고유하고 가치 있는 성과라고 할 수 있다.

미키는 '조선 의학 문화', '백제 의학 문화'와 같은 용어를 사용하며[25] '조선의 의학'을 하나의 '문화'로 간주한다. 그는 문화에는 민족의 고유성과 다른 민족이나 국가의 영향으로 인한 혼종성이 공존한다고 여겼다.

한 지역에 공동으로 거주하는 인류가 풍토적인 환경을 바탕으로 생존 환경을 만들어 가고, 이것이 진화 발전하여 소수의 종족이 하나의 민족을 이루어, 나아가 고유한 문화를 가진 국가를 형성한다. 이러한 국가는 국민의 생활 향상을 위해서도 생존을 위해서도 인접국끼리의

---

25 三木栄,《補訂 朝鮮医学史及び疾病史》, p. 9.

영향과 압박은 계속 주고받는다.[26]

　미키는 이러한 고유의 문화와 외래의 문화가 섞여 변형된 문화가 통합되어 존재하는 것이 그 나라의 현실문화라고 인식하고 조선 의학사도 이와 같은 맥락에서 이해하고자 했다.[27] 그리고 한반도 문화의 일본으로의 '흐름'에 대해 자세히 기술한다. 일본의 《고사기古事記》, 《일본서기日本書紀》에는, 반도에서 편찬 전수된 《백제신선》이나 《백제본기》 같은 책에 대한 내용이 기록되어 있다고 한다. 미키는 이러한 반도와 일본의 역사적 연관성이 의학 면에서도 적지 않다고 생각했고,[28] 조선 의학은 단순한 중국 의학 모방이 아니라 반도 고유의 의학鄕方, 반도에 유전한 대륙의학事大醫學, 고유한 반도의학과 대륙 의학이 섞여 만들어 낸 의학의 공존으로 이루어졌다고 언급한다.[29] 의학은 문화이자 문화의 흐름이 만들어 낸 혼합물이라는 것을 조선 의학사 연구를 통해 드러내고자 했던 것이다. 이를 위해 기존의 일본과 중국 사이에 존재하며 의학사에서 그 매개적 위치에 있는 조선 의학사의 공백을 채워 동북아시아의 문화적 관계와 흐름을 증명하려고 했던 것이다.[30] 미키는 소외된 조선 의사醫事 연구가 동아시아

26　三木栄, 〈序說〉, 《補訂 朝鮮医学史及び疾病史》, p. 1.

27　三木栄, 〈序說〉, 《補訂 朝鮮医学史及び疾病史》, p. 1.

28　三木栄, 《補訂 朝鮮医学史及び疾病史》, p. 23.

29　三木栄, 〈朝鮮医学史及疾病史について〉, pp. 152-153.

30　미키는 후지가와 류富士川游의 《일본 의학사》, 《일본 질병사》와 중국의 진씨陳氏의 《중국 의학사》, 왕오王伍 양씨의 영문판 《중국 의사》 등이 있는 반면, 반도의학의

의학에서 얼마나 중요한지에 대해 구체적 사례를 들어 설명하고, 마침내 '조선의 의학을 모르고서는 일본의 의학을 알 수 없다'[31]고 주장하기에 이른다. 그렇다면《조선 의학사 및 질병사》를 통해 조선 의학에 대한 미키의 주장의 구체적인 모습을 살펴보자.

근대 이전 한일 의학 관계사를 통해 본 문화와 사람의 흐름

《조선 의학사 및 질병사》편집의 순서와 구분은 왕조의 흥망을 기준으로 하여 일반적인 문화 변천 과정에 따랐고, 거기에 각 왕조·왕대의 성쇠에 맞추어 기술하였다. 서술 방법은 상대 문헌은 일괄적으로 나열하듯 서술하고, 중세 이후는 각 왕대에 따라서 일반 문화와 의학 문화에 대해 개설했으며, 각 의약 주요 관계 사항을 덧붙여 설명하는 형태를 취했다. 미키는 자료 조사 과정에서 오래된 의서가 반도보다는 오히려 일본에 더 많다는 사실을 알게 되어 일본 학회 참석이나 휴가차 고향에 갈 때 틈을 내서 책을 보러 가는 여행訪書の旅을 하거나 만주 등지의 연구소와 도서관도 방문했다. 그는 일본 의학사의 대가인 후지가와 류나 여러 선배들의 조언을 참고했고, 많은

변천에 대해 기술된 책이 하나도 존재하지 않는다는 점을 매우 유감스럽게 생각하였다고 한다. (三木栄,《補訂 朝鮮医学史及び疾病史》, p. 2)

31 三木栄,《補訂 朝鮮医学史及び疾病史》, p. 4.

조선 의서를 본 곳은 궁내성도서료寮, 내각문고, 제국도서관, 동양문고, 정가당靜嘉堂문고, 봉좌蓬左문고, 교토대학 도서관, 다케다쿄우쇼오쿠武田杏雨書屋 등이었다고 한다.[32]

미키는 이 책을 소개하면서 의학은 본래 자연과학이어야 하지만 개인 및 집단의 질병의 경로와 제거 양상을 살펴보기 때문에 그 나라의 정치 체제 사회상이 반영될 수밖에 없다고 말한다.

> 의학이라는 것은 본래는 병고 제거, 불사장수, 생존 욕구 나아가서는 경제 보전으로부터 생겨난 방법 수단에 체계를 붙여서 인간 생활에 자원으로서 사용하기 위한 것이기 때문에 사회 각 방면의 사상事象과 밀접하게 관련되어 있다. 더구나 미개척 분야인 조선 의학사를 보다 잘 이해할 수 있도록 의학 그 자체만 가지고 논할 것이 아니라 이것과 결합하고 있는 사회 각 방면의 세부 사항도 살펴보지 않으면 안 된다.[33]

결국 의학은 그 시대 사람들이 어떤 형태로 삶을 영위했는지 알 수 있는 중요한 통로라는 것이다. 《조선 의학사 및 질병사》는 각 왕대에 따라 세분하여 일반 문화와 의학 사이의 관계 및 주요 의학 관련 사항을 서술하였다. 경우에 따라서 한 왕대의 내용만으로 설명하기 어려운 분과 의학에 관한 내용은 학문의 각론 형태로 제시하였고, 의료 제도와 의료인의 사회적 지위, 외국과의 의학 교류 등은 전

32　三木栄, 《補訂 朝鮮医学史及び疾病史》, p. 1.

33　三木栄, 《補訂 朝鮮医学史及び疾病史》, p. 2.

시대를 조망하는 형태로 제시했다. 그러면서 선진 문화로서 조선 의학이 일본의 전통사회에 많은 영향을 주었다는 것에 기술의 무게를 싣는다.

한국 의학이 일본에 미친 영향 측면에서 미키가 중요시하는 시기는 삼국시대-통일신라시대-고려시대를 거치는 시기와 조선 전기이다. 그는 특히 상대와 임진왜란 이후 한국의 의학이 일본 의학사에 엄청난 영향을 끼쳤다고 하면서, 일본의 사료를 통해 '조선 문화와 사람의 일본으로의 흐름'을 증명하고 있다. 이를 살펴봄에 있어 그가 사용한 일본 자료는《고지키古事記》,《니혼쇼키日本書紀》,《속니혼기續日本紀》,《부소략기扶桑略記》 등이다.

미키의 한국 의학이 일본에 미친 영향에 대한 언급은 신화에서부터 시작한다.《일본서기》에 나오는 전설 "스사노오노미코토素戔嗚尊가 신라국의 소시모리曽尸茂梨라는 곳에 있어, 또 그 자손 이타케루노미코토五重猛命는 두 명의 누이妹命와 함께 일본으로 돌아가 수목 번식에 진력을 다하고 이에 따라 한신韓神으로서 모셨다"는 내용과 상대 일본 문헌에 보면 삼나무 식림이 이루어졌다는 내용이 있는데, 이러한 내용으로 미루어 보아 이 신화가 단순히 공허한 이야기만이 아님을 밝히고 있다. 이 스사노오노미코토의 6대손 오오아나무지노가미大穴牟遅神와 스쿠나비고나노가미少名昆古那神가 힘을 합해 천하를 경영하고 백성을 위해 병을 치료하는 방법을 정했다고 하여 이 두 신을 의약의 시조로 추앙하고 있다며,[34] 신화에서도 한반도의 영

---

34 三木栄,《補訂 朝鮮医学史及び疾病史》, p. 24.

향이 보인다는 것을 밝힌다.

상대에는 반도와 일본 이즈모구니出雲の国 사이에 밀접한 교섭이 이루어지고 있었는데, 미키는 "반도와 일본 간의 친밀한 관계가 특히 의약사상에서도 밝혀지고 있다(의학은 한반도에서 왔다)는 것을 인정해야 한다"며, 스진 천황崇神天皇 이후 한국과 일본 사이에 통교의 문이 점차 열려 삼한의 문학, 기예, 의약, 기술 등이 일본에 전해졌을 것이라고 주장한다.[35]

또한 "인교 천황允恭天皇 즈음부터 신라의 의사가 천황을 치료한 이래 수십 년 백제의 의박사, 채약사 등이 교대로 일본을 방문하여 의술을 전파하고, 반도산 약물을 계속해서 들여오며, 박식한 의박사가 의학 교육에 종사하고, 유능한 채약사는 여러 지방의 약물을 식별하여 재배 채취하는 법을 가르쳐 일본 곳곳에 널리 한의방 및 그 채약법이 유포되어 의학 및 약학의 발전에 획기적인 향상이 이루어졌다"며,[36] 그 관련성을 주장한다.

다음은 일본의 역사서에 기록된 상대 한국 의학의 전파 양상을 표로 정리한 것이다.[37]

---

35 三木栄, 《補訂 朝鮮医学史及び疾病史》, pp. 24-25.

36 三木栄, 《補訂 朝鮮医学史及び疾病史》, p. 26.

37 이 표는 《補訂 朝鮮医学史及び疾病史》, pp. 23-38의 내용을 참고하여 필자가 작성한 것이다.

미키 사카에의 고증으로 본 상대 한국의학의 일본으로의 영향

	역사적 자료	상대 한국 의학의 일본 전파 양상에 대한 미키의 주장
1	《日本書紀》13권	인교 천황允恭天皇 때 "정월 1일 천황이 병을 치료하기 위해 훌륭한 의사良醫를 신라에서 찾았고, 8월 신라에서 의사가 와서 천황의 병을 고치니 시간이 지남에 따라 차도가 있더라. 천황이 기뻐하며 크게 상을 내리고 귀국하게 하였다"라는 내용이나《고사기古事記》하권의 내용을 통해, 통일신라시대의 사절이 일본 천황의 병을 치유했다는 사실을 검증한다.
2	雄略天皇 시기	원래 고구려인이었으나 백제로 귀화한 덕래德來가 일본의 나니와難波 지방에 정착하여 나니와약시難波藥師의 시조가 된다.
3	《日本書紀》19권 欽明天皇 13년(552)	일본에 두창이나 마진과 같은 역병이 유행했는데, 이는 반도에서의 불교 전래 시기와 맞물린다고 주장한다.
4	《日本書紀》19권 欽明天皇 14년(553)	일본과 백제 사이에 학술-의학 교류가 밀접하게 행해졌다는 사실을 고증한다.
5	《日本書紀》19권 欽明天皇 15년(554)	일본이 적극적으로 백제의 의약을 요구하여 자국에 이식했다는 내용을 고증한다.
6	《風土記》와《延喜式》	일본사 약의 채취 방법은 반도의 채약사들에 의해 시작되었다는 내용을 전한다.
7	《日本書紀》19권 欽明天皇 23년(562)	백제에 귀환한 한인漢人 지총知總이 긴메이 천황欽明天皇 25년에 일본으로 귀환하여 일본에 약서方書, 명당도明堂圖, 등의 의약서 130여 권을 가지고 왔다. 이 의방서와 침구서는 중국의 것이지만 중국 의학이 일본에 전해진 최초의 경로가 반도를 경유한 것이고, 이미 백제에서는 사용되고 있었다는 것을 증명한다. 그러면서 단순히 대륙의학이 직수입된 것으로 간주하기보다는 지총과 그 아들 센나오미누시善那使主를 매개로 하여 백제-조선의 남쪽 의학도 함께 전해졌다고 이해해야 할 것이라고 주장한다.
8	《日本書紀》20권 敏達天皇 14년(585)	두창의 유행이 반도에서 전해진 것이라고 추측할 수 있다고 한다.
9	《日本書紀》22권 推古天皇 10년(602)	백제의 승려 권륵勸勒이 불법 이외에도 천문 지리 방술方術 등의 외국 학문을 가지고 왔다. 여기에서 방술은 음양왈점陰陽曰占, 천문왈후天文曰候, 요병왈의療病曰醫, 작구왈복灼龜曰卜을 가리키는 것으로, 여기에 요병왈의라는 단어를 통해 의료 관련 지식이 포함되어 있음을 알 수 있다. 권륵의 전래를 통해 일본 학생들이 외국의 신지식을 접하게 되고 학자가 배출되어 여러 학술 분야에서 획기적인 발전을 이루게 되었다고 덧붙이고 있다.

10	《日本書紀》22권 推古天皇 20년(612)	백제에서 귀화한 사람을 통해 백라白癩가 전해졌다. 여기에서 백라는 한센병은 아닌 것 같다고 덧붙인다.
11	《日本書紀》22권 推古天皇 31년(623)	스이코推古 천황 15년부터 중국에 승려와 의사를 파견했는데, 당에 파견한 유학생 혜일惠日, 복인福因이 31년에 돌아오면서 당의방唐醫方을 수입해 왔다. 미키는 일본이 이 시기 당 의학을 직접 입수한 것처럼 알려져 있지만 그 매개자로 백제에서 귀화한 반도인의 자손이 있었음에 주목한다. 그는 당과 교통할 때에도 외교상 기술적 역할을 담당한 것은 반도에서 귀화한 사람들이라고 전하면서, 의사 혜일이 백제에서 귀환한 의사 덕래德來의 5대손이라고 덧붙인다.
12	《日本書紀》24권 天極天皇 원년(642)	백제의 사신과 신하가 죽었고 그 가족들이 모조리 죽은 것에 대해 기술하며, 반도인은 전염병에 의한 사망을 악귀마물의 재앙으로 여기고 이것을 피하는 것이 일가의 생존을 지킨다는 의식이 강하며, 전염병을 극도로 멀리했다고 하였다.
13	《日本書紀》24권 天極天皇 4년(646)	고구려의 침술에 대해 기록되어 있다고 전한다.
14	《日本書紀》25권 孝德天皇 원년(650)	모치毛治라는 고구려 의사가 일본에서 시의侍医로 임명되어 의식에 참여한 사실 등으로 보아 일본의 의학계가 일본과 반도 대륙을 포용하고 있었고, 반도의학이 일본 의계에 중요한 부분을 이루고 있었다고 주장한다.
15	《扶桑略記》4권 齊明天皇 2년(656)	치료의 한 방법으로 부처에게 기도하고 질병 유행과 재해 방지를 위해 경전을 통독하는 것이 반도에서 온 귀화승의 매우 중요한 역할이었으며 이것이 일본에서 널리 행해졌다는 내용을 확인한다.
16	《日本書紀》27권 天智天皇 2년(663)	백제 멸망으로 인해 백제인들이 일본으로 망명 귀화했다는 내용을 전한다.
17	《日本書紀》27권 天智天皇 10년(671)	여기에서 거론된 임나, 신라, 백제인들은 약을 해석하는 특수한 기능을 지는 사람들로, 일본이 의학 발전에 이들을 필요로 했다는 것을 알 수 있다고 한다.
18	《日本書紀》29권 天武天皇 3년(675)	텐무 천황天武天皇 원년에 궁정의 의약 관계자와 외국인들이 약이나 진귀한 물건을 천황에게 진상했는데, 백제 · 신라 사람들이 의약 관계자와 함께 참석했다는 것을 알 수 있다고 한다.
19	《日本書紀》29권 天武天皇 13년(685)	백제의 승려 법장法藏이 삽주朮를 달여서 치료에 썼다는 이야기. 불법 도래 당초는 승, 비구니에게 기도하게 하여 병을 없애는 방법이 시행되었는데, 불법이 널리 통용됨에 따라 승려가 의술을 발휘해 치료를 하게 되어 승려와 의사를 겸하는 자, 의술을 전문으로 하는 승려인 의승이 출현하게 되었다는 기록을 소개한다.

20	《日本書紀》29권 天武天皇朱鳥 원년 (686)	신라에서 각종 약품이 헌상된다는 내용을 통해 자주 반도에서 약품을 들여왔던 것을 알 수 있고, 신라가 당과 직접 통교하고 있었고 해외 문물의 전래도 풍부했기에 일본이 직접 대륙에서 수입하기보다는 반도를 거쳐 온 것으로 보인다고 설명한다.
21	《日本書紀》29권 天武天皇朱鳥 원년 (686)	황실 의사 백제인 억인億仁의 이야기를 소개한다.
22	《日本書紀》30권 持統天皇 5년(691)	덴치 천황天智天皇 때 귀화한 백제인 의박사 덕자진德自珍에 대해 소개한다. 주금呪禁을 가지고 치료를 하던 주금 박사도 소개하며, 이들 둘 다 일본에서 교육을 담당했다고 전한다.
23	《續日本紀》8권 元正天皇 5년(721)	의료 계통으로 기여하여 상은을 받은 사람의 이름 중에 백제 출신의 오숙호명吳肅胡明, 진한辰韓의 유민인 태조원泰朝元, 반도 출신으로 보이는 태양갑허모太羊甲許母에 관해 설명한다.
24	《續日本紀》9권 聖武天皇 神龜 원년 (724)	시와 의술에 뛰어난 백제의 후손 아사다노야스麻田陽春에 대한 내용을 소개한다.
25	《續日本紀》10권 聖武天皇 天平 2년 (730)	음양의술 관련 학자 양성을 담당한 기노타노요로시吉田宜의 이야기를 소개한다. 그는 나라奈良의 약사藥師 기치다이조吉大尙의 후예라고 하여, 일본 상대(近江, 奈良, 平安 초기) 기치다이조 및 기노타노요로시에 관한 계보를 제시하고 있다.
26	《續日本紀》11권 聖武天皇 天平 3년 (731)	신라와 일본 간의 통교 요건으로 이키壹岐, 쓰시마対馬에 의사가 정착하기로 했다는 내용을 소개한다.
27	《續日本紀》11권 聖武天皇 天平 4년 (732) 《일본의사연표》, 《의가인명사전》	반도三韓에서 건너온 사람들이 의약 관련 관직을 수행했음을 증명한다.
28	《續日本紀》12권 聖武天皇 天平 7년 (735) 《일본질병사》	일본에서 대대적으로 유행한 두창이 반도新羅国에서 전래된다는 것을 증명한다.
29	《續日本紀》12권 聖武天皇 天平 9년 (737)	반도新羅의 사신 등의 방문 후, 두창의 2차 유행에 대해서 설명한다.

30	《續日本紀》13권 聖武天皇 天平 11년 (739)	발해의 사신이 인삼을 진상(수입 인삼이라는 표현이 일본 역사상 처음으로 기록됨)한 내용을 기술한다.
31	孝鎌天皇 平勝宝 8세 (756) 正倉院御物〈奉盧舍 那仏種々薬帳〉	정창원正倉院 약물 중에 한반도산 약물이 있다는 기록을 전한다.
32	《續日本紀》20권 孝鎌天皇 平宝子 원년 (757)	여기에서 제시된 여러 나라의 의생医生, 침생針生의 강의 교재는 《대보양로의질령大宝養老医疾令》으로 여겨지고, 이는 신라 효소孝昭왕 원년(692)에 정해진 교과서과 거의 비슷하다고 한다.
33	《續日本紀》20권 孝鎌天皇 平宝子 2년 (758)	원래 백제에서 와서(고구려인이었으나 백제로 귀화) 의술을 펼친 덕래德來의 5대손 혜일惠日이 견수사로 대륙을 건너가 의술을 배우고 동 31년 학문 승려 및 동료들과 함께 당에서 돌아와 솔선하여 당문 문물제도를 채용하기를 제창하고 약사薬師(이 약사는 후대의 의사에 해당)로서 의학 발전에 힘을 기울였다고 한다. 약부薬部라는 용어는 백제의 의료기관에서 유래한다고 한다.
34	称德天皇(765~769) 《황국명의전皇国名医伝》	여자 간호승이었던 백제의 오테노아마小手尼에 대해 소개한다.
35	《續日本後記》 仁明天皇 承和 원년 (834) 《황국명의전皇国名医伝》	백제에서 귀환한 봉전약사蜂田薬師는 백제에서 귀화한 사람으로, 그 자손에 의박사 종계宗継와 《본초화명本草和名》을 저술한 보인輔仁이 있다고 한다. 일본으로 귀화한 백제의 승려 '도장道藏'이 약물 방면에도 조예가 깊었다는 기록이 《향자초香字抄》에 있다고 한다.

이상의 상대 반도의학의 일본 전파에 대한 고증을 통해 미키가 '반도인'에 주목하고 있음을 알 수 있다. 그는, "일본의 상대 의학은 대륙의 영향도 있지만 거의 모든 것이 반도의학의 수입, 반도로 귀화한 중국인에 의해 배양되었다고 인정하고 싶다"[38]며, 사람의 이동

---

38   三木栄,《補訂 朝鮮医学史及び疾病史》, p. 37.

의 중요성에 대해 다음과 같이 이야기한다.

> 인적 유전流伝의 면에서는 낙랑 대방 시대 및 삼국 정립 시대에 수많
> 은 교류가 있었는데, 특히 텐지天智 천황조에 백제와 고구려의 망명자
> 가 엄청 많이 일본에 귀화했고, 이들 귀화인은 더욱 문화 개발, 산업 발
> 달에 박차를 가해 엄청난 문화 흥륭을 초래했다. (중략) 특히 기술-의
> 학은 이들 귀화인 및 그 자손 중의 의인醫人에 의해서 개발 발전되었던
> 것에 대해서는 그 누구도 부정하지 못할 것이다.[39]

미키는 사람의 이동을 '인적 유전'이라고 표현하며, 중국 → 반도
(반도인과 반도로 귀화한 한인漢人) → 일본으로의 영향을 강조한다.
그리고 일본 문화 발달의 주역이 대륙문화보다는 오히려 학술, 기예
에 능통한 반도문화의 농후한 영향이라고 언급한다.[40]

일본의 의학 용어 유래에 대해서도 그 흐름에 주목했다. 예를 들
어 백제의 의약기관을 설명할 때도 《일본서기》를 인용하면서 "일본
상대의 약부藥部라고 칭한 그 자체도 백제의 약부와 관련성이 있는
것은 아닐까"[41]라고 추측한다. 그리고 의박사醫博師, 채약사採藥師 등
의 용어도, "필자는 오히려 이것들은 앞서 기술한 백제 약부에 속해
있는 관직명이라고 생각하고 싶다. 혹은 더욱 거슬러 올라가서 대륙

---

39 三木栄,《補訂 朝鮮医学史及び疾病史》, pp. 36–37.

40 三木栄,《補訂 朝鮮医学史及び疾病史》, p. 36.

41 三木栄,《補訂 朝鮮医学史及び疾病史》, p. 9.

의 관직을 백제에서 모방한 것이 아닐까 생각한다"라는 개인의 의견을 담고 있다. 그는 객관적으로 조선 의학사를 기술하겠다고 언급하면서도 이러한 영향 관계의 흐름 측면에서는 자신의 의견을 드러냈던 것을 볼 수 있다.

고려시대 의학에 대해서는, 신라시대부터 음양오행설陰陽五行說이 고려시대에까지 이르렀으며 오운육기설五運六氣說은 고려 후기 반도에 유행하기 시작했다고 언급한다. 이러한 고려 시기의 의학 사상(생리, 명리관)은 주로 중국의《소문素問》에 의거하고 있다고 본다. 그러나 일반 백성의 질병에 대한 사상은 반도의 주도권을 쥔 사람들과는 좀 다른데, 일반 백성들은 원시적 의술 사상으로 배양된 민간종교 신앙인 무술巫術에 의지했다는 것에 주목한다. 이것이 여전히 존속되고 널리 퍼져 행해지고 있는데, 질병을 귀신의 의지 혹은 산천 및 모든 물상이 내리는 재앙으로 보고(신술적 병리학) 질병 치료를 주로 신도神禱, 주저呪詛, 염승厭勝으로 해 왔다고 설명한다. 이러한 사례는《고려사高麗史》에 많이 보이고 고려시대 각 사회계층에 민간 종교적 신앙이 얼마나 깊이 침투해 있었는지를 알 수 있다고 한다. 이와 유사한 것으로 점성술占星術이 있는데, 천지오행을 점쳐서 질병의 징후를 예측하는 방법으로 음양설, 오행설에서 발달한 것이라는 설명도 덧붙인다.[42]

미키가 고려시대 의학사 기술에 있어서 일본과의 관계를 정리한 부분은 상대에 비해 매우 적다. 원나라와 연합한 고려가 두 차례에

---

42 三木栄,《補訂 朝鮮医学史及び疾病史》, p. 99.

걸쳐 일본을 침공한 사실 등으로, 국가 간 관계가 고려 말까지 없었기 때문이다. 의학적 교류도 이에 준한다. 단지 전기 문종文宗 때 왕의 질병(중풍) 때문에 일본 명의를 초빙하려고 했던 정도로, 일본은 이를 거절했다고 한다.

조선시대(전기)에 들어서는 일본의 의료 승려 히라하라우미平原海가 자신의 처자를 데리고 조선으로 귀화하여 전의감 종8품 관직인 전의박사로 시무했다는 내용을 싣는다. 히라하라우미는 나중에 태종에게 중용되어 판전의사判典醫事(종3품)에 오른다.[43] 또한 조선시대에는 하카타博多의 승려, 시사도노志佐殿의 신하, 쓰시마의 소 사다시게宋貞茂가 무역을 청하려고 약품을 가져오거나 말의 질병에 약이 된다고 하여 원숭이를 바치거나, 아시카가 요시모치源義持의 신하가 코끼리를 바치거나, 조선의 인삼 · 청심원淸心元 · 소합원蘇合元 등 일본 쪽에서 조선으로 약을 구하러 방문한 기록이 남아 있다고 한다.[44]

한편 조선시대 융성기(1419~1494)에는 의학에 능통한 료신良心이라는 시나노信濃 지방 사람이 1474년 조선으로 건너가 구법灸法을 전한다는 내용, 성종成宗 13년 대비大妃의 병이 약으로 듣지 않자 치료법을 구하려 진맥 침구에 능한 쓰시마의 승려 줏고쿠十石를 찾았다는 기록을 소개한다. 그리고 15세기 중반부터 16세기 중반(1495~1567)의 한국 의학에 대해서는 중국 명나라 의학에 의존했다

43　三木栄,《補訂 朝鮮医学史及び疾病史》, p. 118.

44　三木栄,《補訂 朝鮮医学史及び疾病史》, p. 118.

고 밝힌다.[45] 그 이후 임진왜란으로 조선이 피폐했던 시기(1568~1724)는 조선에서 군인 치료하는 군진의학이 생기게 되고(벽제관碧蹄館 전투 시기), 해부를 실시하게 되며, 명과 일본에 의해 안경을 알게 되어 중국과 일본에서 수입하게 되었다고 한다.

이러한 역사적 고찰을 통해 미키는 고려가 융성했던 시기 중국 송나라와의 의약 왕래에 대해 주목했고, 이와 더불어 조선 전기의《향약집성방鄕藥集成方》과《의방유취醫方類聚》가 조선 의학사의 획기적인 업적이라고 언급하고 있다. 그 외에도《동의보감東醫寶鑑》이나 조선 전기 의학이 일본의 에도시기 전기에 미친 영향 등을 기술하며 일본 의학사에서는 누락되어 있지만 이 영향 관계가 매우 중요하다는 점을 밝히고 있다. 미키는《조선 의학사 및 질병사》7장에〈일본에 있어서의 한의방日本に於ける韓醫方〉 부분을 따로 두어 한국 의학의 일본으로의 영향 관계에 대해 다시 한 번 압축적으로 강조하여 다루고 있다.

이를 통해 미키는 일본 근대 이전 의학의 유래와 발달이 반도를 무시하고 대륙에서 직접 건너온 것처럼 주장하는 일본 의학계에 도전장을 내밀었다. 그는 종래 일본 주류 의학계의 '대륙 전파설'에 합리적인 의문을 제기하고 세세한 고증을 통해 '반도 전파설'을 주장했던 것이다. 좀 더 구체적으로는 중국 한漢대 의학 발달의 영향이 낙랑과 대방 지역에 사는 반도인들에게 미치고, 반도인과 반도의 중국계 의학자(낙랑 대방 계통)들이 일본으로 귀화하여 일본 의학 발달

45　三木栄,《補訂 朝鮮医学史及び疾病史》, p. 166.

에 기여했으므로 '반도계 한의학의 영향'이 심대하다는 것[46]을 역사적 자료, 특히 일본의 역사 자료를 통해 검증했다. 미키는 한 민족의 역사와 문화를 면밀하게 고찰하지 않으면 그 시기 의학의 모습도 알 수 없다는 연구적 배경과 의학은 인간의 생존과 가장 밀접하게 관련되어 있다는 전제 하에 문화를 영위하는 인간의 이동에 대해 면밀하게 검토했다.

미키의 '중정'과 한국의학사

식민지 의학에 있어 상징적인 인물은 고토 신페이後藤新平이다. 내무성 위생국장을 지냈고, 1906년 만철滿鐵 초대 총재로서 만철 경영을 맡았던 의사 출신 고토가 의료·위생에 기대했던 것은 피지배자 통치를 용이하게 하는 것뿐만 아니라, 식민지로 이주하는 일본인이 식민지에서 생존 유지 활동에 지장이 없도록 하는 것이었다.[47] 신동원은 미키의 조선 의학사 작업을 높이 평가하지만 그의 역사 기술 방법이 이러한 식민지 사관을 극복하지 못했다고 언급한다.[48] 신동원

46　三木栄,《補訂 朝鮮医学史及び疾病史》, p. 5.

47　江田いづみ, 〈満鐵と植民地医学〉,《満鐵の調査と研究―その「神話」と実像》, 青木書店, 2008.

48　신동원은 미키를 평가하기도 하지만 동아시아 의학사의 정리 방편으로 한국 의학사에 접근한 점, 한국 의학사를 사대주의 연장선상에서 이해한 점, 개항 이후 한국 의학 발전은 일본에 의한 것이라고 인식한 점을 들어 그를 비판하기도 한다. (신동원, 〈미키사카에의 한국의학사연구 - 성취와 문제점 - 〉, 75~91쪽)

의 언급대로, 당시 제국주의 확장 시스템을 통해 식민지로 파견된 의사 중 한 사람으로, 재조일본인이었기에 가질 수밖에 없던 미키의 한계는 보인다.

미키는 1944년 일본으로 귀환했고, 1948년《조선의학사 및 질병사》원고를 완성했다. 그는 원고 완성 후 일본 문부성에 출판비 보조 신청을 했지만 실패했고, 구라모토사倉元社나 이와나미岩波출판사 등에도 출판 문의를 했지만 번번이 창피만 당하고 돌아왔다고 한다. 36년간 식민지였던 나라의 의학이 수천 년에 걸쳐 일본 의학의 스승이었다는 연구 결과가 과연 패전 직후 일본 사회에서 받아들여질 것이라고 미키는 생각했던 것일까. 학문의 중정을 지키고자 한 그의 '열정'과 '사회적 인정' 사이에는 상당한 거리가 있었다. 결국 《조선 의학사 및 질병사》는 100부 공판孔版(자가출판)본으로 제작되어 1955년 출판되었다. 그의 자료 조사에 대한 철저함과 열정, 집필 과정에서 극심한 생활고에 시달리면서도 저서를 출판하려는 의지는 그의 아들의 회고에 자세하게 나오며,[49] 그의 저서들은 여전히 한국 의학사에서 중요하게 다루어지고 있다.

미키는 의학사를 과거에 머물러 있는 학문이 아니라 현재와 미래의 질병을 이해하는 통로가 되는 실용적 학문이며, 윤리적 학문이자 통합적 학문이라고 여겼다. 그리고 의학은 시간과 공간을 넘나들며 영향을 미치는 것이기에 사람과 지역, 그리고 시간을 연결하는 강력

---

49   三木謙, 〈父 三木栄〉,《醫譚》64, 1993, pp. 3844-3846 수록. (김호, 〈醫史學者 三木榮의 생애와 朝鮮醫學史及疾病史〉, 104쪽 재인용)

한 힘을 가진다고 여겼다. 이러한 사상을 바탕으로 조선 의학 연구에서도 사람과 사람 사이의 관계와 이들이 형성해 내는 문화가 의학적 영향과 질병 발생에 깊은 관련이 있다는 것을 밝혀내고 있다.

미키는 조선 의학을 '문화의 흐름', '문화를 지닌 사람의 이동'이라는 측면에서 조명하여 아직 미개척 분야였던 한국 의학의 역사를 밝힘과 동시에, 한국 의학이 일본에 미친 영향을 실질적으로 고증했다. 그리고 그의 연구에 있어서 '중정中正'을 유지했다는 확신은 일제강점기와 패전 이후라는 전혀 다른 시대 상황 속에서도 학문적 단절을 보이지 않고 일관되게 조선 의학의 중요성과 일본으로의 영향 관계를 주장하는 근거가 되었다.

참고문헌

우치다 준,《제국의 브로커들》, 한승동 옮김, 도서출판 길, 2020.
후지타니 다카시,《총력전 제국의 인종주의》, 이경훈 옮김, 푸른역사, 2019.

김호,〈醫史學者 三木榮의 생애와 朝鮮醫學史及疾病史〉,《醫史學》14(2), 2005.
신동원,〈미키사카에의 한국의학사연구－성취와 문제점－〉,《역사문화연구》, 2005.
신동원,〈라이벌: 김두종(金斗鍾)과 미키 사카에(三木榮)〉,《애산학보》38, 2012.
조형근,〈식민지 대중문화와 조선적인 것의 변증법〉,《사회와 역사》99, 2013.

江田いづみ,〈滿鐵と植民地医学〉,《滿鐵の調査と研究ーその「神話」と実像》, 青木
　　書店, 2008.
金森修,《昭和前期の科学思想史》, 勁草書房, 2011.
口野原重明,〈医学概論〉,《系統 看護 学講座1》, 医学書院, 1982.
趙景達,《植民地期朝鮮の知識人と民衆－植民地近代性論批判》, 有志舎, 2008.
深川晨堂,《漢洋医学闘争史－政治闘争編》, 旧藩と医学社, 1934.
マーク・カプリオ 著, 福井昌子 訳,《植民地朝鮮における日本の同化政策 1910-
　　1945年》, CUON, 2019.
松田利彦 編,《植民地帝国日本における知と権力》, 思文閣出版, 2019.
三木栄,《補訂 朝鮮医学史及び疾病史》, 思文閣出版, 1991.
尹海東,〈植民地近代と大衆社会の登場〉, 宮嶋博史ほか編,《植民地近代の視座》,
　　岩波書店, 2004.

嶋田智明,〈理学療法の科学的基礎: プロローグ〉,《理学療法学》23(7), 1996.
白井順,〈三字經と醫學－三木榮遺稿(1)〉,《医譚》(89), 2009.
白井順,〈三木文庫調査報告〉,《杏雨》(14), 2011.
三木榮,〈朝鮮医學史及疾病史の刊行について〉,《朝鮮学報》(10), 1956.

三木栄, 〈朝鮮医学教育史〉, 《朝鮮学報》(14), 1959.

三木栄, 〈朝鮮医学史及疾病史について〉, 《朝鮮学報》(10), 1960.

三木栄, 〈朝鮮の道教医学 –「東医宝鑑」から見る〉, 《朝鮮学報》(16), 1960.

三木栄, 〈日・鮮・中の医学交流史鳥瞰〉, 《朝鮮学報》(21-22), 1961.

三木栄, 〈医学とは何か 医学史とは何か(特別講演)〉, 《日本医史学雑誌》17(1),
　　1971.

디아스포라와 이동성

2021년 12월 20일 초판 1쇄 발행

지은이 | 정은혜 김수정 배진숙 이승진 김수철
　　　유경한 조병철 김주영 우연희 서기재
펴낸이 | 노경인 · 김주영

펴낸곳 | 도서출판 앨피
출판등록 | 2004년 11월 23일 제2011-000087호
주소 | 우)07275 서울시 영등포구 영등포로 5길 19(37-1 동아프라임밸리) 1202-1호
전화 | 02-336-2776　팩스 | 0505-115-0525
전자우편 | lpbook12@naver.com

ISBN 979-11-90901-71-0